Convenção de Arbitragem e Processo Arbitral

Convenção de Arbitragem e Processo Arbitral

2022 • 4ª Edição • Revista e Atualizada

Luis Fernando Guerrero

ALMEDINA

CONVENÇÃO DE ARBITRAGEM E PROCESSO ARBITRAL
4ª EDIÇÃO – REVISTA E ATUALIZADA

AUTOR: Luis Fernando Guerrero
DIRETOR ALMEDINA BRASIL: Rodrigo Mentz
EDITORA JURÍDICA: Manuella Santos de Castro
EDITOR DE DESENVOLVIMENTO: Aurélio Cesar Nogueira
ASSISTENTES EDITORIAIS: Isabela Leite e Larissa Nogueira
DIAGRAMAÇÃO: Almedina
DESIGN DE CAPA: Roberta Bassanetto
ISBN: 9786556274447
Fevereiro, 2022

Dados Internacionais de Catalogação na Publicação (CIP)
(Câmara Brasileira do Livro, SP, Brasil)

Guerrero, Luis Fernando
Convenção de arbitragem e processo arbitral /
Luis Fernando Guerrero. -- 4. ed. rev. e atual. -- São Paulo : Almedina, 2022.

Bibliografia.
ISBN 978-65-5627-444-7

1. Arbitragem (Direito) - Brasil 2. Arbitragem
(Direito) - Leis e legislação - Brasil 3. Processo civil - Brasil I. Título.

21-92088 CDU-347.918(81)

Índices para catálogo sistemático:

1. Brasil : Arbitragem e processo : Direito processual civil 347.918(81)
Cibele Maria Dias – Bibliotecária - CRB-8/9427

Este livro segue as regras do novo Acordo Ortográfico da Língua Portuguesa (1990).

EDITORA: Almedina Brasil
Rua José Maria Lisboa, 860, Conj.131 e 132, Jardim Paulista | 01423-001 São Paulo | Brasil
editora@almedina.com.br
www.almedina.com.br

Aos meus pais por terem me trazido ao mundo.
Aos meus avós por tudo que me fizeram ser.

AGRADECIMENTOS

A tarefa de agradecer talvez seja até mais difícil do que a jornada até o encerramento deste trabalho. Não porque seja difícil agradecer, mas a chance de se esquecer daqueles que de alguma forma contribuíram para a elaboração deste trabalho é muito grande.

Vou começar por aqueles que são os únicos responsáveis por eu estar aqui hoje. Meus pais, Rosilene e Antonio, e meus avós Carlos, Terezinha, Antonio e Neyde, os dois últimos mais responsáveis do que todos porque me criaram e me fizeram ser o que sou e ter os valores que tenho. Não posso esquecer meu tio Durval, que também é muito importante na minha vida.

Também tenho que agradecer a meus amigos e meus colegas de escritório, Dinamarco, Rossi, Beraldo e Bedaque Advocacia, pelas discussões engrandecedoras e pelo coleguismo e disposição para aprender sempre, e ao escritório Lobo De Rizzo por ocasião dessa nova edição. No tocante aos amigos, merece especial agradecimento, representando a todos, Mariana Capella Lombardi pelas discussões que engrandeceram a obra e explicitaram pontos que demandavam esclarecimentos.

Há a necessidade de um agradecimento especial também à querida Fernanda Alvarenga Cordeiro de Sousa pela paciência nos momentos de mau humor e pelo carinho e amor.

Além disso, tenho que agradecer também ao meu orientador e amigo Carlos Alberto de Salles, exemplo de conduta, cuidado, seriedade na orientação dos seus alunos e rigor acadêmico. Ele sempre acreditou em mim e sempre trouxe importantes contribuições para este trabalho.

Também tenho que agradecer aos professores Carlos Alberto Carmona, Marcos Paulo de Almeida Salles e Selma Maria Ferreira Lemes pelo rigor ao qual fui submetido nas bancas de qualificação e de defesa e pelas observações que fizeram, que contribuíram de forma decisiva para o resultado alcançado.

Para esta 4ª edição, não posso deixar de agradecer a minha querida esposa Fernanda Alvarenga Cordeiro de Sousa, não só por ser a minha parceira de vida, mas por discutir diversas ideias que colaboraram para o desenvolvimento deste trabalho como um organismo vivo.

ABREVIAÇÕES UTILIZADAS

Ap.	Apelação
BOVESPA/B3	Bolsa de Valores de São Paulo
CC	Código Civil Brasileiro
CCI	Câmara de Comércio Internacional
C.Co.	Código Comercial Brasileiro
CF/88	Constituição Federal da República Federativa do Brasil de 1988, promulgada em 5 de outubro de 1988
CJF	Conselho da Justiça Federal
CLT	Consolidação das Leis do Trabalho
CONSOB	Comissione Nazionale per le Società e la Borsa
Convenção de Montevidéu	Convenção Interamericana Sobre Eficácia Extraterritorial das Sentenças e Laudos Arbitrais Estrangeiros, de 8 de maio de 1979, Promulgada no Brasil pelo Decreto nº 2.411, de 2 de dezembro de 1997
Convenção de Nova Iorque	Convenção Internacional Sobre o Reconhecimento e Execução de Sentenças Arbitrais, de 10 de junho de 1958, Promulgada no Brasil pelo Decreto nº 4.311, de 23 de julho de 2002
Convenção do Panamá	Convenção Interamericana Sobre Arbitragem Comercial Internacional, de 30 de janeiro de 1975, Promulgada no Brasil pelo Decreto nº 1.902, de 9 de maio de 1996
CPC	Código de Processo Civil Brasileiro

CVM	Comissão de Valores Mobiliários
Lei de Arbitragem	Lei nº 9.307, de 23 de setembro de 1996
LICC	Lei de Introdução ao Código Civil, Decreto-Lei nº 4.657, de 4 de setembro de 1942
OMC	Organização Mundial do Comércio
ONU	Organização das Nações Unidas
Protocolo ou Convenção de Genebra de 1923	Convenção Internacional relativa às Cláusulas de Arbitragem Promulgada pelo Decreto nº 21.187, de 22 de março de 2002
RISTF	Regimento Interno do Supremo Tribunal Federal
SEC	Pedido de Homologação de Sentença Estrangeira
TAC	Tribunal de Alçada Civil
TJRJ	Tribunal de Justiça do Estado do Rio de Janeiro
TJRS	Tribunal de Justiça do Estado do Rio Grande do Sul
TJSP	Tribunal de Justiça do Estado de São Paulo
UNCITRAL	United Nations Commission on International Trade Law

APRESENTAÇÃO À 1ª EDIÇÃO

O legislador brasileiro, por questões políticas, resolveu – ao editar a Lei 9.307/96 – preservar a velha distinção entre cláusula e compromisso arbitral, encampando, porém, os dois conceitos sob a rubrica "convenção de arbitragem". Apesar do apego à tradição, a Lei de Arbitragem afastou-se da matriz francesa, do século XIX, de modo que a cláusula deixou de ser uma mera promessa de celebrar compromisso para assumir força própria, capaz de instituir o juízo arbitral. Em substância, portanto, a cláusula arbitral tornou-se uma avença contratual por meio da qual as partes de determinado contrato outorgam à competência de árbitros a solução de eventual e futuro conflito, enquanto o compromisso tomou a forma de negócio jurídico processual que concede aos árbitros o poder de solucionar um conflito atual e concreto.

Embora a diferença ontológica entre as duas espécies de convenção arbitral fique localizada no aspecto temporal, o legislador tratou de forma bem distinta a cláusula e o compromisso. Para aquela, determinou formas leves e vinculação pesada; para esta, carregou nas tintas quanto aos elementos formais, obrigando as partes a celebrar um contrato solene. A tradição atuou com força sobre o compromisso arbitral, que continuou subordinado às formalidades bolorentas de nossas duas leis processuais (os Códigos de Processo Civil de 1939 e de 1973); já quanto à cláusula, o legislador deixou-se embalar pelo sabor da novidade, criando fórmula conveniente que, em substância, exige apenas a forma escrita e nada mais. E para deixar claro que, apesar da forma leve, o conteúdo da norma era contundente, exigindo do operador boa-fé e lealdade (afinal de contas, *pacta sunt servanda*!), o legislador deu eficácia até mesmo às cláusulas vazias, que podem conduzir as partes ao Poder Judiciário para a instituição forçada da arbitragem.

LUIS FERNANDO GUERRERO resolveu excursionar neste mundo novo (*rectius*, renovado) das convenções arbitrais, explorando a potencialidade tanto da cláusula compromissória quanto do compromisso arbitral. Assim, o autor examina os elementos formais das duas espécies de convenção, para, depois, iniciar uma verdadeira dissecação de cláusula e compromisso, usando as diversas situações em que a convenção é utilizada para testar os efeitos e a extensão dos dois negócios jurídicos.

A vitoriosa dissertação de mestrado de LUIS FERNANDO GUERRERO, defendida com sucesso na Faculdade de Direito do Largo São Francisco, é mais uma prova da pujança da arbitragem no Brasil. Os estudiosos abandonam os estudos genéricos sobre os meios de solução de litígios para começar uma indagação científica verticalizada. Esta percepção – de que multiplicam-se os estudos de qualidade sobre a arbitragem – animou-me a propor à Editora Atlas o lançamento desta nova coletânea, a Coleção Atlas de Arbitragem, dedicada a trabalhos científicos de fôlego sobre o tema.

Acompanhei de perto a trajetória de LUIS FERNANDO GUERRERO no curso de pós-graduação da Faculdade de Direito da Universidade de São Paulo. Presenciei o esforço do autor para a produção de obra erudita e prática, qualidades que devem estar sempre presentes nos bons trabalhos acadêmicos. Participei, por fim, da banca julgadora do trabalho, que outorgou ao então candidato o título de mestre. Tudo isso me autoriza afirmar que o leitor certamente terá o mesmo prazer que tive ao ler a obra que ora inaugura a Coleção Atlas de Arbitragem.

CARLOS ALBERTO CARMONA
Professor Doutor do Departamento de Direito Processual da Faculdade de Direito da Universidade de São Paulo.

PREFÁCIO

Devoção não é algo em voga nos dias de hoje. Na *era do fim das ideologias*, o normal é mesmo ninguém acreditar em nada. Aliás, a principal razão dessa descrença é a falta de vontade de buscar soluções. O homem contemporâneo inaugura o século XXI totalmente entregue à sua condição de anônimo na massa, alguém que, diante da infinitesimal possibilidade de fazer alguma coisa para melhorar a sociedade, sua comunidade, se rende a não fazer nada ou, pior, a não querer fazer nada.

Destoando da infeliz tendência informada acima, o autor deste importante livro, Luís Fernando Guerrero, é um devoto.

A devoção de *Luís Fernando* é pela arbitragem – a par, evidentemente, de outras, como aquela futebolística, cuja escolha não é das melhores. Não se trata da defesa da arbitragem, como colocam muitos, *contra* ou *ao invés de*, vista a partir de falsos antagonismos em relação à solução judicial de litígios. Ao contrário, trata-se de defender a arbitragem por suas vantagens intrínsecas, como uma possibilidade de solucionar conflitos de maneira célere, proporcionar decisões de qualidade adequada e gerar um ambiente muito mais integrativo para as partes. Por essa razão, a crença na arbitragem para a solução eficaz de conflitos privados e a percepção de que dela podem resultar relações sociais mais pacíficas e eficientes.

Aproveitando do fato de o Prefácio, afastado de objetivos acadêmicos, permitir alguma pessoalidade, cabe um breve relato acerca de meu conhecimento pessoal do autor desta obra.

Conheci *Luís Fernando* na condição de integrante de sua banca de monografia de conclusão do curso de graduação, na Faculdade de Direito da USP, sob a orientação do Professor Kazuo Watanabe. O trabalho, como não poderia deixar de ser, era sobre arbitragem. Um trabalho bem elaborado, no qual o autor já demonstrava extrema familiaridade com as principais discussões e temas acerca desse instituto. Voltei a encontrar Luís Fernando alguns meses mais tarde, como postulante de uma de minhas vagas no curso de pós-graduação da mesma USP. Após passar pela prova adicional, que é um dos requisitos para escolha de meus orientados, foi escolhido como um de meus dois primeiros alunos do mestrado da USP. O tema não poderia, é claro, ser outro: arbitragem.

Foi uma feliz coincidência, porque à época minha linha de pesquisa era exatamente *mecanismos alternativos de solução de controvérsias*. Confesso ter havido certa casualidade no meu ingresso nessa seara, muitas vezes ignorada e desprezada pelos processualistas. Ocorre que, na ocasião, o Departamento de Processo tinha apenas três linhas de pesquisa. Como as duas outras estavam fora do meu campo de interesse e já cultivava alguma sensibilidade para o potencial de inovação dos *mecanismos alternativos* no processo civil, acabei, talvez por falta de melhor opção, aderindo àquela linha de pesquisa. *Luís Fernando* contribuiu – e contribui! – muito para minha integração e crescente empolgação por essa área e seu desenvolvimento nos limites do Direito Processual.

No primeiro semestre de 2005, o primeiro do *Luís Fernando* na pós-graduação, eu lecionei a disciplina *Teoria Geral do Processo* no segundo ano curso de graduação da USP. Foi no contexto desse curso que surgiu a necessidade de mostrar a meus alunos, iniciantes no estudo do processo civil, as amplas possibilidades de solução de conflitos e controvérsias existentes para além do processo judicial. Sem dúvida, um bom momento no curso para combater a enviesada orientação – de todas as disciplinas, não só do Direito Processual – de passar a ideia de o direito ter aplicação apenas no campo da jurisdição estatal. Assim, com a ajuda de alunos da pós-graduação, criei um seminário extracurricular, direcionado a meus alunos de segundo ano, para o estudo de mecanismos alternativos de solução de controvérsias. A proposta era trabalhar, com pequenos grupos, discussão de textos selecionados e atividades vivenciais, a serem realizadas pelos alunos.

No primeiro semestre, trabalhamos com *mecanismos alternativos* em geral, encerrando as atividades com visitas e acompanhamento pelos alunos de atividades de conciliação e mediação. No segundo semestre, a ideia era trabalhar com arbitragem e aí surgiu o problema. Embora não seja uma imposição legal, as arbitragens são em regra sigilosas e as Câmaras, onde são realizadas, pouco dispostas a abrir exceções para um desfile de bisbilhoteiros estudantes universitários. Foi aí que *Luís Fernando* teve uma participação fundamental. Na arbitragem simulada, que decidimos fazer para suprir a necessidade de uma atividade vivencial, ele assumiu a importante tarefa de preparar do caso a ser trabalhado pelos alunos.

A energia despendida pelos alunos nessa atividade foi de fato empolgante. Eles destrincharam com extrema dedicação todo o emaranhado fático e jurídico criado pelo *Luís Fernando*, que caprichosamente arrumou contratos e correspondências fictícias para embasar o caso. O sucesso da empreitada nos levou a continuar repetindo a experiência nos anos seguintes, mesmo eu tendo deixado de lecionar a matéria de segundo ano. Hoje estamos no quarto ano de atividades, o seminário extracurricular virou disciplina oficial de cultura e extensão e foi por nós criado o *Núcleo de Estudos de Mecanismos de Solução de Conflitos*, para dar suporte a essas atividades e congregar alunos de graduação e de pós com interesse nesse tipo de abordagem do Processo Civil. *Luís Fernando* prossegue responsável pelos casos e acabou sendo carinhosamente chamado de nosso "criador de casos".

Mas *Luís Fernando Guerrero*, além de bom "criador de casos" (este ano - 2008 -, criou também os casos utilizados em nossas mediações simuladas), produz também excelentes trabalhos jurídicos, como é prova esta obra agora apresentada ao público.

Este trabalho é uma versão aprimorada de sua dissertação de mestrado, brilhantemente defendida perante uma banca tendo como participantes os Professores Doutores Carlos Alberto Carmona e Selma Ferreira Lemes, além de minha presença na condição de orientador.

O tema tratado não poderia ser mais feliz, a convenção arbitral. O problema colocado pela obra é o de responder como esse instituto condiciona e delimita o processo arbitral. Nesse sentido, a convenção não é apenas o negócio jurídico constituinte da arbitragem. É permitido às partes quase toda a liberdade na fixação dos procedimentos a ela relativos, fazendo as possibilidades por elas abertas serem, de fato, merecedoras de grande destaque.

O sumário do trabalho reflete o grau de amadurecimento do tema nas dedicadas mãos do autor. Pode-se dizer qualquer coisa, menos que o trabalho não tenha absoluta coerência em seu desenvolvimento. Sem dúvida, é uma obra com começo, meio e fim. Claro, esse resultado não foi ocasional, mas contou com o tradicional susto da qualificação, pelo qual passa a grande maioria dos candidatos a mestres e doutores. Aliás, um susto bem dado, com a talentosa arguição dos Professores Marcos Paulo de Almeida Salles e Carmona, este último com a habitual veemência, responsável por sua fama de ser o terror de qualquer examinando da área de processo da USP. Valeu a pena, pois *Luís Fernando* não se abateu e em pouco tempo reescreveu e reordenou grande parte do que já tinha feito e o trabalho, agora, após o bem-sucedido exame de mestrado, está aqui, com significativos ganhos de qualidade e consistência.

O trabalho, após breve introdução, conceitua convenção de arbitragem e discute os principais elementos de sua formação e validade (Capítulo 1). *Luís Fernando* não foge à luta: enfrenta todos os problemas e oferece uma resposta ao leitor. Assim, examina os contratos de adesão, os vícios de consentimento, as cláusulas formadas por correspondência ou em contratos eletrônicos e assim por diante. Ainda no primeiro capítulo, contempla o estudioso com mais desafios tratando de situações de direito material específicas, dotadas de peculiaridades em relação à convenção arbitral. Também aqui o autor encarou temas difíceis, como a convenção de arbitragem em relação à falência, às relações de consumo, aos direitos coletivos, à administração pública. Encerra esse capítulo uma percuciente análise das "patologias" da convenção arbitral, indicando aqueles vícios de substância capazes de esvaziar sua utilidade.

Vista a natureza da convenção de arbitragem, sua formação e as principais questões a ela relacionadas, o trabalho apresenta ao leitor os efeitos produzidos por este ato negocial de conformação peculiar (Capítulo 2). O Capítulo 3 discute os problemas relativos à transmissão, extensão e extinção da convenção de arbitragem. Primeiramente, quanto à transmissão e extensão, contextualiza esses pontos em suas principais hipóteses de ocorrência, como em relação ao grupo de sociedades ou contratos, à cessão contratual etc. Termina, por fim, examinando as hipóteses de extinção da convenção.

Nas conclusões, o autor retoma seus propósitos iniciais, examinando, diante dos elementos discutidos no trabalho, as relações entre a convenção e o processo arbitral.

Por tudo isso, o livro ora trazido à luz mostra-se uma importante contribuição para o desenvolvimento da arbitragem no Brasil e, muito especialmente, para discussão do tema proposto. O leitor terá aqui importante instrumental para utilização prática e profissional, como também subsídios para discussões teóricas. Por certo, trata-se de uma leitura instigante para todos que, como o autor, nutrem alguma devoção – cada vez mais difundida – pela arbitragem, mas, também, para aqueles que apenas desejam saber mais sobre o tema, sendo um bom ponto de partida para quem desejar tornar-se um iniciado nessa área.

São Paulo, agosto de 2008.
Carlos Alberto de Salles

SUMÁRIO

INTRODUÇÃO

A aplicação da arbitragem, forma de solução de conflitos consagrada no mundo e no Brasil, principalmente a partir de 1996, com a edição da Lei de Arbitragem (Lei nº 9.307), vem apresentando um impressionante crescimento. A presença de partes brasileiras cresceu em torno de 68% ao ano entre 1999 e 2003, em arbitragens administradas pela Corte de Arbitragem da CCI, e em 2007 o país se tornou o quarto em número de arbitragens realizadas.[1]

O crescimento da utilização da arbitragem no Brasil, no entanto, enfrentou obstáculos. Em primeiro lugar, teve de ser superada a questão da desconfiança das partes. Atualmente, a arbitragem comercial é uma realidade cada vez mais abrangente, dada a incapacidade do Judiciário de solucionar questões de maior especificidade técnica, como, por exemplo, questões societárias, na velocidade e qualidade que o mercado demanda. Posteriormente, a questão da constitucionalidade de alguns dos dispositivos da Lei de Arbitragem (arts. 6º, parágrafo único, 7º e seus parágrafos e art. 41, das novas redações atribuídas aos 485, VII e 337, X, do Código de Processo Civil) também foi analisada, culminando no julgamento que reconheceu a constitucionalidade da arbitragem,[2] um importante passo para a consagração da arbitragem como um procedimento jurisdicional.

[1] Nesse sentido, confira-se ICC International Court of Arbitration Bulletin, v. 11/n. 1, Spring 2000, ICC International Court of Arbitration Bulletin, v. 15/n. 1, Spring 2004 e ICC International Court of Arbitration Bulletin, v. 18/n. 1, Spring 2007.

[2] *Decisão proferida pelo Supremo Tribunal Federal nos autos do AGRSE nº 5.206-7.*

O momento atual é de consolidação da arbitragem e algumas questões específicas sobre a estrutura e os limites da convenção de arbitragem serão postas em destaque com vistas a afastar pretensos impedimentos de aplicação da arbitragem a determinados ramos do direito como o do consumidor, societário, coletivo e administrativo, por exemplo.

Nesse sentido, a análise de direito comparado é um importante instrumento. A arbitragem apresenta claramente a tendência esboçada por alguns autores, como José Carlos Barbosa Moreira, de mútua influência entre as grandes famílias do Direito, *Civil Law e Common Law*.[3] Tratando-se de um instituto tradicional no âmbito do comércio internacional, o intercâmbio entre diferentes visões sobre esta forma de solução de conflitos se intensifica e, juntamente com a autonomia da vontade a ele inerente, permite que diferentes características da arbitragem nesses sistemas sejam aplicadas.

A Lei de Arbitragem trouxe importantes inovações ao instituto, que permitiram a ampliação de sua utilização como forma de solução de conflitos. Essa situação tornou mais clara a verificação da influência da convenção de arbitragem no processo arbitral e mais segura a utilização da arbitragem como forma de solução de conflitos. O objetivo deste trabalho é verificar como a convenção de arbitragem influi no processo arbitral, especialmente no tocante às partes, objeto do litígio e direitos e deveres das partes e dos árbitros.

Em primeiro lugar, serão verificados o conceito da convenção de arbitragem e a sua natureza jurídica, com especial atenção para o regime jurídico a ser aplicado à convenção de arbitragem e de que forma ela se comporta em face das regras de direito material que lhe são aplicadas.

De um lado, serão vistas as espécies de convenção de arbitragem, cláusula compromissória e compromisso arbitral, e será discutido se há alguma diferença substancial entre as espécies de convenção de arbitragem ou se tal diferenciação é apenas um apego ao período no qual a cláusula compromissória tinha eficácia de pré-contrato no direito brasileiro. De outro lado, será verificado de que forma se dá a autonomia da

[3] J. C. Barbosa Moreira, O processo civil contemporâneo: um enfoque comparativo in *Revista Brasileira de Direito Comparado nº 25*, Rio de Janeiro, Instituto de Direito Comparado Luso-Brasileiro, 2004, p. 84-85.

cláusula compromissória em relação ao negócio jurídico que a contém e como ela deve ser estruturada e se comportar nos chamados contratos de adesão.

Terá que ser analisada também a formação da convenção de arbitragem, especialmente alguns de seus elementos, tais como a liberdade de contratar, como pressuposto do consentimento. Ademais, os princípios aplicáveis à arbitragem também serão relevantes como linhas mestras a serem seguidas na convenção de arbitragem.

Nesse aspecto, os elementos gerais do negócio jurídico, agente capaz, objeto lícito e possível e forma prescrita ou não defesa em lei serão estudados à luz da arbitragem. Aspectos práticos da análise dos elementos do negócio jurídico à luz da arbitragem, como a possibilidade da celebração de convenções de arbitragem via Internet e suas consequências jurídicas, também serão destacados.

Quanto aos aspectos gerais da convenção de arbitragem, finalmente, as espécies problemáticas de convenção de arbitragem serão sistematizadas e se averiguará de que modo elas podem limitar ou até mesmo impedir a existência de futuro processo de arbitragem para solucionar o conflito entre as partes que celebraram a convenção.

No que tange aos efeitos da convenção de arbitragem, serão abordados a relação entre a arbitragem e o Judiciário, os chamados efeitos positivos e negativos da convenção de arbitragem como forma de afirmação da jurisdição arbitral e de negação da jurisdição estatal, bem como os instrumentos previstos em lei para garantia da produção desses efeitos. Além disso, deverá ser averiguado se as partes podem criar um microssistema de direitos e deveres delas e dos árbitros via convenção de arbitragem. Esses, sem dúvida, são os principais elos entre a convenção de arbitragem e o processo arbitral.

Por fim, será apresentado de que modo a convenção de arbitragem pode ser transmitida e estendida de modo a incluir ou não no processo arbitral indivíduos que originalmente não celebraram a convenção de arbitragem, especialmente nos chamados grupos de empresas ou de contratos, nas cessões de posição contratual e nas intervenções de terceiro. A questão a ser destacada é de que modo o processo arbitral pode ser transferido ou ampliado subjetivamente em relações jurídicas de direito material e em quais circunstâncias haverá modificação da estrutura do processo arbitral.

E, por derradeiro, será verificada a forma com que a convenção de arbitragem pode ser extinta, com destaque para algumas diferenças na forma de extinção da cláusula compromissória e do compromisso arbitral, talvez uma das diferenciações mais aparentes entre as espécies do gênero convenção de arbitragem, e qual é a sua decorrência para o processo arbitral.

Essas são, portanto, as principais questões que se pretende responder com esse trabalho. Nesse momento de consolidação e disseminação da arbitragem, torna-se necessário analisar a estrutura e os efeitos de relações jurídicas que contenham convenções de arbitragem e como o processo arbitral poderá variar de acordo com essa situação.

1.
CONVENÇÃO DE ARBITRAGEM

1.1. Conceito de convenção de arbitragem

A convenção de arbitragem é o acordo de vontades pelo qual as partes se vinculam à solução de litígios determinados ou determináveis, presentes ou futuros, por meio de juízo arbitral, sendo derrogada, em relação aos mencionados litígios, a jurisdição estatal.

Na convenção de arbitragem, sem dúvida existe um negócio jurídico celebrado entre as partes, tendo como pressuposto um acordo de vontade entre elas, dizendo respeito a objetos estipulados pelas partes de acordo com o ordenamento jurídico utilizado.[4] Nessa linha, contudo,

[4] O negócio jurídico é a mais alta expressão do subjetivismo, tendo como fundamento constitucional o art. 170 da CF/88. Pode ser conceituado como um ato de autonomia privada, constituído de um comportamento ou de uma ou mais declarações de vontade, que exprimem um imperativo juridicamente relevante, tendo como elementos a declaração de vontade, os sujeitos, pessoas físicas ou jurídicas, o objeto e a forma (C. da P. Ubaldino Miranda, *Teoria Geral do Negócio Jurídico*, São Paulo, Atlas, 1991. p. 38 e 57). Um dos ditames principais deste preceito legal diz respeito à livre iniciativa, que pode ser traduzida, no âmbito contratual, na liberdade de iniciativa econômica que envolve, segundo José Afonso da Silva, a liberdade de indústria e comércio ou liberdade de empresa e a liberdade de contrato. No entanto, tal liberdade não é absoluta. A CF/88 preocupa-se com a realização da justiça social, e o objetivo, desenvolvimento econômico, deve estar limitado por determinadas regras, necessidades de autorizações e permissões, por exemplo. Tal iniciativa tem como ponto central o fato de que o desenvolvimento do poder econômico privado, fundado principalmente na concentração de empresas, é fator de limitação à própria iniciativa privada e, consequentemente, à própria liberdade de empresa (J. A. da Silva, *Curso de Direito Constitucional Positivo*, 19. ed., São Paulo, Malheiros, 2001, p. 770-771 e M. G. Ferreira Filho, *Curso de Direito Constitucional*, 26. ed., São Paulo, Saraiva, 1999, p. 343-345).

a convenção de arbitragem tem efeitos próprios, como afirma Carlos Alberto Carmona:

> a convenção de arbitragem tem um duplo caráter: como acordo de vontades, vincula as partes no que se refere a litígios atuais ou futuros, obrigando--as reciprocamente à submissão ao juízo arbitral; como pacto processual, seus objetivos são os de derrogar a jurisdição estatal, submetendo as partes à jurisdição dos árbitros. Portanto, basta a convenção de arbitragem (cláusula ou compromisso) para afastar a competência do juiz togado, sendo irrelevante estar ou não instaurado o juízo arbitral.[5]

No sistema brasileiro, do mesmo modo que no sistema francês,[6] a convenção é bipartite, isto é, tem duas espécies: o compromisso arbitral e a cláusula compromissória (arts. 4º e 9º da Lei de Arbitragem).[7]

O compromisso arbitral é a forma de instituição da arbitragem tradicionalmente utilizada quando o litígio já existe, isto é, existindo o conflito entre as partes, elas podem definir a arbitragem como forma de solução. Nada impede, porém, que antes do conflito existir, mas já na constância de uma relação jurídica entre as partes, estas celebrem um compromisso arbitral prevendo questões que serão solucionadas por meio da arbitragem, embora tal situação não seja comum.[8]

[5] C. A. Carmona, *Arbitragem e Processo*, 2. ed. São Paulo, Atlas, 2004, p. 89.

[6] Arts. 1.442 a 1.459 do Código Civil francês.

[7] O sistema internacional parece abandonar a divisão entre espécies da convenção de arbitragem. A Convenção de Nova Iorque de 1958 e a Convenção de Genebra de 1961 unificaram a noção de convenção de arbitragem, não realizando mais a distinção entre duas espécies. No mesmo sentido, foi a revogada Lei Espanhola de Arbitragem de 1988 que, em sua exposição de motivos, informa a extinção da diferença entre cláusula compromissória e compromisso arbitral (disposição mantida na nova Lei Espanhola de Arbitragem de 2003 – Lei nº 60, de 2003 – art. 9, 1), bem como a Lei Uniforme da UNCITRAL. Do ponto de vista prático, como apontaram Philippe Fouchard, Emmanuel Gaillard e Berthold Goldman, a distinção entre as espécies da convenção de arbitragem não possui nenhuma distinção prática (*Cf.* P. Fouchard, E. Gailard e B. Goldman, *Traité de l'Arbitrage Commercial International*, 2. ed., Paris, Librarie de la Cour de Cassation, 1996, p. 209-210).

[8] I. Strenger, *Comentários à Lei Brasileira de Arbitragem*, São Paulo, LTr, 1998, p. 69. Tal exemplo não se confunde com a cláusula compromissória, visto que o objeto do compromisso celebrado será apenas a solução de conflitos. Não haverá, portanto, disposição conjunta com as demais disposições da relação jurídica existente entre as partes. De outro lado, a relação jurídica entre as partes não consubstanciada em contrato escrito, sendo a

Já a cláusula compromissória é tipicamente inserida em negócios jurídicos celebrados entre as partes e, por isso, é caracterizada como a convenção de arbitragem anterior ao litígio. É prevista no momento em que as partes celebram um contrato cujo cumprimento espera-se ocorra sem qualquer percalço, ficando latente a cláusula até a ocorrência de um conflito a ser solucionado.[9]

Como se disse, o compromisso arbitral pode ser celebrado com vistas ao futuro também. A cláusula compromissória, por sua vez, poderá ser celebrada com vistas ao passado, isto é, pode ser realizado um adendo ao contrato que originou o litígio, por exemplo, com a inclusão da cláusula compromissória. Observa-se não haver diferença entre as espécies da convenção de arbitragem quanto ao seu fim maior que é trazer à jurisdição dos árbitros a solução de um conflito.

Como assevera Roque J. Caivano, a distinção presente na lei brasileira entre cláusula e compromisso decorre da prática arbitral, sendo que "cláusula compromissória e compromisso arbitral, embora conceitualmente diferentes, apontam definitivamente para um mesmo objetivo final, qual seja a efetiva remissão das questões litigiosas à decisão dos árbitros".[10] Normalmente, a diferença conceitual entre as duas espécies da convenção de arbitragem decorre do seu conteúdo objetivo, isto é, do litígio a ser solucionado. Como o compromisso arbitral normalmente é celebrado depois do litígio, o objeto deste é mais claro para a cognição dos árbitros; já a cláusula compromissória, normalmente redigida antes do conflito, tem um conteúdo genérico que pode, posterior-

forma de solução de conflitos, nesse caso, determinada com a utilização do compromisso arbitral.

[9] A diferenciação entre cláusula compromissória e compromisso arbitral com base da existência do litígio pode ser encontrada na maioria dos autores brasileiros, por exemplo, J. Cretella Neto, *Comentários*... Op. cit., p. 51. A distinção perde relevância se estivermos diante de cláusulas compromissórias ditas "cheias" ou "pretas", isto é, que indiquem a adoção de regras de uma determinada instituição arbitral. Se a cláusula compromissória for "vazia" ou "branca", a existência de um compromisso será necessária, compromisso esse que poderá ser instituído judicialmente se uma das partes se negar a celebrá-lo (art. 7º da Lei de Arbitragem).

[10] Roque J. Caivano, *Arbitraje*, 2. ed., Buenos Aires, Ad Hoc, 2000, p .108 (trad. livre). Carlos Alberto Carmona segue o mesmo raciocínio e acredita que, num futuro, pode ser abolida a dicotomia entre cláusula compromissória e compromisso arbitral como já faz a Lei Espanhola de Arbitragem (C. A. Carmona, *Arbitragem e Processo*... Op. cit., p. 104).

mente, ter de ser mais bem especificado. Embora tal diversidade possa ser justificada hipoteticamente, é cada vez mais comum nas arbitragens institucionais que as partes, no momento da instauração do processo arbitral, especifiquem o objeto da arbitragem.[11] Com isso, esta apontada diferença conceitual seria amenizada.[12]

É importante destacar que a divisão da convenção de arbitragem em duas espécies não é recente no sistema brasileiro e não foi instituída pela Lei de Arbitragem de 1996. O compromisso arbitral sempre foi a forma mais comum de submissão das partes à solução de conflitos pelo juízo arbitral, mas a cláusula compromissória era prevista pelo menos desde a Convenção de Genebra de 1923.

O grande problema, no entanto, dizia respeito à diferença do grau de vinculação das duas espécies da convenção de arbitragem no regime anterior. Não havia paridade entre o compromisso arbitral e a cláusula compromissória.

[11] Nesse sentido: art. 5.9 (termo de arbitragem) do regulamento do Centro de Arbitragem da Câmara de Comércio Brasil-Canadá, art. 7.12 (termo de arbitragem) do regulamento da Câmara do Mercado da Bolsa de Valores de São Paulo, art. 3º (termo de arbitragem) do regulamento da Câmara de Mediação e Arbitragem São Paulo (Centro das Indústrias do Estado de São Paulo), arts. 39 e 40 (termo de compromisso arbitral) do regulamento da Câmara FGV de Conciliação e Arbitragem e Art. XV (termo de arbitragem) do regulamento da Câmara de Arbitragem da Câmara Americana de Comércio.

[12] Tal diferenciação se justificaria se a cláusula compromissória só pudesse comportar questões contratuais e o compromisso arbitral pudesse dizer respeito a questões contratuais e extracontratuais. É nesse sentido, que assevera Sergio La China (*L'Arbitrato*: il sistema – l'esperienza, 1ª ed., Milano, Giuffré, 1999, p. 17-18). No entanto, verifica-se que o conteúdo da convenção de arbitragem é de livre disposição das partes, desde que sejam respeitadas as limitações das leis aplicáveis ao conflito. A questão é muito mais de conteúdo do que da forma da convenção de arbitragem. Irineu Strenger chama o compromisso arbitral de um *"minicódigo processual"* (I. Strenger, *Comentários,* Op. cit., p. 72), tendo em vista seu caráter mais amplo no que concerne à estrutura da forma de solução de litígio. Nada impede, porém, que uma cláusula compromissória seja extensa e preveja todos os requisitos de uma arbitragem *ad hoc*, embora tal medida não seja usual, visto que se costuma incorporar na cláusula compromissória referência às regras de uma instituição arbitral. Qualquer das formas adotadas permite a solução de questões contratuais e extracontratuais. O que parece mais correto é que, geralmente, a cláusula compromissória diz respeito a relações jurídicas que surgem no âmbito contratual, enquanto o compromisso pode não necessariamente estar ligado a um contrato. Ainda que a cláusula esteja inserta num contrato, ela poderá se referir a questões extracontratuais.

A cláusula compromissória possuía a natureza jurídica de um pré-contrato, *pacto de contrahendo*, o que lhe conferia pouco ou nenhum grau de vinculação entre as partes, já que, caso a arbitragem tivesse que ser instituída, deveria haver a celebração de um compromisso arbitral entre as partes. Isto se tornava difícil uma vez que a superveniência do conflito existente, via de regra, ceifava os canais de comunicação e negociação entre as partes.[13]

A cláusula compromissória não possuía execução específica, isto é, qualquer negativa de instituição do juízo arbitral nas relações jurídicas que continham cláusula compromissória era, quando muito, apenada com perdas e danos, causa essa que foi indicada como primordial para a pouca utilização da arbitragem.[14]

Entendia-se que a cláusula compromissória era apenas uma forma de pré-definir a arbitragem como forma de solução do conflito, mas não obrigatoriamente, até porque ninguém poderia se vincular à solução de um conflito que só existia *in abstracto*. O objeto da cláusula compromissória não é certo, não é específico e, por isso, as partes só poderiam ser compelidas a cumprir o contrato preliminar se ele contivesse todos os requisitos do contrato principal (art. 1.006, § 2º, do Código de Processo Civil de 1939 e do revogado, pela Lei nº 11.232/05, art. 639 do Código de Processo Civil de 1973[15] – alterado para o art. 466-B do mesmo Código), o que não ocorria com a cláusula compromissória.[16]

Ainda nesta linha, Clóvis Bevilacqua informava que o Protocolo de Genebra, que permitia a utilização da cláusula compromissória não possuía efeitos semelhantes aos atuais: "no direito pátrio, a cláusula com-

[13] Nesse sentido. W. de Barros Monteiro, *Curso de Direito Civil*, Direito das Obrigações, v. I, São Paulo, Saraiva, 1960, p. 350 e C. M. da Silva Pereira, *Instituições de Direito Civil*, 3. ed., Rio de Janeiro, Forense, 1972, p. 232.

[14] J. A. T. Guerreiro, *Fundamentos da Arbitragem do Comércio Internacional*, São Paulo, Saraiva, 1993, p. 51, P. A. Batista Martins, *Convenção de Arbitragem* in P. A. Batista Martins, Selma M. Ferreira Lemes e C. A. Carmona, *Aspectos Fundamentais da Lei de Arbitragem*, Rio de Janeiro, Forense, 1999, p. 207-208.

[15] "Art. 639. Se aquele que se comprometeu a concluir um contrato não cumprir a obrigação, a outra parte, sendo isso possível e não excluído pelo título, poderá obter uma sentença que produza o mesmo efeito do contrato a ser firmado."

[16] Supremo Tribunal Federal, AgReg em SEC nº 5206-7, Rel. Min. Sepúlveda Pertence, j. em 12.12.2001, especialmente no voto do Min. relator.

promissória é válida, obriga as partes, como qualquer outra cláusula contratual, mas não obriga o juiz".[17]

Tal conceito foi superado pela Lei de Arbitragem e a cláusula compromissória, nitidamente, passou a ser vinculante para as partes, sendo permitida sua execução específica na qual a negativa da parte recalcitrante pode ser substituída por uma sentença (arts. 7º e seguintes da Lei de Arbitragem).[18]

Portanto, hoje, não há grande diferença teleológica entre a cláusula compromissória e o compromisso arbitral, embora o segundo possa ser utilizado para complementar a primeira quando esta for do tipo "vazia"[19] (estudo específico no item 1.6.1 abaixo). Contudo, como se verá adiante, há algumas situações nas quais o compromisso arbitral se extinguirá e a cláusula compromissória não.

O que se conclui é que a convenção de arbitragem é a forma pela qual se institui o juízo arbitral, sendo suas duas espécies modos distintos de visualização do mesmo fenômeno, ou seja, obrigatoriedade ou vinculação das partes à arbitragem, sem que haja diferença fundamental de objetivo ou de eficácia entre estas espécies.

1.2. Natureza jurídica da convenção de arbitragem

A discussão acerca da natureza jurídica da convenção de arbitragem decorre da grande alteração introduzida pela Lei de Arbitragem em 1996, qual seja, a abolição da relação de instrumento preparatório e a principal (de pré-contrato e contrato) entre cláusula compromissória e o compromisso.

[17] C. Bevilacqua, Parecer sobre o Protocolo de Genebra de 1923: cláusulas de arbitramento comercial in *Revista de Arbitragem e Mediação,* ano 3, nº 9, São Paulo, RT, 2006, p. 315-316.

[18] Contudo, a manutenção da dicotomia entre compromisso arbitral e cláusula compromissória parece ter sido proposital para não se criar alteração mais profunda na arbitragem brasileira.

[19] Como assinala Márcio Martins Bonilha em estudo sobre o tema, a nova sistemática brasileira sobre a arbitragem faz com que a cláusula denominada cheia possua todos os requisitos para instauração da arbitragem in Do Efeito Vinculante da Cláusula Arbitral, *Revista de Arbitragem e Mediação,* São Paulo, RT, 2004, p. 140. Mesmo quando tratamos de arbitragens interna ou internacional, não são observadas grandes diferenças de regras e princípios de funcionamento. Tudo isto após a Lei de Arbitragem de 1996 que incluiu no seu bojo as disposições dos principais tratados internacionais.

Como dito, a Lei de Arbitragem equiparou essas categorias e, embora se faça a diferença entre as espécies com base no momento em que a convenção de arbitragem é realizada, como se disse na Introdução, o fato é que foi abolida qualquer diferença teleológica entre as espécies da convenção de arbitragem.[20] Não há dúvidas, portanto, que as duas espécies da convenção de arbitragem possuem caráter definitivo, não sendo mais nenhuma delas preparatória à outra.[21]

Outrora a convenção de arbitragem foi tratada como transação com consequências não determinadas diretamente pelas partes, mas por terceiros escolhidos por elas. A arbitragem era considerada fruto de um acordo entre as partes que se submetiam ao resultado produzido pelos árbitros. No entanto, a transação extingue o conflito por si, ao passo que na arbitragem as partes estabelecem a forma pela qual o conflito será solucionado, não pondo diretamente fim a ele.[22] Esta conclusão parte da verificação da arbitragem como um fenômeno tipicamente contratual, sem a existência própria de um litígio entre as partes, mas apenas da necessidade de um ajustamento da relação jurídica existente entre elas.[23]

[20] Ainda que a cláusula compromissória não indique os elementos fundamentais para instituição da arbitragem, especialmente o órgão arbitral ou as regras às quais se submeterá a forma de solução do litígio como, por exemplo, a forma de indicação e aceitação dos árbitros com a constituição do tribunal ou painel arbitral, as partes estarão vinculadas à arbitragem como forma de solução de conflitos. Sendo assim, embora tenham que percorrer caminho mais longo para a instauração da arbitragem com a ausência dos elementos indicados, o efeito vinculante da convenção de arbitragem existirá. Para CARLOS ALBERTO CARMONA, para que uma cláusula compromissória seja "cheia" basta que ela se reporte às regras de uma instituição arbitral (*Arbitragem e Processo...* Op. cit., p. 105).

[21] ROQUE J. CAIVANO, *Arbitraje...* Op. cit., p .129. Parte da doutrina, no entanto, ainda considera a cláusula compromissória como um contrato preliminar, considerando que os chamados adendos previstos no art. 19 da Lei de arbitragem nada mais seriam do que o compromisso arbitral. Nesse sentido. A. F. CÂMARA, *Arbitragem*, 4. ed., Rio de Janeiro, Lumen Juris, 2005, p. 28, nota 41.

[22] C. A. CARMONA, *Arbitragem e Processo...* Op. cit., p. 169.

[23] No regime atual, tal entendimento está superado, especialmente pela disposição dos arts. 18 e 31 da Lei de Arbitragem.

Tradicionalmente, no entanto, a convenção de arbitragem era tratada como contrato, na origem, com produção de efeitos processuais. Assim, considerava-se mista a natureza da convenção de arbitragem.[24]

Partindo deste entendimento, a convenção de arbitragem passou a ser tratada como negócio jurídico processual,[25] uma vez que havia um acordo de vontade realizado entre as partes com vistas à produção de efeitos processuais específicos, no caso, a utilização da arbitragem como forma de solução de conflitos. Assim, a formação contratual da convenção serviria apenas para circunscrever os limites da controvérsia e atender aos requisitos de validade do direito material, embora os efeitos propaguem-se no campo do Direito Processual.[26]

Esta é a visão típica dos processualistas, especialmente Pontes de Miranda que, ao tratar do compromisso arbitral,[27] o caracterizou como "instituto de direito material", sendo considerado um "contrato proces-

[24] Tal disciplina era aplicada apenas ao compromisso arbitral antes do regime da Lei de Arbitragem. Hoje, porém, o entendimento aplicado à cláusula compromissória pode ser aplicado ao compromisso arbitral quanto à natureza jurídica. Nesse sentido: A. Oricchio, *L'Arbitrato*, Napoli, Edizione Scientifiche Italiane, 1994, p. 20. No mesmo sentido, G. Chiovenda, *Istituizione di Diritto Processuale Civile,* 2. ed., *Instituições de Direito Processual Civil,* J. Guimarães Menegale (trad. it.), 3. ed., v. I, São Paulo, Saraiva, 1969, p. 75-78.

[25] A existência da categoria "negócio jurídico processual" foi contestada na doutrina nacional em relação à sua existência no âmbito do processo judicial. Cândido Rangel Dinamarco, por exemplo, não coadunava com a sua existência e afirmava: "o processo em si não é um contrato ou um negócio jurídico [...] e em seu âmbito inexiste o primado da autonomia da vontade: a lei permite a alteração de certos comandos jurídicos por ato voluntário das partes mas não lhes deixa margem para o autorregramento, que é inerente aos negócios jurídicos" (*Instituições de Direito Processual Civil,* v. II, São Paulo, Malheiros, 2001, p. 469). Para o referido Professor, tal categoria não existe no âmbito do processo, com o que, aqui, não se está a discordar. O negócio jurídico processual, aqui analisado, tem essa denominação devido ao acordo de vontade entre as partes para escolha da forma de solução de conflitos. Contudo, o Código de Processo Civil passou a adotá-la, nos termos dos arts. 190 e 191, extrapolando a figura para questões inclusive internas do processo civil.

[26] *Cf.* T. A. Kroetz, *Arbitragem*: conceito e pressupostos de validade, São Paulo, RT, 1998, p. 138. No mesmo sentido, Hamilton de Moraes e Barros, *Comentários ao Código de Processo Civil,* 2. ed., v. IX, Rio de Janeiro, Forense, 1988, p. 473.

[27] Como dito, o tratamento do compromisso arbitral antes da Lei de Arbitragem hoje pode também ser aplicado à cláusula compromissória.

sual" que tem fito em processo futuro ou pendente.[28] Outra afirmação de Pontes de Miranda, ainda, permite considerar a disciplina conjunta do compromisso arbitral com a cláusula compromissória e do compromisso arbitral uma vez que este "é renúncia ao juízo estatal, à processualidade estatal da relação jurídica entre as partes e a pessoa que tem, em virtude do seu estatuto a cognição".[29] Hoje, este é o principal efeito atribuído à convenção de arbitragem no sistema brasileiro.

Não há como negar que a convenção de arbitragem tem a natureza de negócio jurídico processual, pois é nítido que o fim do acordo celebrado entre as partes é a solução de litígio, do modo estabelecido na convenção de arbitragem.[30]

No entanto, não basta excluir a jurisdição da justiça estatal e atribuí-la aos árbitros, embora este seja o principal efeito da convenção de arbitragem. Deve-se também permitir que o acordo das partes produza efeitos imediatamente e, nesse sentido, a convenção deverá conter, como regra, os elementos necessários para que a arbitragem tenha início sem a necessidade de outro acordo de vontade entre as partes.[31] A exceção é a convenção que não contenha todos os elementos necessários para o início da arbitragem.

[28] F. C. Pontes de Miranda, *Comentários ao Código de Processo Civil*, 3. ed., tomo XV, Rio de Janeiro, Forense, 1977, p. 239. No mesmo sentido, Hamilton de Moraes e Barros, *Comentários...* Op. cit., p. 473.

[29] F. C. Pontes de Miranda, *Comentários ao Código de Processo Civil*, 3. ed., tomo XV, Rio de Janeiro, Forense, 1977, p. 240.

[30] Nesse sentido, o Superior Tribunal de Justiça já decidiu: *"Da definição do instituto, exsurge o caráter híbrido da convenção de arbitragem, na medida em que se reveste, a um só tempo, das características de obrigação contratual, representada por um compromisso livremente assumido pelas partes contratantes, e do elemento jurisdicional, consistente na eleição de um árbitro, juiz de fato e de direito, cuja decisão irá produzir os mesmos efeitos da sentença proferida pelos órgãos do Poder Judiciário"* in REsp nº 606.345-RS, Rel. Min. João Otávio Noronha, j. em 17.5.2007.

[31] Roque J. Caivano atribui como consequência da situação descrita acima a regra do caráter preliminar da cláusula compromissória, com a diferença de que é possível a execução específica, sem a necessidade de resolução em perdas e danos (*Arbitraje...* Op. cit., p .129-131), o que não parece correto. Se a cláusula contiver todos os requisitos necessários para a produção integral de seus efeitos, que no Brasil é a disposição para arbitrar, com especificações do § 2º do art. 4º da Lei de Arbitragem, se estivermos tratando do contrato de adesão, bem como a referência a um órgão arbitral, ela não terá caráter preliminar. Tais elementos são suficientes para conferir caráter definitivo à cláusula.

Para Clóvis do Couto e Silva, a visão apresentada sobre a natureza jurídica da convenção de arbitragem é mais abrangente, considerando não só o acordo das partes para atribuir jurisdição aos árbitros para solução do conflito, mas também estabelecendo que o compromisso é um ato de organização por se tratar de um conjunto de negócios jurídicos obrigatórios e de disposição.[32] Carlos Alberto Carmona, por sua vez, critica esse entendimento considerando que a convenção de arbitragem não é um ato de organização judiciária, já que o árbitro nem sempre participará da confecção do compromisso arbitral, produzindo estes efeitos antes e independentemente da participação do julgador.[33]

Vê-se que a convenção de arbitragem deve conter um elemento de organização para que a arbitragem seja instituída de plano, no mínimo, com a previsão da utilização de regras de um determinado órgão arbitral, regras estabelecidas pelas partes ou pelo menos a forma de nomeação dos árbitros, sem a necessidade de recurso das partes ao Judiciário. Tal elemento é fundamental quando se trata de arbitragem *ad hoc*, na qual a inexistência de tal previsão torna necessária a celebração de acordo entre as partes para a definição das regras que serão aplicáveis não só à solução do litígio, mas também à estruturação da arbitragem. De outro lado, existindo esse elemento de organização, amplo no caso da arbitragem *ad hoc* e mais restrito no âmbito da arbitragem institucional, a arbitragem será instituída após o requerimento de uma das partes.

Por isso, considera-se que a convenção de arbitragem é um negócio jurídico processual que pode possuir eficácia plena ou limitada de acordo com a sua forma ("cheia" ou "vazia"), possuindo, na primeira hipótese, um contrato de organização. A cláusula compromissória "vazia" é convenção de arbitragem, mas com eficácia limitada, porque as partes estarão vinculadas à solução do conflito via arbitragem, porém será necessária a celebração de um compromisso arbitral para definir as regras de instauração e desenvolvimento da arbitragem.[34] Esta cláusula

[32] C. do Couto e Silva, *Comentários ao Código de Processo Civil*, v. II, tomo II, São Paulo, RT, 1981, p. 565.

[33] C. A. Carmona, *Arbitragem e Processo...* Op. cit., p. 171.

[34] "A Lei 9.307/96, com exceção dos casos supracitados [existência de referência a um regulamento para instituição da arbitragem e arbitragem na CCI], exige a conclusão de um compromisso. Assim, nem sempre a cláusula arbitral será por si só suficiente para instituir a arbitragem. Se as partes não previrem o modo de instituição da arbitragem, a parte mais

será um negócio jurídico processual, mas depende de um outro ato para produzir plenamente os seus efeitos ou, se necessário, sua celebração por meio de sentença judicial (art. 7º, § 7º, da Lei de Arbitragem).

A convenção de arbitragem é, em regra, um negócio jurídico processual, pois surge de negócio jurídico celebrado entre as partes, com elemento de organização mais ou menos amplo se a arbitragem for institucional ou *ad hoc*.

No entanto, há apenas um negócio jurídico e não um conjunto de atos de organização que, na verdade, são decorrência desta convenção. Deve haver na convenção de arbitragem a indicação da arbitragem como forma de solução de conflito e previsão das regras de solução de conflito, de maneira direta, com a previsão expressa de todos os elementos para a estruturação da arbitragem, ou de maneira indireta, com a indicação do órgão arbitral.[35] Diante disso, a convenção é assim negócio jurídico processual, sendo o elemento de organização fundamental para a instituição direta da arbitragem ou para a instauração da demanda prevista no art. 7º da Lei de Arbitragem e não para a determinação da sua natureza jurídica.

1.3. As espécies da convenção de arbitragem

1.3.1. Cláusula compromissória

A cláusula compromissória estava regulamentada pela legislação brasileira via recepção do Protocolo de Genebra, mas o instituto não era utilizado de modo amplo, uma vez que o Judiciário não lhe garantia a

diligente convidará a outra parte a concluir o compromisso. Nesse sentido prevê o artigo 6 da Lei brasileira. [...] Se a outra parte porém se recusar a firmar o compromisso, deverá a parte interessada seguir o procedimento previsto no art. 7º. [...]. Todavia, este procedimento judicial prevê a conclusão de um compromisso judicial, seja ele por um acordo das partes em juízo ou através de uma sentença judicial que tem valor de compromisso" (J. B. Lee, *A Convenção de Arbitragem*, escritos distribuídos durante palestra organizada pelo Centro de Estudos das Sociedades de Advogados – CESA e proferida em 4 de novembro de 2003).

[35] Sem estas disposições, seria necessária a celebração de compromisso arbitral para especificar os termos da arbitragem. A convenção, nesse caso, que pode ser chamada de patológica, terá natureza de negócio jurídico processual, mas com a eficácia de um contrato preliminar.

eficácia. Assim, somente após a Lei de Arbitragem, a cláusula compromissória passou a ser utilizada em larga escala.

A ausência de efetividade da cláusula compromissória, o que foi alterado pelo sistema de tutela específica da convenção de arbitragem introduzido pela Lei de Arbitragem, pode ser apontada como uma das razões da utilização minguada da arbitragem no Brasil até 1996. As partes não tinham garantia para fazer valer a manifestação de vontade apresentada por elas para a solução do litígio via arbitragem, uma vez que a cláusula compromissória não era considerada vinculante e seu não-cumprimento gerava, no máximo, indenização por perdas e danos, como se viu no item 1.1 citado.

Do ponto de vista lógico, deve haver limitação da utilização da arbitragem a conflito decorrente de uma determinada situação, contratual ou até mesmo extracontratual,[36] havida entre as partes. De qualquer modo, tal limitação também poderá ser fixada pelas partes até mesmo no intervalo entre a aceitação do encargo pelos árbitros e a instituição do procedimento arbitral.

De outro lado, a manifestação de vontade para arbitrar deve ser feita por escrito (art. 4º, *caput*, da Lei de Arbitragem),[37] submetendo-se às regras gerais do Código Civil para a elaboração de contratos ou de leis específicas em razão da matéria discutida, como a Lei de Licitações, por exemplo.

Finalmente, essa espécie de convenção de arbitragem possui uma série de especificidades que serão tratadas a seguir.

1.3.1.1. Cláusula compromissória e os contratos de adesão

Em termos de estrutura da cláusula compromissória, o legislador criou regras específicas para aquela prevista nos chamados contratos de adesão. Isto porque, como afirma ORLANDO GOMES, nesta situação, um dos contratantes "adere, em suma, a uma situação jurídica que encontra

[36] Acidente de trânsito, por exemplo.

[37] Disposição semelhante é apresentada pela legislação venezuelana, conforme A. DE JESUS O., Validez y Eficácia del Acuerdo de Arbitraje em el Derecho Venezoelano in *Revista Brasileira de Arbitragem*, nº 9, 2006, São Paulo, IOB-Thompson, p. 111-180 e no direito peruano, conforme C. A. MATHEUS LÓPEZ, El Convenio Arbitral em el Derecho Peruano in *Revista Brasileira de Arbitragem*, nº 4, 2004, São Paulo, IOB-Thompson, p. 85-99.

definida em todos os seus termos. O consentimento há de se manifestar como simples adesão ao conteúdo preestabelecido da relação jurídica".[38]

São dois os problemas, ligados entre si, que se verificam nestes contratos. Em primeiro lugar, há a simples adesão de uma das partes às condições contratuais estabelecidas pela contraparte. Ademais, este oferecimento de condições, em geral, decorre de um desnível econômico ou técnico, o que torna necessária uma certa equalização ou, pelo menos, tentativa de esclarecimento acerca das condições contratuais, para que a parte aderente ao menos tenha pleno conhecimento das condições e das consequências das condições contratuais.

Assim, a firmação da cláusula compromissória nestas situações diverge das situações comuns, pois o consentimento da parte não se impõe à discussão acerca das cláusulas, mas apenas à adesão de um contrato já pronto, com as condições já estabelecidas. Tal preocupação não existe apenas quando a análise é feita à luz do direito brasileiro. A legislação espanhola, por exemplo, estipula que esta forma de contratação deve seguir regras específicas, como a manifestação de vontade expressa da parte aderente (Ley 60/2003, de 23 de diciembre, art. 9.2).

Tendo em vista esta situação de simples aceitação de um regramento contratual já estabelecido, a Lei de Arbitragem estabeleceu no § 2º do seu art. 4º que: (i) a eficácia da cláusula compromissória fica condicionada à iniciativa do aderente; e (ii) a concordância expressa do aderente deverá ser consubstanciada na cláusula compromissória redigida em negrito ou destaque, com visto especial ou constar de documentos anexo que se reporte ao contrato manifestando por escrito a vontade de realizar a arbitragem. Nessas duas situações, busca-se dar plena consciência ao aderente do seu ato de solucionar conflitos via arbitragem, excluindo tal discussão do Judiciário, evitando que tal cláusula seja assinada por falta de conhecimento ou no bojo de um conjunto de cláusulas, sem a devida reflexão.

[38] O. Gomes, *Contratos*, Op. cit. p. 134. O Código de Defesa do Consumidor conceitua contratos de adesão, em seu art. 54, *caput*, da seguinte forma: *"Contrato de adesão é aquele cujas cláusulas tenham sido aprovadas pela autoridade competente ou estabelecidas unilateralmente pelo fornecedor de produtos ou serviços, sem que o consumidor possa discutir ou modificar substancialmente seu conteúdo"*.

Como assevera Carlos Alberto Carmona, a hipótese (i) indicada no parágrafo anterior vinculará apenas o policitante à arbitragem, já que ficará a critério do oblato decidir, surgido o litígio, se soluciona o litígio via arbitragem ou pelo Judiciário e contra tal decisão não poderá se opor o policitante. Já a hipótese indicada no número (ii) acima decorreu de subemenda apresentada pela Câmara dos Deputados, mas não teve o condão de proteger o aderente.[39]

A ausência de proteção ao aderente decorre do fato de que, mesmo com cuidados e destaques, o aderente pode simplesmente não conhecer as consequências desta cláusula aderindo a ela sem qualquer reflexão. A disposição legal ora comentada, definitivamente, não é capaz de proteger o aderente. De qualquer modo, existindo tal disposição e havendo questionamento do aderente, caberá ao Judiciário solucionar a questão do pleno conhecimento dos termos do contrato de adesão celebrado.

Nessa linha, se existir a cláusula compromissória sem os devidos destaques em um contrato de adesão, esta será ineficaz, exceto se as partes, a despeito deste fato, por meio de outra manifestação de vontade, decidirem instituir a arbitragem mesmo assim, devendo repactuá-la ou assinar uma nova cláusula com os requisitos legais de destaque e assinatura específica para esta cláusula. Nos dizeres de Selma Maria Ferreira Lemes, a cláusula compromissória nessa situação fica "sujeita à condição suspensiva, isto é, só surtirá os efeitos diante da manifestação de vontade posterior, aceitando a instância arbitral".[40] Ademais, a decisão do aderente de instituir arbitragem também é suficiente para que ela se inicie.

De outro lado, se a cláusula compromissória estiver em destaque com visto especial ou se estiver em documento que se reporte ao contrato, terá eficácia plena,[41] podendo ser discutidas ainda questões a respeito da regularidade e a extensão do consentimento do aderente ao celebrar o contrato, mas, *a priori*, não haverá nenhuma irregularidade na arbitragem.

[39] C. A. Carmona, *Arbitragem e Processo*... Op. cit., p. 107-109.

[40] P. A. B. Martins, S. M. Ferreira Lemes e C. A. Carmona, *Aspectos Fundamentais da Lei de Arbitragem*... Op. cit, p. 124.

[41] P. A. B. Martins, S. M. Ferreira Lemes e C. A. Carmona, *Aspectos Fundamentais da Lei de Arbitragem*... Op. cit, p. 125-126.

1.3.1.2. Autonomia da cláusula compromissória

Originária, no sistema brasileiro, de um regramento que lhe relegava à quase ineficácia, a cláusula compromissória obteve no novo sistema arbitral instituído pela Lei de Arbitragem regras destinadas a reverter esta situação, tornando eficaz a instituição efetiva da arbitragem de modo vinculante.

Como importante elemento de tal transformação está a autonomia da cláusula compromissória em relação ao negócio jurídico que a contém, nos termos do art. 8º da Lei de Arbitragem.[42] Tal determinação legal faz com que qualquer análise sobre a nulidade ou anulabilidade de contrato deva passar primeiramente pelo crivo dos árbitros, isto é, eles irão decidir, com preferência sobre o Judiciário, sobre a nulidade ou anulabilidade da cláusula compromissória e se ela for hígida poderão analisar o mérito da demanda. Do contrário, bastaria a alegação de que um contrato com cláusula compromissória é nulo ou anulável para que a análise tivesse que ser feita pelo Judiciário.

Nesse sentido, Carlos Alberto Carmona constata "que a causa do contrato principal é diversa daquela que leva as partes a estipularem a solução arbitral para futuras controvérsias".[43] Também por isso, a resilição de um contrato não leva, necessariamente à resilição da cláusula compromissória, possuindo, portanto, apenas uma ligação instrumental com o objeto do litígio.

No mesmo sentido, José Carlos de Magalhães assevera, baseando-se na doutrina e jurisprudência internacional, que:

> enquanto as normas contratuais regulam a prestação de obrigações ajustadas que se esgotam no âmbito do interesse privado das partes, já que só a elas concerne o ajuste, as que estabelecem a forma e meio de solucionar

[42] José Cretella Neto faz a advertência de que esta situação só se aplica quando a cláusula compromissória não é essencial à existência do contrato, como, por exemplo, na definição do preço de venda de um produto, visto que este não pode ser determinado num momento e apenas determinável no futuro, in J. Cretella Neto, *Comentários à Lei de Arbitragem...* Op. cit., p. 71.

[43] C. A. Carmona, *Arbitragem e Processo...* Op. cit., p. 158-159. No mesmo sentido, J. Dolinger, *Comentário à Lei Brasileira de Arbitragem*, São Paulo, LTr, 1998, p. 66.

eventuais litígios decorrentes dessas relações interessam à ordem pública afetada pela controvérsia.[44]

Pode-se dizer que a estrutura legal foi inteligente a ponto de impedir que simples alegações de nulidade ou anulabilidade da cláusula pudessem afastar a competência dos árbitros para a análise da regularidade da manifestação de vontade das partes acerca da arbitragem. De outro lado, tal disposição legal exige que as partes estejam atentas quanto à resilição de contrato que contenha cláusula compromissória, tendo em vista a condição autônoma da cláusula compromissória em relação ao contrato que a contenha.

Ademais, como corolário à autonomia da cláusula compromissória (prevista no *caput* do art. 8º da Lei de Arbitragem e reforçada pelo art. 20 da mesma Lei[45]) há o princípio da *Kompetenz-kompetenz* (previsto no parágrafo único do mesmo artigo e reconhecido em convenções internacionais como a Convenção de Nova Iorque, art. II, parágrafo 3º), denominado assim originalmente no idioma alemão e surgido no direito processual.[46] A ligação entre a autonomia da cláusula compromissória e o princípio da *Kompetenz-kompetenz* é fundamental para a incolumidade da arbitragem em face das alegações de nulidade ou anulabilidade da convenção de arbitragem que possam surgir durante a solução do conflito.

Como bem salienta Bertrand Ancel, "É a autonomia da cláusula compromissória que isola a questão do poder do árbitro de apreciar sua

[44] J. C. de Magalhães, *Do Estado na Arbitragem Privada*, São Paulo, Max Limonad, 1988, p. 132.

[45] No mesmo sentido, do ponto de vista da legislação argentina e comparada: R. J. Caivano, *Arbitraje*, 2. ed., Buenos Aires, Ad Hoc, 2000, p. 168.

[46] Há críticas na doutrina acerca da denominação exposta uma vez que na Alemanha a *Kompetenz-kompetenz* diz respeito à possibilidade de decidir sobre a própria competência em última instância e sem a possibilidade de recurso ou impugnação. Nesse sentido, E. C. Pitombo, *Os Efeitos da Convenção de Arbitragem: Adoção do Princípio Kompetenz-kompetenz no Brasil* S. M. Ferreira Lemes, C. A. Carmona e P. A. B. Martins (coord.), *Arbitragem: Estudos em Homenagem ao Professor Guido Fernando da Silva Soares, In Memoriam*, São Paulo, Atlas, 2007, p. 327. A referida autora menciona os trabalhos de B. Goldman, E. Gaillard e P. Fuchard, *Traité...* Op. cit., p. 409-411 e o ICCA, International Handbook on Commercial Arbitration, 1991, p. 23 e seguintes. De qualquer modo, o significado do princípio foi alterado na prática arbitral como designador do poder dos árbitros de decidirem sobre a sua própria competência em qualquer situação.

própria competência. No entanto, a autonomia não diz mais nada".[47] Assim, deve ser analisada a relação entre a autoridade Judiciária e a autoridade jurisdicional dos árbitros. É nesse sentido que se relacionam os princípios da autonomia da cláusula compromissória e da *Kompetenz-kompetenz* na arbitragem. O primeiro permite que a competência dos árbitros fique destacada de questões sobre nulidade ou anulabilidade do contrato e o segundo permite que os árbitros efetivamente decidam sobre a higidez ou regularidade da cláusula compromissória.

No mesmo sentido, Francisco Gonzáles de Cossío, para quem os dois princípios visam à proteção da arbitragem e o impedimento de que discussões a respeito da nulidade ou anulabilidade da convenção de arbitragem terminem nos tribunais, afirma que "cada um aponta um valor agregado distinto. *Competénce* cinge-se à arbitragem todas as disputas de uma relação jurídica; e *autonomia* permite determinar que o contrato é defeituoso sem desestabilizar os fundamentos jurídicos da decisão (o laudo)".[48]

O árbitro terá todos os poderes necessários para análise da sua própria competência, da arbitrabilidade objetiva e subjetiva, por exemplo, e apenas ele poderá julgar acerca dos limites de seus poderes. Este é o fundamento do princípio permitir que o painel arbitral prossiga o cumprimento de sua missão mesmo com alegações de uma das partes acerca da nulidade ou da anulabilidade da cláusula compromissória, produzindo o efeito negativo quanto à competência do Judiciário e positivo quando à competência dos árbitros para analisar a questão da nulidade ou anulabilidade da cláusula compromissória.[49]

Adicionalmente, o fato de a Lei de Arbitragem ter conferido caráter jurisdicional à arbitragem implica reconhecimento do princípio da *Kom-*

[47] B. Ancel, O Controle de Validade da Convenção de Arbitragem: o Efeito Negativo da "Competência-Competência", Maria Cláudia de Assis Procopiak (trad. fr.) in *Revista Brasileira de Arbitragem*, nº 6, São Paulo, IOB Thompson, abr.-jun. 2006, p. 53.

[48] F. G. de Cossío, El Principio Compétence-Compétence Revisitado, in *Revista Brasileira de Arbitragem*, nº 13, São Paulo, RT, abr.-jun. 2007, p. 102. No mesmo sentido, por exemplo, é a jurisprudência dominante nos Estados Unidos consubstanciada pelo julgado *BuckeyeCheckCashing Inc. vs. Cardegna*.

[49] No mesmo sentido: B. Goldman, E. Gaillard e P. Fuchard, *Traité de L'Arbitrage Commercial International*, 1. ed., Paris, Litec, 1996, p. 413-415.

petenz-kompetenz.[50] Não significa nenhuma ofensa à Constituição Federal a adoção de tal princípio, uma vez que ele emana da faculdade das partes de solucionarem conflitos via arbitragem e que, eventualmente, a decisão do árbitro sobre sua competência poderá ser impugnada por meio da ação de anulação de sentença arbitral prevista no art. 32 da Lei de Arbitragem.

Há que se mencionar o fato de que o juiz togado poderá analisar a competência do árbitro, mas apenas em caráter posterior, quando se exigir a execução de sentença arbitral ou quando se pleitear no Judiciário a anulação desta.[51]

Existem precedentes e talvez o primeiro deles no Brasil seja proveniente do Tribunal de Justiça do Estado da Bahia permitindo que em situações teratológicas, o Judiciário poderia sim interferir na interpretação da cláusula compromissória.[52] Tal entendimento ainda fora reproduzido em voto vencido de relatoria da Ministra Maria Isabel Galotti. Trata-se da conhecida teoria da análise *prima facie* pelo Judiciário acerca da "competência", chamada de competência de jurisdição na falta de melhor denominação[53], dos árbitros. O mesmo entendimento foi plasmado, todavia, no item 4, da Edição 122 da Jurisprudência em Teses do Superior Tribunal de Justiça (http://www.stj.jus.br/SCON/jt/toc.jsp, acessado em 2.6.2019).

Essa, contudo, não foi a teoria adotada pelo direito brasileiro. A análise deve ser posterior.[54] O juiz togado, portanto, deve conter o seu ímpeto judicante.

[50] E. C. Pitombo, *Os Efeitos...* Op. Cit., p. 332-335.

[51] A questão da competência na arbitragem é inicialmente um problema do árbitro in R. G. da Fonseca, O Princípio da Competência-Competência na Arbitragem: Uma perspectiva brasileira in *Revista de Arbitragem e Mediação* nº 9, São Paulo, RT, abr.-junho de 2006, p. 284.

[52] TJBA, AI nº 0002546-67.2010.805.0000-0, Rel. Desa. Gardênia Pereira Duarte, j. em 27.7.2010.

[53] Como ensinam Cândido Rangel Dinamarco, Ada Pellegrini Grinover e Antonio Carlos de Araújo Cintra, a denominação "competência de jurisdição" é inapropriada, mas é utilizada na falta de outra melhor e descreve o "conjunto de atividades jurisdicionais cujo exercício é atribuído a cada organismo judiciário" (Teoria Geral do Processo, 29ª ed., São Paulo, Malheiros, 2013) Onde se lê judiciário, pode-se ler jurisdicional e se aplicar para a arbitragem..

[54] STJ, REsp nº 1.278.852, Rel. Min. Luis Felipe Salomão, j. em 11.12.2012

De todo o modo, vê-se que a autonomia da cláusula compromissória traz consigo a aplicação do princípio da *Kompetenz-kompetenz* que, na arbitragem, como se viu, não será exclusivo dos árbitros, mas, em alguns casos, comportará solução pelo juiz togado. De qualquer modo, ressalte-se, mais uma vez, que os mecanismos legais em relação a este assunto tiveram o escopo de proteger a arbitragem de medidas da parte recalcitrante quanto à instalação do procedimento, permitindo também o isolamento da competência para analisar a regularidade da convenção de arbitragem.

1.3.2. Compromisso arbitral

1.3.2.1. Elementos obrigatórios e facultativos do compromisso arbitral

Quando da elaboração da Lei de Arbitragem, o legislador talvez tenha buscado criar um sistema que não representasse uma ruptura completa com a forma anterior de tratamento da arbitragem. Por isso, o gênero convenção de arbitragem passou a contar com duas categorias eficazes, não exatamente novas quanto à sua existência no ordenamento jurídico brasileiro, mas quanto à sua eficácia a partir das alterações introduzidas pela Lei de Arbitragem. O compromisso arbitral foi mantido e a cláusula compromissória ganhou força.[55]

O compromisso arbitral pode ser extrajudicial, por forma escrita,[56] sob pena de nulidade, podendo ser celebrado por escritura pública lavrada ou instrumento particular firmado por duas testemunhas, nos termos da Lei de Arbitragem, art. 9º, § 2º. Ademais, o compromisso arbitral poderá ser celebrado judicialmente, nesse caso, extinguindo o processo no qual foi celebrado ou, ao menos, retirado da cognição do juiz aquelas matérias que foram objeto do compromisso.

A Lei de Arbitragem estabeleceu elementos indispensáveis e facultativos do compromisso arbitral, não obstante as partes poderem con-

[55] Como já se disse, a cláusula compromissória surge normalmente antes do litígio enquanto que o compromisso arbitral seria celebrado depois do litígio (itens 1.1 e 1.2 citados).

[56] É disposição recorrente que o compromisso deve ser celebrado por escrito (art. 1.449 do Código de Processo Civil francês). Sua prova pode ser oferecida por todos os meios, inclusive por troca de correspondência, desde que exista recíproca aceitação entre as partes. No mesmo sentido: I. Strenger, *Comentários,* Op. cit., p. 75.

vencionar outros elementos. Desta maneira, a soma dos elementos obrigatórios, facultativos e convencionais criará o compromisso arbitral. A ausência de um dos elementos obrigatórios não levará necessariamente à nulidade do compromisso de plano como no sistema anterior, o revogado art. 1.074 do Código de Processo Civil, mas pode gerar impedimento à instauração da arbitragem. Contudo, permite-se que os árbitros e as partes elaborem adendos ao compromisso quando da instituição da arbitragem (art. 19, parágrafo único da Lei de Arbitragem).

Os elementos indispensáveis do compromisso arbitral previsto em lei são a qualificação das partes, a qualificação dos árbitros ou a entidade que os indicará, a matéria que será submetida à arbitragem e o local em que a sentença arbitral deverá ser proferida[57] (art. 10 da Lei de Arbitragem).

A qualificação das partes tem como escopo especificar exatamente quem compõe a relação jurídica que dará ensejo à arbitragem. O endereço das partes é elemento de relevância menor do que aquela atribuída no Código de Processo Civil para procedimentos judiciais. Na arbitragem, o único fim da indicação do endereço é o envio de correspondência, não tendo nenhum efeito do ponto de vista da competência. Desta forma, como bem salienta Carlos Alberto Carmona: "Por isso mesmo, não deverá o intérprete prender-se a especiosismos para tentar extrair do dispositivo legal motivos de nulidade do pacto".[58]

Contudo, alguns elementos obrigatórios do compromisso arbitral vão além da mera individualização das partes, sendo este o caso do estado civil. O casamento não condiciona ou limita a propositura de demandas pelos cônjuges, em geral não exigindo qualquer autorização de um para a propositura de uma demanda por outro. Ocorre que, por razões históricas, o legislador civil mostra muita preocupação com o patrimônio imobiliário e, assim, o cônjuge está proibido de propor demandas que versem sobre o direito real imobiliário sem o consentimento do outro cônjuge (chamada outorga uxória dos arts. 1.647 e seguintes do Código

[57] Fundamental para a aferição de necessidade de procedimento de homologação de sentença estrangeira caso a sentença arbitral seja proferida fora do Brasil. Os países do Mercosul possuem a facilidade do Protocolo de Las Leñas, procedimento simplificado para a homologação de sentenças estrangeiras.

[58] C. A. Carmona, *Arbitragem e Processo...* Op. cit., p. 177.

Civil).[59] Daí decorre a exigência dos arts. 10 e 11 do Código de Processo Civil.

O termo *propor ação* (art. 10, *caput,* do Código de Processo Civil) deve ser interpretado de forma ampla em função dos mesmos efeitos que produzem a sentença arbitral e a sentença judicial, sendo aplicável tal artigo também à arbitragem. Não é necessário que o cônjuge seja parte da demanda, mas que consinta com o fato de o outro cônjuge litigar em demandas que envolvam direitos reais imobiliários. Esse entendimento deve ser ampliado ao regime de união estável.[60]

A composição da demanda no polo ativo por ambos os cônjuges é facultativa; já no polo passivo da demanda é obrigatória, conforme o *caput* e o § 1º do art. 10 do Código de Processo Civil, devendo existir cautela nessa situação caso a lei brasileira seja aplicável ao conflito.

Pelo fato de as questões imobiliárias geralmente envolverem o bem-estar da família, em relações civis e não comerciais como incorporação imobiliária, o legislador considerou necessário que houvesse a proteção do patrimônio familiar por meio do controle de atos do núcleo familiar pelos cônjuges e que não se deixasse tal direção apenas nas mãos de um deles.

A necessidade de outorga não é meramente formal, como se pode imaginar. A questão da execução da sentença arbitral deve ser considerada para se evitarem futuras tentativas de impugnação judicial da sentença proferida pelos árbitros.

Nos termos do art. 11 do Código de Processo Civil, a recusa injustificada da concessão da outorga poderá ser suprida judicialmente. Contudo, a declaração de vontade para arbitrar deve ser pessoal e expressa, não sendo possível suprir judicialmente a recusa quando o litígio em relação ao imóvel deva ser solucionado via arbitragem.

O suprimento por impossibilidade física ou psíquica, contudo, é mais simples e pode ser analisado também na arbitragem de acordo com o caso concreto. Verificar-se-á quais são os meios necessários para a concessão desta outorga, como via tutores ou curadores, já nomeados judicialmente, e serão buscadas as medidas necessárias para tanto.

[59] J. R. dos SANTOS BEDAQUE in A. C. MARCATO (org.), *Código de Processo Civil Interpretado*, São Paulo, Atlas, 2004, p. 69.

[60] J. R. dos SANTOS BEDAQUE in *Código de Processo Civil...* Op. cit., p. 70.

Finalmente, também deve ser verificada com precisão a situação daqueles que se declaram solteiros, especialmente após a Constituição Federal de 1988, com o advento da união estável.[61]

A indicação dos árbitros dependerá do consenso entre as partes, da atribuição de tal função a uma entidade especializada via remissão no compromisso arbitral ou até mesmo por determinação judicial no caso da demanda prevista no art. 7º da Lei de Arbitragem. No entanto, é importante que, no momento da indicação, sejam informados especificamente os dados dos árbitros para que não se tenha dúvida sobre suas identidades e se facilite qualquer procedimento de responsabilização, por exemplo.

De qualquer modo, a falta de algum dos requisitos para individualização dos árbitros não pode ser causadora, por si, de nulidade, já que o único motivo da existência de tal disposição legal parece ser o de permitir que as partes identifiquem quem será o julgador eleito. Como sugere Carlos Alberto Carmona, é interessante também que as partes indiquem as formas de substituição dos árbitros para qualquer eventualidade:

> é de todo aconselhável que a convenção de arbitragem traga desde logo expressa a fórmula a ser empregada para a eventualidade de substituição [do árbitro] (tal mecanismo, de qualquer forma, pode ser invocado *per relacionem*, sempre que os compromitentes ligarem-se a um órgão arbitral institucional).[62]

Além disso, é possível ainda a intervenção judicial em caso de desacordo quanto à nomeação do árbitro a ser substituído (art. 16, § 2º, da Lei de Arbitragem). Enfim, há a possibilidade de as partes celebrarem compromisso indicando apenas a entidade que escolherá os árbitros, devendo ser verificado anteriormente se esta instituição possui função institucional de indicação de árbitros.

Se houver impasse entre as partes para a nomeação dos árbitros, a parte interessada poderá lançar mão da demanda prevista no art. 7º da Lei de Arbitragem. O compromisso já terá vinculado as partes e o juiz determinará o árbitro, permitindo o início do procedimento arbitral.

[61] *Cf.* C. A. Carmona, *Arbitragem e Processo...* Op. cit., p. 177.

[62] C. A. Carmona, *Arbitragem e Processo...* Op. cit., p. 178.

A matéria que será objeto da arbitragem não é mais uma questão que gere controvérsias. Anteriormente, no sistema do Código de Processo Civil, a não indicação do correto objeto da arbitragem implicava muitas possibilidades de nulidade.[63] Já com o advento da Lei de Arbitragem, a questão mudou e os árbitros podem suprir eventuais lacunas (art. 19, parágrafo único, da Lei de Arbitragem), não havendo necessidade de uma descrição profunda e nem que esgote inteiramente a questão. Não se defende a ausência de preocupação das partes com a indicação da matéria objeto do litígio, mas, se alguma falha houver, não existirá qualquer nulidade.

A doutrina italiana adota este entendimento menos rigoroso esposado pela legislação brasileira, tendo como fundamento o art. 807 do *Codice di Procedura Civile*.[64]

Finalmente, como requisito obrigatório, há o local em que será proferida a sentença arbitral. Tal questão é de suma importância, pois trará consequências na eventual necessidade de efetivação coercitiva da sentença arbitral, caso a sentença precise ser executada no Brasil, por exemplo (art. 34, parágrafo único, da Lei de Arbitragem). No sistema brasileiro, a sentença será nacional se proferida em nosso território. Nesse sentido, é conveniente que as partes tenham plena consciência do local em que será proferida a sentença arbitral, sob pena de, sendo considerada estrangeira, ser necessária a sua homologação. Ademais, o local em que foi proferida a sentença arbitral também é relevante para se determinar a jurisdição para eventual ação de nulidade (art. 33 da Lei de Arbitragem).

Ademais, são requisitos facultativos do compromisso o local da arbitragem, a autorização para que os árbitros julguem por equidade, o prazo para prolatação da sentença arbitral, a indicação da lei ou regras aplicáveis à arbitragem, a declaração de responsabilidade pelo paga-

[63] Este era requisito essencial no regime anterior da arbitragem. Em julgamento sobre o assunto presente na *RT* 514/82, o Des. Sylvio do Amaral, do Tribunal de Justiça do Estado de São Paulo, anulou laudo arbitral por entender que a descrição do objeto do litígio era insuficiente e deixava dúvida acerca da relação havida entre as partes, citando a doutrina que prevalecia na época, especialmente Hamilton de Moraes e Barros, *Comentários ao Código de Processo Civil*, v. IX, Rio de Janeiro, Forense, 1974, p. 389-390.

[64] S. La China, *L'Arbitrato*... Op. cit., p. 38-39.

mento dos honorários, bem como sua fixação e sobre o pagamento de despesas (art. 11, incisos. V e VI, da Lei de Arbitragem).

A sede da arbitragem, porém, é conceito que vem perdendo importância, pois os atos do procedimento arbitral podem ser realizados em local diverso da sede e, no âmbito da arbitragem internacional, há um anseio pela desvinculação da arbitragem com a lei local e pela existência de um tratamento uniforme.[65] Não obstante tal observação, ADRIANA BRAGHETTA apresenta uma série de argumentos que tornam fundamental a preocupação das partes com a sede da arbitragem:

> Ao ponderar possíveis sedes, a análise do risco/benefício deverá envolver tanto a lei nacional quanto as convenções que envolvam a questão. Sucintamente, o estudo da sede, do ponto de vista jurídico, tem repercussão para: (i) definição da nacionalidade do laudo com reflexos na execução; (ii) definição da competência do Judiciário para controle do laudo via ação de nulidade; (iii) a lei da sede tem papel subsidiário para regular a validade da convenção arbitral; e (iv) a lei da sede também desempenha papel importante nas disposições procedimentais imperativas.[66]

O prazo para prolatação da sentença, de outro lado, é algo que também dependerá da manifestação das partes. Na hipótese de tal manifestação inexistir, no entanto, será aplicada a disposição do art. 23 da Lei de Arbitragem. O prazo será contado a partir da instituição da arbitragem e poderá depender da disposição de algum regramento institucional. Tal regra é importante, pois, estabelecido o prazo, seu não-cumprimento pelos árbitros, desde que tenha havido notificação pela parte interessada, leva à extinção do compromisso arbitral e, por consequência, do processo arbitral.

No tocante às leis ou regras aplicáveis, é importante que as partes tenham a clara noção das regras que serão aplicadas ao procedimento, assim como no tocante às questões de fundo ou mérito da arbitragem, uma vez que pode haver variação entre as leis aplicáveis ao procedimento e aquelas aplicáveis à matéria de fundo da arbitragem.

[65] *Cf.* B. GOLDMAN, E. GAILLARD, E P. FOUCHARD, *International Commercial Arbitration*, Haia, Klower Law International, 1999, p. 674-675.

[66] A. BRAGHETTA, A escolha da Sede da Arbitragem in *Revista do Advogado* nº 87, São Paulo, AASP, 2006, p. 10.

As partes poderão, além de leis nacionais, indicar regras corporativas, por exemplo, ou de determinados segmentos do mercado. Ademais, a tendência hoje é a da indicação do local em que está sendo ou deverá ser cumprido o negócio jurídico[67] para evitar possíveis questionamentos acerca de ofensa à ordem pública.

Não existe, neste ponto, qualquer restrição ao procedimento que venha a ser escolhido pelas partes, exceto a necessidade de respeito à ordem pública, podendo as partes estabelecer procedimentos probatórios como *cross examination* e *discovery*.

Ademais, não é aconselhável que se escolha o procedimento de uma instituição arbitral a ser administrado por outra sob pena de serem geradas situações insolúveis pela ausência de estrutura, por exemplo, da instituição administradora, incapaz de cumprir os requisitos amplos de um determinado procedimento escolhido pelas partes.

De outro modo, o julgamento poderá basear-se na equidade, isto é, a possibilidade de os julgadores afastarem-se do direito positivo que considerem injusto no caso particular, obedecendo aos ditames do seu leal saber e entender, como assevera Eduardo Couture.[68]

Em outras palavras, os julgadores poderão afastar-se do direito positivo aplicável caso este pareça não guardar qualquer relação de justiça. Prevalece, portanto, o entendimento no sentido de que a equidade promove um julgamento que exclui a aplicação da lei, mas que jamais poderá se afastar do direito

Afinal, a equidade possui funções diversas que podem ser: (i) interpretativa: adequação da regra ao caso concreto por critérios de igualdade e proporcionalidade; (ii) quantificadora: decorre da necessidade de quantificação para aplicação da norma, exemplo do art. 413 do Código Civil; (iii) supletiva: decorre da omissão ou estrutura vaga que impeça definir o alcance da norma; (iv) corretiva: objetiva impedir excessos e equilibrar especialmente as relações contratuais; e (v) substitutiva: o julgador está autorizado a invocar norma diversa da lei, em face de particularidades do caso concreto.[69]

[67] C. A. Carmona, *Arbitragem e Processo...* Op. cit., p. 186.

[68] E. J. Couture, *Vocabulário Jurídico*, Buenos Aires, Depalma, 1988, p. 258.

[69] *Cf.* M. M. de Serpa Lopes, *Comentários à Lei de Introdução ao Código Civil*, 2. ed., Rio de Janeiro, Freitas Bastos, 1959, p. 161.

Partindo deste pressuposto funcional, diferencia-se, ainda, a equidade entre concreta e sistêmica. A primeira objetiva a aplicação, simplesmente dos costumes, das regras de experiência, caracterizada por uma realidade meramente empírica. A segunda busca a autointegração, isto é, a solução baseada na utilização do sistema jurídico ao caso concreto de modo a extinguir o litígio de acordo com os princípios consagrados no ordenamento jurídico.[70]

A equidade acolhida pela Lei de Arbitragem é a substitutiva e também sistêmica, isto é, ao árbitro se permite o julgamento no plano dos princípios jurídicos ou de costumes consagrados pelo direito. No tocante ao resultado da decisão, o que for justo para o árbitro, contudo, poderá não ser para as partes, gerando sérios problemas. No entanto, a posição assumida pelas partes em utilizar a arbitragem e a equidade tem como consequência a impossibilidade de recurso ou questionamento, a não ser pelos motivos presentes no art. 32 da Lei de Arbitragem.

A arbitragem de equidade se limita às questões de mérito, não se aplicando às regras procedimentais[71] que devem ser expressas, ainda que por indicação. De qualquer modo, Carlos Alberto Carmona alerta:

> se os árbitros não estiverem absolutamente convencidos da vontade das partes de outorgar-lhes o poder de julgar por equidade, devem decidir pela negativa, entendendo que tal prerrogativa não lhes foi concedida.[72]

Finalmente, no que toca aos honorários, nas arbitragens institucionais a questão é mais simples, pois caberá à instituição escolhida controlar a questão da cobrança e do pagamento de despesas e honorários.

Em geral, incluindo as arbitragens *ad hoc*, busca-se o adiantamento de despesas e honorários para se evitar contratempos para as partes e para as instituições arbitrais ou para o painel arbitral, podendo ficar acordado que cada uma das partes será responsável pelos custos e ônus de sua

[70] C. E. de Vasconcelos, Problemas da Arbitragem por Equidade in *Revista Brasileira de Arbitragem* nº 9, São Paulo, IOB Thompson, 2006, p. 53-58.

[71] S. M. Ferreira Lemes, *A Arbitragem e a Decisão por Equidade no Direito Brasileiro e Comparado* in S. M. Ferreira Lemes, C. A. Carmona e P. A. B. Martins (coord.), *Arbitragem: Estudos em Homenagem ao Professor Guido Fernando da Silva Soares, In Memoriam*, São Paulo, Atlas, 2007, p. 203.

[72] C. A. Carmona, *Arbitragem e Processo...* Op. cit., p. 186.

defesa ou que a parte perdedora arcará com todas as despesas da parte contrária.

Ademais, a verba devida aos árbitros consubstancia-se em um título executivo extrajudicial, mas nada impede, se a convenção de arbitragem não dispuser em contrário, que a sentença arbitral preveja esta condenação, passando essas a constarem de título executivo judicial.

São estes, pois, os elementos específicos do negócio jurídico que permite a celebração de convenção de arbitragem eficaz. A presença desses elementos e dos demais aqui indicados é fundamental para a eficácia da arbitragem que vier a ser.

Tal rol, contudo, não encerra as possibilidades de disposição das partes, uma vez que vige o princípio da autonomia da vontade. Poderão estas, por exemplo, escolher o idioma que será utilizado durante o procedimento arbitral, sendo este fato determinante para escolha de um árbitro ou de outro, visto que o art. 13, § 6º, da Lei de Arbitragem exige competência do árbitro para solucionar o litígio ou mesmo determinar a utilização de intérpretes.

Finalmente, cabe salientar ser possível a inclusão dos elementos mencionados nesse item em uma cláusula compromissória para que se evitem omissões prejudiciais ao procedimento arbitral, por exemplo, e as partes, ainda que não façam constar tais elementos na cláusula compromissória, devem estar atentas para tais elementos ou, ao menos, certificarem-se que eles poderão ser determinados de acordo com as regras institucionais ou convencionais que tenham sido escolhidas de modo a não impedir o desenvolvimento satisfatório do procedimento arbitral.

1.4. Formação da convenção de arbitragem

Como negócio jurídico processual ou, ainda, como pré-contrato, se for do tipo "vazia", a convenção de arbitragem segue as regras de constituição dos negócios jurídicos em geral, tendo como especificidade a produção de efeitos no processo arbitral.[73]

[73] A. de Azevedo Mercante, comentando sobre o compromisso arbitral, afirma que, como negócio jurídico, ele precisa de elementos para existir. Assim, tem forma prescrita em lei e objeto próprio (*Cláusula Compromissória* in R. L. França (org.), *Enciclopédia Saraiva de Direito*, v. III, São Paulo, Saraiva, 1977, p. 17.

Há, portanto, a necessidade de analisar os elementos gerais do negócio jurídico e a sua aplicação na arbitragem.

1.4.1. A liberdade como pressuposto do consentimento

O mundo antigo, em especial a civilização grega e, posteriormente, a civilização romana, não conheceu uma definição ou um conceito de liberdade semelhante àqueles que a humanidade produziu posteriormente.

A liberdade dos antigos representava aspectos claros, objetivos. Era livre aquele indivíduo que tinha ascendência política em seu grupo, isto é, aquele que podia se reunir nas assembleias, por exemplo, e decidir os rumos daquela organização social da qual era componente. Liberdade era participar, participar com decisão. Nesse sentido, Tércio Sampaio Ferraz Júnior constrói a ideia de liberdade como liberdade na pólis: "como autodomínio, um tornar-se legislador de si próprio, posto que assim liberdade e necessidade coincidem".[74]

A liberdade era aspecto de sobrevivência com o outro, para o outro, não sendo um atributo humano generalizado, já que poucos indivíduos eram dotados de tal capacidade decorrente de fatores como nascimento ou mérito em vida, como atos heróicos, por exemplo. Ademais, existiam também as formas de perda, tais como as *capitis deminutio* romanas.[75] Liberdade não era vista como direito fundamental, conceito tipicamente

[74] T. S. Ferraz Júnior, *Estudo de Filosofia do Direito*, 2. ed., São Paulo, Atlas, 2003, p. 81.

[75] A *capitis deminutio* é a representação de uma perda de personalidade no mundo jurídico, para ser substituída por uma nova, o que poderia implicar na perda de Liberdade no sentido atribuído a esta palavra pelos antigos (T. Marky, *Curso Elementar de Direito Romano*, 8. ed., São Paulo, Saraiva, 1995, p. 35-37). A sociedade romana, por exemplo, era nitidamente estamental, constituída por *status* que eram limitadores da ação do indivíduo no seio da sociedade. A capacidade jurídica do ser humano dependia da condição de liberdade, no sentido da antiguidade greco-romana que aqui está sendo exposta, e de ser um cidadão romano. Nesse aspecto destacavam-se alguns *status* para o enquadramento do indivíduo na sociedade: (i) *status libertatis* – o homem romano ou é livre ou é escravo; e (ii) *status civitatis* – dependência do indivíduo em relação a uma comunidade juridicamente organizada – na sociedade romana havia, entre os homens livres, os cidadãos dotados de participação política, livres no sentido antigo, e os súditos livres não cidadãos; e (iii) *status familiae* – representava a condição do indivíduo em face da sua família, é decorrência das duas capacidades anteriores (J. C. Moreira Alves, *Direito Romano*, v. I, 12. ed., Rio de Janeiro, Forense, 1999, p. 97-111).

posterior à Revolução Francesa. Liberdade era um *status*, claramente aferido pela vida em sociedade. Direito e liberdade era uma relação proporcional àquela entre Direito e estamento social.

No entanto, hoje há um conceito de liberdade dentro do próprio "eu". Tal fato decorre da descoberta da liberdade por aqueles que não possuíam um lugar próprio no mundo, ou melhor, um lugar de participação no mundo, surgindo assim a noção Agostiniana de liberdade dissociada da noção de política permitindo que, mesmo escravo, o homem seja livre. Ocorre, assim, a superação de uma realidade para aferição da liberdade mundanamente tangível

Com esta descoberta, a liberdade individual ganha caracteres absolutos e cada indivíduo tem, portanto, a possibilidade de autodeterminação, bem como a possibilidade de negociar e celebrar seus contratos sem qualquer interferência externa de cunho político ou social.[76] Essa foi a marcante modificação do âmbito externo da liberdade para um aspecto interno, intrínseco ao sujeito.

Obviamente, tal permissividade gera tensões de ordens econômicas e sociais, principalmente no que diz respeito ao poder de imposição dos interesses de cada uma das partes, gerando conflitos entre os interesses privados e os interesses públicos. Este passa a ser o desafio da doutrina contratual pós-moderna. De um lado há que se permitir a liberdade contratual, mas de outro há que limitá-la, de modo a resguardar interesses públicos.[77]

A liberdade contratual e a responsabilidade, portanto, criaram todos os elementos para que os ordenamentos jurídicos nacionais pudessem limitar este conceito de liberdade que chegou ao seu ápice no século XIX, com princípios da boa-fé, do equilíbrio contratual e da onerosidade excessiva, por exemplo.[78] É nesse sentido que a liberdade passou a ser analisada como pressuposto do consentimento.

Assim, ao mesmo tempo em que confere aos indivíduos a possibilidade de escolherem a arbitragem como forma de solução de seus conflitos, bem como permite a estruturação da maneira pela qual a arbitragem

[76] P. S. Athiyah, *The Rise and Fall of Freedom of Contract*, Oxford e New York, Clarendon Press e Oxford University Press, 1985, p. 409.

[77] P. S. Athiyah, *The Rise*... Op. cit., p. 412.

[78] P. S. Athiyah, *The Rise*... Op. cit., p. 432.

ocorrerá, o Estado também exige que as partes sejam leais e responsáveis de modo a cumprirem suas obrigações. Diante disso, vemos que o princípio basilar da autonomia da vontade (art. 1º da Lei de Arbitragem) não está desacompanhado da vinculação da cláusula compromissória (art. 8º da Lei de Arbitragem), ou seja, a liberdade ou autonomia da vontade está vinculada à responsabilidade, obrigação de solucionar o litígio via arbitragem.

Ademais, há uma confrontação entre as liberdades das partes que devem caminhar juntas quando a questão é a discussão da solução de conflitos. Este é mais um motivo pelo qual a liberdade deve ser acompanhada da responsabilidade e do conhecimento na arbitragem bem como em todas as relações jurídicas.

Como afirma Carlos Alberto de Salles, nas práticas alternativas à jurisdição estadual há uma clara e natural liberdade envolvida, sendo certa a possibilidade de que uma forma de solução de conflitos seja moldada ao interesse das partes. A importância da liberdade surge nesse momento, quando deve ser analisado se houve ou não equilíbrio desses interesses.[79]

É por isso que se tornou fundamental explicitar os contornos da liberdade e em que medida ela pode ser utilizada na arbitragem, em especial sob a ótica das relações jurídicas. A escolha da solução de conflitos, portanto, deve seguir também este requisito.

Feita a análise da liberdade, o consentimento implica duas manifestações de vontade que se encontrarão, *"harmonização de duas ou mais vontades sobre o objeto de uma determinada relação jurídica"*.[80] Já nos negócios jurídicos unilaterais, não se fala em consenso, mas sim em vontade,[81] tendo em vista que não há esta convergência de vontades partindo de indivíduos distintos.

A interpretação da manifestação para arbitrar deve ser realizada pelos árbitros em razão do princípio da competência-competência, decorrente do art. 8º da Lei de Arbitragem. Nesse sentido, os árbitros

[79] C. A. Salles, *Mecanismos Alternativos de Solução de Controvérsias e Acesso à Justiça: a inafastabilidade da Tutela Jurisdicional recolocada* in L. Fux, N. Nery Jr., T. A. A. Wambier, *Processo e Constituição: Estudos em Homenagem ao Professor José Carlos Barbosa Moreira*. São Paulo: RT, 2006, p. 779/792.

[80] J. Abreu Filho, *O Negócio*... Op. cit., p. 129.

[81] O. Gomes, *Introdução*... Op. cit., p. 366-367.

terão uma série de ferramentas para extrair a real intenção das partes acerca da arbitragem. Nesse sentido, CLÁUDIO FINKELSTEIN afirma: "Como instituto derivado da autonomia das vontades das partes, essa declaração deve restar incontroversa e clara, vinculando as partes a seus exatos termos".[82]

Em primeiro lugar, a interpretação deve partir do princípio da boa-fé das partes. A interpretação da convenção de arbitragem deve levar em consideração a vontade real das partes em sobreposição à vontade declarada,[83] rejeitando-se assim o princípio da interpretação estrita. Tal princípio, tradicional na doutrina internacional, foi adotado pelo art. 112 do Código Civil brasileiro quanto às declarações de vontade em geral.

De outro lado, deve-se buscar sempre o efeito útil da convenção de arbitragem, visando sempre a sua conservação.[84] Este é outro princípio consagrado na doutrina internacional que é expresso também no nosso Código Civil, art. 184, e poderia ser aplicado normalmente caso a lei brasileira fosse escolhida pelas partes para a solução do conflito.

Ademais, a convenção de arbitragem deve também ser interpretada em favor do aderente (*principe d'interprétation contra proferentem*), isto é, contra aquele que redigiu a cláusula obscura ou ambígua e, por isso, não deve ter a possibilidade de se utilizar desta situação em prejuízo de outrem. Este princípio também está previsto no Código Civil brasileiro, art. 423, sendo já consagrado na doutrina e na jurisprudência arbitral internacional.[85]

Na arbitragem interna, já se viu que os princípios internacionais devem ser aplicados, até porque a legislação nacional assim o permite por prever tais disposições, devendo ser o consentimento, a manifestação da vontade de arbitrar, expresso e escrito. Não é raro, porém, que esse consentimento seja dado de outras formas, por exemplo a forma

[82] C. FINKELSTEIN, A Questão da Arbitrabilidade in *Revista Brasileira de Arbitragem* nº 13, São Paulo, IOB Thompson, 2007, p. 30.

[83] P. FOUCHARD, E. GAILLARD E B. GOLDMAN, *Traité...* Op. cit., p. 277-278 e P. MAYER, *Le Principe de Bonne Foi davant les Arbitres du Commerce International,* Haye, Rec. Cours Acad. La Haye, 1989, t. 217.

[84] Sentença CCI nº 1434 (1975) JDI 1976.978 e P. FOUCHARD, E. GAILLARD E B. GOLDMAN, *Traité...* Op. cit., p. 279-280.

[85] P. FOUCHARD, E. GAILLARD E B. GOLDMAN, *Traité...* Op. cit., p. 280 e SWISS OIL VS. GABON, j. em 16.6.1988 in *Reveau de Arbitrage,* 1989.309, p. 325.

tácita, como já chegou a decidir o SUPERIOR TRIBUNAL DE JUSTIÇA, firmando um posicionamento que veio a ser reformulado um ano depois pelo mesmo tribunal.[86]

1.4.2. Vícios do consentimento e a declaração de vontade para arbitrar

A manifestação de vontade é fundamento do negócio jurídico e a produção de seus efeitos depende da verificação das circunstâncias que envolveram a manifestação de vontade quer sejam subjetivas ou ambientais. É necessária, portanto, a análise entre ato aparente e ato verdadeiro, com a necessidade de análise dos elementos formadores do negócio jurídico.[87]

A teoria dos negócios jurídicos analisa o vício de consentimento como um desequilíbrio entre a vontade e sua declaração ou entre manifestação de vontade e as exigências da Ordem Legal.[88] Nesse sentido, a manifestação de vontade pode não traduzir a intenção do agente, materializando-se em algo diverso daquilo que o indivíduo pretendia.

Assim, de um lado existe a necessidade de verificação de imprecisões nas declarações de vontade, de outro lado, deve-se entender que tais vícios, cuja alegação é permitida no nosso sistema legal, não sejam usados com objetivos torpes pelos agentes, apenas com o escopo de furtarem-se de suas obrigações. No caso da arbitragem, a análise dos vícios de consentimento é muito relevante quando feita tendo como foco a convenção de arbitragem e as manifestações de vontade que a criaram.

O primeiro dos vícios a ser analisado é o erro que representa um desconhecimento ou o falso conhecimento de circunstâncias do negócio jurídico atuando, portanto, o agente, em desacordo com aquela que seria a sua vontade se conhecesse a verdadeira situação. Tal erro pode ser de fato ou de direito. Em função de seu grande grau de subjetivismo,

[86] No caso do SEC 856 (STJ, SEC nº 856, Corte Especial, Rel Min. ANTONIO PÁDUA RIBEIRO, j. em 18 de maio de 2005 in *DJ* 27.6.2005) permitiu-se a aceitação tácita da arbitragem tendo em vista que a apresentação de defesa no procedimento arbitral sem impugnação da existência da cláusula compromissória. O SEC 866 (STJ, SEC nº 866, Corte Especial, Rel Min. FELIX FISCHER, j. em 17 de maio de 2006 in *DJ* 16.10.2006), por sua vez, que a convenção de arbitragem só pode ser determinada de forma expressa.

[87] C. M DA SILVA PEREIRA, *Instituições de Direito Civil*, 19. ed., v. I, Rio de Janeiro, Forense, 2001, p. 323-324.

[88] C. M DA SILVA PEREIRA, *Instituições...* Op. cit., p. 326.

o erro, para levar à anulabilidade do ato jurídico, deve estar relacionado à causa determinante do negócio e atingir a declaração de vontade na sua substância (art. 138 do Código Civil). É nesse sentido que se diz que o erro pode ser substancial, quando diz respeito à natureza do ato, ao objeto principal da declaração ou a algumas das qualidades a ele essenciais ou acidentais, quando recai sobre os motivos ou qualidades secundárias do objeto ou da pessoa e não altera a validade do negócio.

De outro lado, o erro de direito é inescusável tendo em vista a necessidade de garantia da segurança jurídica, esta é a disposição do art. 3º da Lei de Introdução ao Código Civil. Tal opção do legislador é polêmica, tendo em vista que contrapõe dificuldades sociais e ausência de educação com a necessidade de obrigatoriedade da Lei. O Legislador, porém, preferiu dar maior ênfase a este segundo aspecto, tendo preferido, portanto, privilegiar o cumprimento dos preceitos legais.[89]

Na arbitragem, as hipóteses mais comuns relativas ao erro dizem respeito a equívocos na indicação da instituição arbitral responsável pela administração do litígio ou por um falso conhecimento de quaisquer outras circunstâncias relativas ao procedimento arbitral. No entanto, dependendo da qualificação do indivíduo que tinha esse falso conhecimento, o erro pode não ser escusável e o ato supostamente viciado gerar os efeitos típicos. Esse é o caso de qualquer falso conhecimento relativo às disposições da Lei de Arbitragem, por exemplo.

Ademais, em relação à arbitragem, o erro poderá ser alegado em face da própria escolha do método de solução de conflito. Caberá à parte que utilizar este argumento justificar sua escusa para o desconhecimento da arbitragem e suas consequências como forma de solução de conflitos. Parece claro, nessa linha, que profissionais do comércio ou que tenham sido auxiliados por advogado ou departamento jurídico não possam se valer desse argumento.

O dolo, por seu turno, é o conjunto de práticas ou manobras maliciosamente levadas a efeito por uma parte, a fim de conseguir da outra uma emissão de vontade que lhe traga proveito, ou a terceiro. A alusão, maneira de referência a determinada mercadoria, muito comum no âmbito publicitário, o chamado *dolus bonus*, não é considerado dolo

[89] C. M. da Silva Pereira, *Instituições...* Op. cit., p. 331.

em sentido estrito, mas mero apregoamento de qualidades, podendo ser praticado, por exemplo, por uma Câmara de Arbitragem.

A prática do dolo se dá por ação ou omissão, bem como o silêncio acerca de fato ou qualidade que a outra parte haja ignorado. O sujeito ativo do dolo, em regra, é parte adversa daquela vítima do dolo, sendo que o representante não é considerado terceiro, agindo como se parte fosse (art. 149 do Código Civil) e obrigando, o representante legal, o representado até o limite da vantagem que obteve. De outro lado, o representante convencional possui responsabilidade solidária com o representado.

O dolo recíproco permite compensação e nenhuma das partes poderá alegá-lo tendo em vista que os polos de interesse da relação agiram com o intuito de maliciosamente interferirem nas respectivas manifestações de vontade. Há ainda a diferença entre o dolo acidental e o dolo incidente, sendo que o primeiro anula o negócio jurídico, enquanto o segundo implica em perdas e danos pois não atinge a essencialidade do negócio. Nesse diapasão, pode ocorrer dolo na arbitragem quando uma das partes indica, por exemplo, uma câmara de arbitragem com nome semelhante a de uma outra mais famosa ou respeitada, levando a parte contrária a erro.

A coação, de outro lado, é a utilização de violência física ou moral para forçar uma determinada declaração de vontade, podendo ser dirigida direta ou indiretamente ao emissor da vontade. Representando uma ameaça, deve ser séria e injusta. A coação cria um estado em que a vítima perde sua espontaneidade, realizando o ato que lhe é exigido. A coação pode envolver a família do agente e esta análise deve ser estendida aos meios de provento da família do agente, sua empresa, seus negócios, por exemplo.

A coação deve resultar de temor fundado e grave. Tal análise, porém, deverá ser feita com base nas características do indivíduo que a sofre. A análise, portanto, é relativa e não absoluta e a verificação da coação deve ser feita em face do indivíduo em si e não em função do padrão médio da sociedade. Em sede arbitral, a coação pode existir em diversas situações, especialmente quando uma das partes impuser determinada circunstância relativa ao negócio jurídico.

O estado de perigo é a situação na qual alguém, ameaçado por perigo iminente, anui em pagar preço desproporcionado para obter socorro.

A obrigação é válida, mas pode ser exigida redução no valor da dívida contraída neste tipo de situação, de modo a retribuir de maneira justa aquela que prestou o serviço nesta situação.

A validade da obrigação dependerá do fato de o beneficiário do pagamento não ter interferência na criação do estado de perigo, sendo a redução do valor até a correta medida com o serviço devidamente prestado.

O risco de aplicação deste vício com amplitude no âmbito das relações jurídicas deve-se ao fato de colocar em cheque o princípio *pacta sunt servanda*. A parte poderia pactuar um determinado negócio, por exemplo um financiamento ou um *leasing* e, posteriormente, buscar a anulação do negócio por um suposto vício na sua manifestação de vontade. A aplicação deste instituto deve ser feita com muitas ressalvas e reservas a fim de não deturpar situações fáticas apenas com o escopo de escusa para o não-cumprimento de obrigações.

Finalmente, a análise de todos os vícios de consentimento que culminam na regularidade da jurisdição atribuída aos árbitros será feita, em primeiro lugar, pelos próprios árbitros, tendo em vista o princípio da competência-competência e só posteriormente, em sede de execução de sentença arbitral ou demanda de anulação de sentença arbitral, pelo juiz togado.[90]

1.4.3. Princípios aplicáveis à arbitragem – fundamentos para a elaboração da convenção de arbitragem

A liberdade que permite às partes a utilização da arbitragem como forma de solução conflitos, embora ampla, não é absoluta. Há, nos dizeres de Miguel Reale, uma série de "enunciados lógicos admitidos como condição ou base de validade das demais asserções que compõem um determinado campo do saber".[91]

A conjugação da liberdade, representada pela autonomia da vontade, com os enunciados lógicos mencionados cria os limites para a utilização da arbitragem como solução de conflitos e determina de que forma tal solução de conflitos pode ser estruturada pelas partes. Nessa linha, para Robert Alexy:

[90] Nesse sentido B. Goldman, E. Gaillard e P. Fouchard, *Traité*... Op. cit., p. 324.

[91] M. Reale, *Lições Preliminares de Direito*, 25. ed.; São Paulo, Saraiva, 2000, p. 305.

> os princípios são mandatos de otimização, que estão caracterizados pelo fato de poderem ser cumpridos em diferente grau e que a medida devida pelo seu cumprimento não só depende das possibilidades reais mas também das jurídicas.[92]

Assim, esta parte do trabalho considera a premissa de que os princípios não permitem a aferição de consequências jurídicas que surgem automaticamente quando se dão as condições previstas.[93] Assim, conclui-se que a Lei de Arbitragem trata também de princípios e não somente de regras. Isto porque tais disposições da Lei de Arbitragem prescrevem uma finalidade a ser atingida sem estabelecer, com precisão, qual o resultado a ser atingido, dado que os princípios irradiam seus efeitos por todo o ordenamento, conferindo-lhe unidade e organização, motivo pelo qual possuem papel de fundamento do texto normativo.

De acordo com a introdução apresentada nesse item, o primeiro princípio a ser verificado é o da autonomia da vontade, que engloba diversos pontos do procedimento arbitral, dentre os quais podem ser indicados: a faculdade dada às partes para a submissão ou não do litígio à decisão de um Tribunal Arbitral (art. 1º da Lei de Arbitragem), a escolha da lei aplicável no procedimento arbitral, a escolha do número de árbitros, a escolha do local da arbitragem e a permissão para solução do conflito pela via da equidade. Este princípio, basilar no estudo da arbitragem, propugna, em linhas gerais, o poder dos indivíduos de suscitar, mediante declaração de vontade, efeitos reconhecidos e tutelados pela ordem jurídica.

No exercício deste poder, toda pessoa capaz é apta para provocar o nascimento de um direito ou para obrigar-se. O fundamento da autonomia da vontade está na liberdade como valor jurídico, na concepção de que a pessoa é a causa do sistema social e jurídico e que a sua vontade, manifestada de maneira livre, pode ser instrumento de formação de justiça.

[92] R. Alexy, *Teoría de la Argumentación Jurídica*, Manuel Atienza e Isabel Espejo (trad. al.), Madrid, Centro de Estudios Constitucionales, 1999, p. 86 (tradução livre).

[93] R. Dworkin, *Taking Rights Seriously*, 18ª tiragem, Cambridge, Harvard University Press, 2001, p. 25.

No entanto, este princípio não é absoluto, pois encontra limitações nos preceitos de ordem pública e dos bons costumes. Assim, devem ser observadas regras no que tange à elaboração do compromisso arbitral (art. 10 da Lei de Arbitragem) e à escolha dos árbitros (art. 14 da Lei de Arbitragem), por exemplo.

Os princípios fundamentais do processo civil judicial, tais como o do acesso à tutela jurisdicional e o do devido processo legal, também encontram guarida no procedimento arbitral com fundamento na chamada teoria garantista do procedimento arbitral de ANTONIO M. LORCA NAVARRETE, baseada no postulado de que as garantias processuais possuem projeção constitucional[94] (teoria baseada no art. 24 da Constituição espanhola, análogo ao art. 5º, XXXV, LIV e LV, da Constituição Federal de 1988 e arts. 21, § 2º, e 32, inciso VIII, da Lei de Arbitragem). Estão consagrados, portanto, os princípios do contraditório e da ampla defesa, representando a igualdade no tratamento das partes, *auditor et altera pars.*

A nítida relação entre arbitragem e judiciário fica ainda mais clara com a aplicação, na arbitragem, dos princípios fundamentais do processo civil. A arbitragem apresenta-se como um meio alternativo ao judiciário para a solução dos conflitos e, diante deste quadro, justifica-se a aplicação de princípios e garantias fundamentais no processo judicial à arbitragem com o único objetivo de permitir o acesso à justiça e a concessão da tutela jurisdicional de maneira célere, eficaz e justa. Tais princípios, no entanto, são inderrogáveis, ou seja, se sobrepõem ao princípio da autonomia da vontade. Sua inobservância é hipótese de nulidade da sentença arbitral (art. 32 da Lei de Arbitragem).

O árbitro, como juiz de fato e de direito (art. 18 da Lei de Arbitragem), deve seguir os princípios impostos aos juízes togados, tais como: (i) imparcialidade – o árbitro deve ser imparcial, competente, diligente, discreto e deve estar em posição equidistante das partes, tratando-as igualmente (art. 125 do Código de Processo Civil); (ii) livre convencimento – de acordo com os elementos de prova trazidos pelas partes, o árbitro deve formar o seu livre convencimento, o compromisso com o árbitro é com a sua própria consciência (art. 131 do Código de Processo

[94] A. M. LORCA NAVARRETE, *Derecho de Arbitraje Interno e Internacional*, Madrid, Tecnos, 1989, p. 19.

Civil); e (iii) motivação da sentença arbitral – o árbitro deve apresentar as razões da decisão proferida (art. 26, II, da Lei de Arbitragem).

Ademais, devem ser mencionados novamente neste item os já analisados princípios da autonomia da cláusula compromissória e da *Kompetenz-Kompetenz* ou *Compétence-Compétence*, que propugna ser o árbitro ser competente para decidir sobre sua própria competência (item 1.3.1.2, citado).

O princípio da inafastabilidade do acesso ao judiciário, expresso no art. 5º, XXXV, da Constituição Federal de 1988, também é garantido na arbitragem. A Lei de Arbitragem, portanto, está em consonância com os preceitos legais e constitucionais, como se demonstra mais uma vez. Este acesso é garantido pela possibilidade da propositura de ação de decretação de nulidade da sentença arbitral (arts. 32 e 33 da Lei de Arbitragem), ação de execução (art. 31 da Lei de Arbitragem), ação de embargos à execução (art. 33, § 3º, da Lei de Arbitragem), hoje impugnação conforme art. 475-L da Lei nº 11.232, de 22 de dezembro de 2005, e efetivação de medidas coercitivas determinadas pelos árbitros por meio do auxílio do Judiciário, como convocação obrigatória para testemunhas e efetivação de medidas cautelares (art. 22, § 4º, da Lei de Arbitragem). Quando se fala em princípios norteadores de disposições referentes à arbitragem, deve-se ter em conta a Lei Modelo da UNCITRAL de 1985, aprovada na Assembleia Geral das Nações Unidas por meio da Resolução 40/72, de 11 de dezembro de 1985, e emendada por meio da Resolução 61/33, de 4 de dezembro de 2006.

Além disso, existem princípios relevantes para arbitragem. Nesse sentido, destacam-se os seguintes princípios: da boa-fé objetiva e do efeito útil ou do *favor arbitratis*.

O princípio da boa-fé deve ser analisado conjuntamente com a intenção manifestada na declaração de vontade, ou dela inferível, conferindo segurança às relações jurídicas. Este princípio é decorrente do princípio da autonomia da vontade, quando se considera a liberdade de contratar.

Além disso, este princípio explicita a necessidade de conduta leal e honesta das partes, quer durante a negociação contratual, anterior ao litígio e à arbitragem, quer durante o procedimento arbitral. Sua grande função é limitar o exercício de direitos subjetivos quando estes estiverem em desacordo com a função econômico-social a eles atribuída pelo ordenamento jurídico ou quando seu exercício for realizado de maneira desleal.

O princípio da boa-fé é bastante destacado no sistema jurídico brasileiro, sendo inclusive expresso no art. 422 do Código Civil. Tal princípio vem sendo analisado como uma forma de conduta perante as relações sociais, no caso as negociais. Nessa linha, Antonio Manuel da Rocha e Menezes Cordeiro afirma que:

> O Direito obriga, então, a que, nessas circunstâncias, as pessoas não se desviem dos propósitos que, em ponderação social, emerjam da situação em que se achem colocadas: não devem assumir comportamentos que a contradigam – deveres de lealdade – nem calar ou falsear a actividade intelectual externa que informa a convivência humana – deveres de informação.[95]

Quando se discute a arbitragem, tais deveres de lealdade e informação tornam-se relevantes, especialmente na fase contratual da arbitragem quando se elabora convenção. Isto é, a manifestação de vontade para arbitrar deve ser expressa, embora as análises da manifestação de vontade, seus efeitos e sua extensão devam ser feitas levando em conta aspectos relativos ao negócio jurídico, especialmente em face dos deveres de lealdade e de informação.[96]

Como resultado da autonomia da vontade, origina-se a obrigação contratual assumida de solucionar o litígio decorrente de um contrato mediante arbitragem (vinculação da cláusula compromissória – arts. 1º, 3º, 7º e 41 da Lei de Arbitragem). Desta forma, não pode a parte estabelecer livremente a solução de um conflito mediante arbitragem e depois desistir, a cláusula compromissória é vinculante e obrigatória. Nesse sentido, observa-se entendimento da jurisprudência brasileira. No caso Ivarans Rederi e Lloyd Brasileiro,[97] o acórdão reconheceu a

[95] A. M. da R. e Menezes Cordeiro, *A Boa Fé no Direito Civil*, 1. ed., Coimbra, Almedina, 2001, p. 646.

[96] Nesse sentido: *"Por outro lado, agregando-se à obrigação esse conjunto de deveres, a própria noção de obrigação deve ser alargada permitindo-se que se observem as interações existentes entre as várias espécies de direitos, deveres, ônus etc., surgidos do vínculo. Assim se justifica o estudo da relação obrigacional complexa."* J. C. F. da Silva, *A Boa-fé e a Violação Positiva do Contrato*, Rio de Janeiro, Renovar, 2002, p. 54-55.

[97] STJ, REsp nº 616-RJ – 890009853-5, Rel. Min Gueiros Leite, j. em 24.4.1990.

validade da cláusula compromissória com base no princípio da boa-fé. Assim, verifica-se a presença, na arbitragem, do brocardo jurídico *pacta sunt servanda.*[98]

O princípio do efeito útil da convenção de arbitragem,[99] também chamado de favor arbitral,[100] determina que, existindo duas interpretações possíveis para uma convenção de arbitragem, deve ser utilizada para o caso concreto aquela interpretação que conserve ao máximo os efeitos do negócio jurídico em detrimento daquela que os desconsidere. Obviamente, a conservação dependerá da existência da razoabilidade da interpretação a ser verificada pelo árbitro.[101]

De acordo com o exposto, SELMA MARIA FERREIRA LEMES ensina que a convenção de arbitragem deve ser interpretada à luz do princípio do efeito útil da convenção de arbitragem, posto que, para apurar a sua própria competência, o árbitro deverá verificar qual foi a real intenção das partes, devendo ser dada a interpretação que mais estiver de acordo com a convenção de arbitragem:

[98] A discussão não é restrita ao direito brasileiro, motivando, inclusive decisões e pronunciamentos da SUPREME COURT dos Estados Unidos, caso RAC v. Jackson (09-497, LII Supreme Court Bulletin in Law.cornell.edu, acessado em 12 de abril de 2014) no qual se considerou que o Judiciário só pode analisar questões envolvendo a obrigatoriedade da convenção de arbitragem e não acerca de alegações genéricas sobre a convenção de arbitragem.

[99] B. GOLDMAN, E. GAILLARD e P. FOUCHARD, *Traité*... Op. cit., p. 279.

[100] P. A. B. MARTINS, *Cláusula Compromissória* in P. A. B. MARTINS, S. M. FERREIRA LEMES e C. A. CARMONA, *Aspectos Fundamentais da Lei de Arbitragem*...Op. cit., p. 216-217.

[101] Nesse sentido, é fundamental a advertência de José Miguel Júdice: *"Penso, por isso, que na interpretação dos poderes dos árbitros se deve aplicar o princípio do favor* arbitratis, *que, por exemplo, se encontra na origem do princípio Kompetenz-Kompetenz. O que – sem cair no vício conceptualista que estigmatizei – permite orientar o sentido da resposta às questões supra mencionadas. Em minha opinião, realmente, as partes, quando optam pela arbitragem como meio de resolução de conflitos, fazem valer uma potencialidade que o sistema jurídico lhes outorga, que é a de se submeterem a uma forma privada de justiça, geneticamente sentida como um expoente do individualismo e do primado da vontade privada. Mas isso não pode ser confundido com um aval para que desse poder privado se possa partir para situações de exercício de direitos sem limites e sem medida, para que possam fazer actuar evoluções da vontade concreta, destruindo a certeza e a segurança que são valores essenciais do sistema jurídico e, além disso, não conseguindo aumentar a densidade do valor da justiça, algumas vezes considerado como polo dialético oposto"* (J. M. JÚDICE, Arbitragem e Mediação: Separados à Nascença? in *Revista Brasileira de Arbitragem* nº 14, São Paulo, IOB Thompson, 2007, p. 134).

Na doutrina e jurisprudência internacional, tal como reiteradamente firmado no âmbito da Corte Internacional de Arbitragem da Câmara de Comércio Internacional - CCI, o mesmo entendimento é perfilhado invocando-se, muitas vezes, o art. 1.157 do Código Civil Francês, que guarda semelhança com o art. 131 do Código Comercial Brasileiro e que, indubitavelmente, homenageia o bom senso: "quando uma cláusula é suscetível de dois sentidos, devemos dar preferência àquele que possa produzir um efeito útil, em lugar daquele que não possa produzir nenhum".[102]

Finalmente, as principais disposições da Lei Modelo da UNCITRAL de 1985, incorporadas à Lei de Arbitragem são, em resumo, as seguintes: (i) caráter obrigatório e efeito vinculante da cláusula compromissória e respectiva executoriedade (art. 8º); (ii) ampla autonomia das partes para fixação de regras procedimentais; (iii) procedimento para indicação de árbitros (art. 11); (iv) as pessoas indicadas para exercer a função de árbitro devem revelar, antes da aceitação de qualquer função, os fatos que demonstrem dúvida justificada quanto a sua imparcialidade ou independência (arts. 12 e 13); (v) princípios da autonomia da cláusula compromissória e da *Kompetenz-Kompetenz* (art. 16); (vi) autorização para o Tribunal Arbitral solicitar medidas cautelares (art. 17); (vii) princípio do devido processo legal (art. 18); (viii) obrigatoriedade do proferimento de decisões fundamentadas pelos árbitros (art. 31); (ix) escolha das regras de Direito aplicáveis ao procedimento arbitral (art. 28); (x) procedimentos de revisão pós-sentença arbitral: (a) retificação para correção de erros materiais ou esclarecimento de obscuridade (art. 33); e (b) ação de anulação de sentença arbitral (art. 34); e (xi) reconhecimento e execução de sentença ou laudo arbitral estrangeira (arts. 35 e 36).

1.4.4. Objeto lícito, possível e determinado ou determinável - arbitrabilidade objetiva

Objeto é palavra ambígua quando se analisam os negócios jurídicos. De um lado, tal palavra pode dizer respeito ao conteúdo do negócio e de outro ao próprio bem, coisas ou prestações que irão compor o negócio jurídico que se pretende realizar. Assim, é criada uma dicotomia entre

[102] S. M. Ferreira Lemes, *A Interpretação da Cláusula Compromissória à Luz do Princípio do Efeito Útil*, http://www.mundojuridico.adv.br, acessado em 3 de julho de 2008.

objeto jurídico e objetos materiais, utilizados pela doutrina para designar elementos diversos de um negócio.[103]

O objeto jurídico, portanto, é o conteúdo do negócio, isto é, aquilo que os sujeitos estabelecem, as prestações ou os comportamentos a que se obrigam, em resumo, é o conjunto de direitos e obrigações fixados. É nessa linha que a lei faz menção à licitude do objeto, à licitude da conduta das partes.[104] O objeto será lícito, ou "idôneo", nos dizeres de ORLANDO GOMES,[105] quando não contrariar a lei, os bons costumes e a ordem pública.

Em outro sentido, coloca-se o objeto material que diverge do objeto jurídico. O objeto material designa os bens (coisas ou pretensões)[106] sobre os quais serão incidentes os poderes contidos na relação jurídica nascente. O código, em relação a este objeto, coloca-o como possível e determinado ou determinável.[107] Já o objeto jurídico coincide com o conteúdo do negócio jurídico e dependerá "da extensão que a ordem jurídica reconhece ao intento das partes".[108]

A possibilidade do objeto pode ser dividida em física e jurídica. O objeto fisicamente impossível é aquele que não existe, embora um contrato de cunho científico, por exemplo, possa ser celebrado com base num objeto fisicamente possível hoje, mas que se pretende desenvolver, já que a existência da coisa deve ser aferida quando da eficácia do negócio e não no momento da sua celebração. Já a possibilidade jurídica diz respeito à viabilidade legal.[109] É objeto impossível juridicamente a venda de coisa fora do comércio.

Tais limitações ainda poderão ser classificadas como absolutas ou relativas, sendo verificada a primeira quando houver incapacidade de

103 A. JUNQUEIRA DE AZEVEDO, *Negócio Jurídico...* Op. cit., p. 31-32.

104 F. AMARAL, *Direito Civil...* Op. cit., p. 396.

105 O. GOMES, *Introdução...* Op. cit., p. 368.

106 E. BETTI, *Teoria General...* Op. cit., p. 210.

107 W. DE BARROS, *Curso de Direito Civil – Parte Geral*, 36. ed., v. I., São Paulo, Saraiva, 1999, p. 184.

108 O. GOMES, *Introdução...* Op. cit., p. 368.

109 S. RODRIGUES, *Direito Civil – Parte Geral*, 29. ed., Vol. I, São Paulo, Saraiva, 1999, p. 172-173.

consumação e a segunda e relativa quando atinja apenas determinado sujeito que, por circunstâncias subjetivas, não pode realizar o negócio.[110]

A determinação do objeto diz respeito à aptidão de identificá-lo pelas partes, mediante identificação ou designação. A obrigação de dar coisa incerta, por seu turno, poderá ser indeterminada quanto ao gênero ou quantidade, sem que isso impeça a realização do negócio jurídico pretendido.[111]

Quando se falar de arbitragem, o objeto que se limita pelo art. 1º da Lei de Arbitragem é o objeto jurídico, pois se limita o conteúdo do negócio jurídico, as prestações ou comportamentos das partes só podem estar ligados a direitos patrimoniais disponíveis. Desta maneira, não há uma limitação aos bens materiais, mas uma limitação aos bens jurídicos, que devem ser patrimoniais e passíveis de disposição. Esta limitação objetiva do ponto de vista jurídico na arbitragem é denominada pela doutrina como arbitrabilidade.[112]

O revogado art. 1.072 do Código de Processo Civil é mais um exemplo para demonstrar que o objeto do negócio jurídico limitado pela arbitragem é o objeto jurídico e não o objeto material, bem objeto da controvérsia. Nesse sentido, seriam incluídas como arbitráveis questões comerciais, civis, de consumo, trabalhista e até mesmo de família e penal desde que tratem de questões patrimoniais.[113] Este objeto do negócio jurídico, que será objeto do litígio, é limitado, portanto, pelo nosso ordenamento.[114]

[110] J. Abreu Filho, *Negócio Jurídico...* Op. cit., p. 124-125.

[111] F. Amaral, *Direito Civil...* Op. cit., p. 397-398.

[112] C. A. Carmona, *Arbitragem e Processo...* Op. cit., p. 56-57 e J. A. F. Costa e Gabriele Tusa, *Expectativas e Âmbito de aplicabilidade da nova Lei de Arbitragem* in P. B. Casella, *Arbitragem – Lei Brasileira e Praxe Internacional*, 2. ed., São Paulo, LTr, 1999, p. 335. Surgida qualquer questão envolvendo direitos indisponíveis, não arbitráveis no curso da arbitragem, que possa interferir no julgamento desta, as partes serão encaminhadas ao Judiciário, suspendo-se a arbitragem (art. 25 da Lei de Arbitragem).

[113] Nesse sentido, C. A. Carmona, *Arbitragem e Processo...* Op. cit., p. 56.

[114] No sistema anterior, a doutrina entendia que o objeto do litígio precisaria estar descrito de forma pormenorizada pelas partes (cf. H. de Moraes e Barros, *Comentários ao Código de Processo Civil*, 1. ed., v. IX, Rio de Janeiro, Forense, 1974, p. 389-390, F. C. Pontes de Miranda, *Comentários ao Código de Processo Civil*, 1. ed., v. XV, Rio de Janeiro, Forense, 1974, p. 279 e D. A. Miranda, D. A. Miranda Júnior e A. L. Kugelmas, *Código de Processo Civil nos Tribunais*, 2. ed., v. VI, São Paulo, Brasiliense, 1990, p. 4734-4735). Hoje, porém, tal

Destarte, Charles Jarrosson assevera que: *"A arbitrabilidade é uma questão abstrata, delicada, mal delimitada e que suscita um número de mal entendidos, série de contrasensos".*[115] O objetivo, então, deve ser simplificar a questão. Há a diferenciação entre arbitrabilidade objetiva e arbitrabilidade subjetiva; esta última será analisada no item 1.4.5 a seguir.[116] A primeira, no sistema jurídico brasileiro, limita *ratione materia* a utilização da arbitragem para litígios que digam respeito a direitos patrimoniais disponíveis. O direito é patrimonial quando possuir expressão monetária, isto é, quando puder fazer parte da universalidade de bens e direito de um indivíduo. Além disso, um direito será disponível na medida em que puder ser exercido livremente por seu titular, sob pena de nulidade ou anulabilidade do ato praticado com sua infringência.[117]

Portanto, são arbitráveis aquelas questões sobre as quais o Estado não crie limitações, tornando determinados bens como algo fora do comércio, por conta da proteção de interesse público, desde que se possa dispor livremente do bem objeto da controvérsia. Contudo, não se pode dizer que são arbitráveis os direitos passíveis de transação, nos termos do revogado art. 1.072 do Código de Processo Civil.[118] Rechaçando a tese

definição, na esmagadora maioria das arbitragens, não pode ocorrer tendo em vista que elas são instituídas via cláusula compromissória. As partes se obrigam à solução do conflito via arbitragem antes mesmo que o conflito exista, ficando a definição correta do objeto para os árbitros, quando a fase processual da arbitragem já tiver sido instaurada.

[115] C. Jarrosson, La Notion d'Arbitrabilité in *Revista Brasileira de Arbitragem* nº 0, São Paulo, IOB Thompson, 2003, p. 173 (trad. livre).

[116] O sistema italiano, a partir da reforma do direito societário, passou a permitir a solução de questões envolvendo direitos patrimoniais indisponíveis que sejam incidentais à matéria principal da arbitragem (Elio Fazzalari, *L'arbitrato nella Riforma Del Diritto Societário* in F. L. Yarshell e M. Z. de Moraes (org.), *Estudos em Homenagem à Professora Ada Pellegrini Grinover*, São Paulo, DPJ, 2004, p. 546-550). Corresponderia a uma supressão da disposição do art. 25 da Lei Brasileira de Arbitragem, significando que, surgindo questão que envolva direito indisponível no curso da arbitragem, esta não se suspenderá e o árbitro será competente para resolvê-la.

[117] A. Mendonça de Lima, *Dicionário do Código de Processo Civil Brasileiro*, São Paulo, RT, 1986, p. 225.

[118] C. A. Carmona, *Arbitragem e Processo...* Op. cit., p. 56-57 e J. A. F. Costa e Gabriele Tusa, *Expectativas e Âmbito de aplicabilidade da nova Lei de Arbitragem* in P. B. Casella, *Arbitragem: Lei Brasileira e Praxe Internacional*, 2. ed., São Paulo, LTr, 1999, p. 335. José Cretella Neto, de outro lado, prefere o entendimento do antigo Código de Processo Civil (a arbitragem é possível para "direito patrimoniais que admitem transação"), não considerando

de que a arbitrabilidade objetiva envolve apenas os bens e direitos passíveis de transação, Álvaro Mendes Pimentel afirma:

> Tratando-se de uma promessa de comprometter, fora de toda duvida que a a clausula compromissória só poderá ser estipulada para as controvérsias acerca das quaes também seja dado comprometter.
>
> A capacidade objectiva que preside ao compromisso, é a mesma que regula os contratos em geral.[119]

Ou seja, a arbitrabilidade objetiva envolve todos aqueles bens e direitos que podem ser objeto de contrato e não apenas aqueles que podem ser objeto de transação.[120]

Arrematando o entendimento no sentido de que podem ser arbitradas questões envolvendo todos os bens e direitos em relação aos quais as partes possam criar obrigações,[121] o referido autor diferencia transação de compromisso:

> A transação ultima a contenda; si uma das partes tentar renova-la, oppôr-lhe-á a outra *exceptio per transationem finitae.* O compromisso affirma o litígio para que o arbitro o dirima.
>
> É da substancia da primeira ser um contacto commutativo. É da natureza do segundo nada cederem as partes nas suas pretensões.
>
> Naquella dá-se renuncia de direito, cada parte entende alienar uma porção do objecto da transação para conservar incontestado o restante. Neste só se pactua a derrogação da ordem legal das jurisdicções para submeter ä

a disposição da lei brasileira um avanço, mas sim uma questão de terminologia difícil in *Comentários à Lei de Arbitragem Brasileira*, Rio de Janeiro, Forense, 2004, p. 40.

[119] A. M. Pimentel, *Da Cláusula Compromissoria no Direito Brasileiro,* Rio de Janeiro, Typ. do Jornal do Commercio, 1934, p. 137

[120] O compromisso não se confunde com um contrato, é ato jurídico, já que não extingue, altera ou conserva direitos (J. M. Carvalho Santos, *Código Civil Brasileiro Interpretado,* 4. ed., vol. XIV, Rio de Janeiro, Livraria Freitas Bastos, 1951, p. 11. Contudo, como se refere a um negócio jurídico, serão arbitráveis questões que envolvem bens e direitos passíveis de serem incluídos nos negócios jurídicos.

[121] Cabe mencionar também que: *"A chamada capacidade objectiva, isto é, a determinação do que possa ser objeto de um contrato é um requisito legal sujeito a mutações, segundo as peculiaridades que caracterizam as diversas convenções"* in A. M. Pimentel, *Da Cláusula...* Op. cit., p. 139. Assim, o objeto da arbitragem em um contrato administrativo deve ser analisado de modo diferente de um contrato comercial tendo em vista as peculiaridades de cada ramo jurídico.

decisão arbitral todo o objecto do litígio – *compromittere est simul promittere stare sentiae arbitri*.[122]

E tal entendimento perdura até hoje. Carlos Alberto Carmona considera, deste modo, que as disposições da Lei de Arbitragem sobre este ponto têm técnica mais avançada do que aquela do revogado art. 1.072 do Código de Processo Civil, que se referia a direitos passíveis de arbitragem como aqueles que pudessem ser transacionados.[123] Tal posição foi reforçada na medida em que a transação, com o Código Civil de 2002, deixou se ser uma forma extintiva das obrigações para se tornar uma das espécies de contratos, Parte Especial, Livro I Do Direito das Obrigações, Título VI Das Várias Espécies de Contrato, Capítulo XIX Transação.

Verifica-se a interpretação da lei com base da patrimonialidade dos direitos, quando estes possuírem expressão patrimonial, e na disponibilidade destes direitos, isto é, quando for possível a transmissão ou atribuição a outrem destes direitos por ato de vontade. Embora possa ser questionada a padronização destes conceitos, estes são os critérios mais objetivos existentes no nosso ordenamento.

Nessa linha é possível até mesmo a arbitrabilidade dos "danos da reato", danos decorrentes de atos ilícitos, visto que essa não será controvérsia de caráter penal, podendo ser objeto do compromisso tendo como discussão o ressarcimento dos danos derivados de um crime ou delito.[124]

Quanto ao mérito,[125] a arbitragem não difere do processo judiciário tradicional. O árbitro fará as vezes do juiz, mesmo consideradas todas as

[122] A. M. Pimentel, *Da Cláusula*... Op. Cit., p. 164. No mesmo sentido, J. M. Carvalho Santos, *Código Civil*... Op. cit., p. 11.

[123] C. A. Carmona, *Arbitragem e Processo*... Op. cit., p. 56-57.

[124] *Cf.* M. Rubino-Sammartano, *Il Diritto dell'Arbitrato (Interno)*, 2. ed., Padova, cedam, 1994, p. 125-126. A Corte de Cassação Italiana já se manifestou nesse mesmo sentido em Rollini c. Donn, Cass. 3 ottobre 1953 n. 3159 e Pritoli c. Suegis, Cass. 26 gennaio 1988 n. 664. A legislação italiana neste aspecto evoluiu com a Lei nº 80, de 14 de maio de 2005, que permitiu a aplicação da arbitragem para direitos indisponíveis salvo expressa proibição legal.

[125] Para Cândido Rangel Dinamarco, mérito é o extrato dialético do procedimento, aquilo que se extrai da contraposição de argumentos do demandante e do demandado e que enseja a intervenção de um terceiro neutro, julgador, justamente pela existência da

diferenças procedimentais e funcionais no papel dos juízes e dos árbitros, sendo suas decisões dotadas dos mesmos efeitos.

Tal situação se verifica especialmente pela necessidade, nas duas situações, de respeito a princípios do contraditório, da igualdade entre as partes, da imparcialidade do julgador e do livre convencimento deste (art. 21, § 2º, da Lei de Arbitragem). Disso pode concluir-se que a mecânica do julgamento é semelhante, assim como as respostas buscadas pelas partes e pronunciadas pelos julgadores.

A definição do objeto da arbitragem, contudo, guarda diferenças, num primeiro momento, em face da espécie da convenção de arbitragem utilizada pelas partes. Se estivermos diante de um compromisso arbitral, a definição do objeto do processo, ou no caso da arbitragem, será elemento obrigatório do compromisso. Ao ser celebrado o compromisso, as partes ou uma das partes e o juiz (hipótese da demanda do art. 7º da Lei de Arbitragem) definirão a matéria objeto da arbitragem. Portanto, nessa hipótese, a pretensão do autor ou a resposta do demandado, ao contrário do processo judiciário civil, não definirá os limites do objeto do processo.

Na hipótese de uma cláusula compromissória, o objeto da arbitragem poderá estar contido na sua redação, mas, via de regra, a indicação é genérica já que não se pode precisar com exatidão quais conflitos surgirão de um contrato no momento em que ele foi celebrado. Aqui, o objeto da arbitragem será determinado pela pretensão do demandante, mas poderá haver também um momento procedimental específico para tanto estipulado pelas partes ou de acordo com eventual regulamento que elas tenham adotado.

controvérsia entre as partes (*Fundamentos do Processo Civil Moderno*, 5. ed., v. I, São Paulo, Malheiros, 2002, p. 232-237 e 237-376). Há ainda que se destacar a relevante crítica apresentada por Cândido Rangel Dinamarco em face do conceito de mérito apresentado por Edoardo Garbagnati (E. Garbagnati, *Questioni Preliminare di Merito e Questioni Pregiudiciali in Rivista de Diritto Processuale*, Vol. XXXI, (2ª Série), 1976, 257), Enrico Tullio Liebman (E. T. Liebman, *Manuale*, Op. cit., p. 171) e de Francesco Carnelutti (F. Carnelutti, *Istituizione del Processo Civile Italiano*, v. I, 5. ed., Roma, Foro Italiano, 1956, p. 13), que centralizam a discussão de mérito apenas nos fatos constitutivos apresentados pelo autor e não ampliam a discussão para as questões, controvérsia existente no curso do processo, a partir da contraposição dos argumentos do demandante pelo demandado.

A determinação do objeto da arbitragem ou das questões a serem decididas é mais flexível na arbitragem, como corolário lógico do princípio basilar da autonomia da vontade. De tal modo, o parágrafo único do art. 19 da Lei de Arbitragem permite que os árbitros, após assumirem o seu encargo, considerando que há necessidade de explicitar alguma questão, poderão elaborar um adendo juntamente com as partes que passará a ser parte integrante da convenção de arbitragem

Esta interpretação não decorre só da lei, mas de regulamentos de câmaras de arbitragem tradicionais. O Regulamento de Arbitragem da Corte Internacional de Arbitragem da CCI, por exemplo, indica que a parte demandante deve apresentar o objeto do requerimento (art. 4º, 3, *c*), bem como o requerido deverá, posteriormente, se manifestar sobre este objeto (art. 5º, 1, *c*).

Já outras Câmaras apresentam procedimento específico para determinação do objeto da arbitragem com a redação dos chamados "termos de arbitragem". Este é o caso da Câmara de Arbitragem da Câmara de Comércio Brasil-Canadá que em seu art. 5º, 5.8:

> Escolhido os árbitros, o Centro elaborará Termo de Arbitragem com a assistência das partes, contendo os nomes e qualificação dos mesmos e dos árbitros por elas indicados, bem como dos seus suplentes, o nome e qualificação do árbitro que funcionará como presidente de Tribunal Arbitral, o lugar em que será proferida a sentença arbitral, autorização ou não para que os árbitros julguem por equidade, a língua em que será conduzida a arbitragem, o objeto do litígio, o seu valor e a responsabilidade pelo pagamento das custas processuais, honorários dos peritos e dos árbitros, bem como a declaração de que o Tribunal Arbitral observará os prazos e procedimentos previstos neste Regulamento.[126]

Portanto, a definição do objeto da arbitragem pode ser, em regra, anterior à assunção do encargo pelos árbitros na hipótese da convenção de arbitragem ser um compromisso arbitral. Poderá ser anterior, ainda, a partir de uma cláusula compromissória complementada pela veiculação da pretensão do demandante e poderá ser posterior a esta assunção, realizada pelos árbitros em conjunto com as partes. Tal definição é impor-

[126] São diversos os regulamentos com esta disposição. Vide nota nº 8 do Capítulo 1.

tante, pois a sentença arbitral proferida fora dos limites da convenção de arbitragem será nula (art. 32, IV, da Lei de Arbitragem).

Pelo que se viu, o procedimento a ser seguido e a lei material aplicável também dependerão de disposição das partes ou serão decorrentes da análise dos árbitros na ausência de manifestação das partes, juntamente com outros elementos, como a nacionalidade das partes ou suas intenções plasmadas no contrato, a partir da convenção de arbitragem.

Normalmente, essas questões são objeto de preocupação das partes e constam necessariamente das convenções de arbitragem, mas podem ser imaginadas situações nas quais a cláusula só determine que o litígio será solucionado via arbitragem. Diante de uma cláusula nitidamente vazia ou branca, a lei brasileira tratou do assunto com o escopo de garantir a nomeação dos árbitros (arts. 7º, § 6º, e art. 10 da Lei de Arbitragem) pois estes, como já se disse, poderão designar, de acordo com a análise do caso ou os seus próprios juízos.

Ademais, definida também a sede da arbitragem,[127] eventuais medidas judiciais de apoio como aquelas necessárias para o cumprimento de meios processuais conservativos ou para instauração da arbitragem no Judiciário serão de competência do juízo estatal deste local (art. 22, § 4º, da Lei de Arbitragem). Ou seja, definição da sede da arbitragem na cidade de São Paulo fará com que o Judiciário paulistano seja o competente para a efetivação de medidas cautelares ou conservativas ou para instauração do procedimento arbitral, por exemplo.

Em regra, tais indicações constam das convenções de arbitragem tendo em vista a conveniência que geram para as partes ao impedirem discussões posteriores, contudo, a ausência de menção nesse sentido, cada vez mais rara na prática arbitral, dependerá de solução dada dos árbitros. Nada impede que as partes e os árbitros definam tais questões em conjunto.

1.4.5. Agente capaz – arbitrabilidade subjetiva

A capacidade do agente ou da parte é um dos elementos indispensáveis do negócio jurídico e sua análise deve ser pautada casuisticamente, verificando-se a situação de cada parte ou agente numa determinada situação, com base nas regras estabelecidas, em geral, pelo Código Civil ou

[127] *Cf.* nota nº 67 acima.

especificamente por outras leis, como o Código de Defesa do Consumidor.

Trata-se com maior relevância a capacidade de fato ou de exercício de direitos em detrimento da capacidade de gozo, uma vez que somente a primeira terá o condão de permitir que a parte realize, sem o auxílio de terceiros, negócios jurídicos de acordo com o art. 1º da Lei de Arbitragem. A capacidade de gozo, no entanto, não pode ser relegada a segundo plano, pois, embora não permita que a parte participe sem representação do negócio jurídico,[128] lhe atribui a capacidade de ser titular de direitos e obrigações que podem ser objeto de litígios a ser solucionados por arbitragem. A capacidade ou a incapacidade de um indivíduo é disciplinada pelos arts. 1º a 6º do Código Civil. Já uma pessoa jurídica[129] dependerá do cumprimento dos requisitos previstos na regra geral das pessoas jurídicas e no seu tipo societário estipuladas no Código Civil, arts. 40 a 69 e 966 a 1.195 do mesmo diploma legal, respectivamente, e na legislação empresarial específica, como a Lei das Sociedades Anônimas, por exemplo.

Em regra, a capacidade para contratar em geral, como afirma José Cretella Neto, coincide com a prática de atos para a vida civil, mas, em determinadas circunstâncias, pessoas capazes civilmente podem sofrer limitações para contratar,[130] como é a disposição da Lei de Recuperação de Empresas e de Falências (Lei nº 11.101, de 9.2.2005, art. 102).

A capacidade pode ser caracterizada como plena, relativa ou incapacidade absoluta. A primeira categoria engloba aqueles indivíduos que não têm limitação para o exercício de direitos e deveres, sempre apta para contratar em qualquer circunstância.

Já a capacidade relativa impõe aos indivíduos uma limitação na realização de determinados atos ou na forma de exercê-los. Sua vontade terá relevância para o mundo jurídico, mas em menor grau do que a manifestação de vontade do plenamente capaz.

[128] J. Abreu Filho, *O Negócio*... Op. cit., p. 111.

[129] Sociedade possui significado técnico jurídico de um centro de direitos e deveres decorrentes de relações pessoas unidas para a consecução de um determinando objetivo. Ela se obriga e fica responsável pelo chamado *SPE*, sistema de propriedade empresarial, que engloba este complexo de direitos e deveres (G. de A. S. Carvalho, *A Nova Empresa na Era da Concorrência e da Gestão do Conhecimento*, Rio de Janeiro, FGV Editora, 2003, p. 33).

[130] J. Cretella Neto, *Comentários à Lei de Arbitragem*... Op. cit., p. 28-29.

De outro lado, os absolutamente incapazes representam aquela categoria de indivíduos que, por si, não podem exercer sozinhos os atos da vida civil. Os atos praticados sem que se considere tal restrição produzem nulidade absoluta, mas se tais atos forem realizados pelos representantes destes indivíduos, não haverá limitação nenhuma.[131] Disso depreende-se, como expõe Orlando Gomes, que as incapacidades podem ser supridas.[132]

Quando se fala em pessoas jurídicas, a realização de algum tipo de negócio dependerá da regularidade da sua representação constante de estatutos sociais ou atas de constituição, por exemplo. As pessoas jurídicas, obviamente, dependem de uma pessoa física que a represente para a realização de atos da vida civil e a questão dramática neste ponto é saber se determinada pessoa tem ou não poderes para realizar determinando ato.

Na arbitragem, a capacidade do agente se verifica na medida em que este, de acordo com a legislação aplicável à arbitragem, pode comprometer-se por si, ou em casos específicos, nas hipóteses em que possa se comprometer por terceiros, como nos mandatos, nas representações comerciais e etc.

Desta maneira, a análise da arbitrabilidade subjetiva deve partir da verificação da capacidade de gozo e exercício de direitos pelas partes interessadas e da verificação da existência de permissão ou vedação à realização da arbitragem para uma determinada parte.[133] Além disso, em casos de contratos que envolvam diversos sujeitos, tais como acordo de acionistas ou contratos coletivos, deve-se verificar a possibilidade e o grau de vinculação dos entes que compõem este determinado grupo. Não sendo possível utilizar a arbitragem, em face da pessoa envolvida no negócio jurídico, estaremos diante da inarbitrabilidade subjetiva.

Por fim, nas relações internacionais, deve ser aplicado o art. 9º da Lei de Introdução ao Código Civil que anuncia o princípio do *locus regit*

[131] A limitação, segundo Silvio Rodrigues, tem o escopo de proteger os incapazes, "*tanto que a lei não defere à outra parte o direito de invocar, em proveito próprio, a incapacidade de seu contratante*" (Silvio Rodrigues, *Direito Civil*... Op. cit., p. 172).

[132] Ademais, a capacidade não precisa existir no momento de execução do contrato. O. Gomes, *Introdução*... Op. cit., p. 365-369.

[133] J. M. Rossani Garcez, *Arbitragem: Nacional e Internacional*, Belo Horizonte, Del Rey, 2007, p. 46-47.

actum, isto é, se as partes não escolheram a lei aplicável à solução do conflito, se este tiver alguma relação com o Brasil, a lei aplicável será a do local em que a avença foi celebrada.

Na arbitragem, genericamente, podem ser partes aqueles indivíduos ou sujeitos de direito aos quais a lei aplicável ao mérito do litígio permita. Assim, a lei escolhida para a solução do conflito deve ser analisada para se verificar quem seria apto a utilizar a arbitragem como forma de solução de conflito. Via de regra, e a Lei de Arbitragem do Brasil não foge a ela, é apta a resolver conflito por arbitragem pessoa física ou jurídica capaz de contratar (art. 1º da Lei de Arbitragem). Como ensina Cândido Rangel Dinamarco:

> Partes, em pura técnica processual, são "os sujeitos do contraditório instituído perante o juiz", ou seja, os sujeitos *interessados* da relação processual. São todos aqueles que, tendo proposto uma demanda em juízo (inclusive em processo pendente), tendo sido citados, sucedendo a parte primitiva ou ingressando em auxílio da parte, figuram como titulares das diversas situações jurídicas ativas ou passivas na dinâmica da relação jurídica processual (poderes, faculdades, ônus, deveres e sujeições).[134]

Ademais, ser parte em uma arbitragem ou em um processo judicial é conceito que decorre de análise fática, do plano de direito material. A aptidão para ser parte,[135] contudo, não faz com que alguém seja necessariamente parte em uma demanda judicial ou arbitral (legitimidade *ad causam*).

Há que se verificar a correspondência entre demandante e demandado na relação de solução de conflitos e o sujeito ativo e ou sujeito passivo na relação jurídica de direito material. É a pertinência subjetiva da ação, descontados detalhes processuais e de nominalismo.[136] Desse modo, a questão "consiste em individualizar a pessoa a quem pertence o interesse de agir (e, pois, a ação) e a pessoa com referência à qual [*nei*

[134] C.R. Dinamarco, *Intervenção de Terceiros*, 4. ed., São Paulo, Malheiros, 2006, p. 16.

[135] C. R. Dinamarco, *Instituições*... Op. cit., v. II, p. 246.

[136] A. F. Fabrício, Extinção do Processo e Mérito da Causa in *Revista de Processo*, nº 58, São Paulo, RT, 1990, p. 7-32, conforme E. T. Liebman, *Manual*... Op. cit. de *Direito Processual Civil*, C. R. Dinamarco (trad. it.), 3. ed., v. I, São Paulo, Malheiros, 2005, p. 211 e A. Buzaid, *Agravo de Petição no Sistema do Código de Processo Civil*, 2. ed., São Paulo, Saraiva, 1956, p. 89.

cui confronte] ela existe".[137] Como leciona José Roberto dos Santos Bedaque:

> Há situações, todavia – e constituem a grande maioria –, em que inexiste essa delimitação quanto à legitimidade. Nessas não há alternativas senão o exame da relação de direito material, tal como afirmada na inicial [ou na notificação de arbitragem], para verificar se o autor e o réu ocupam, na situação legitimante, posições que justificam sua inclusão nos polos ativo e passivo do processo.[138]

Deve-se verificar ainda a extensão e a transmissão da convenção de arbitragem que serão analisadas adiante (item 3.1, Capítulo 3). A resposta à existência e eficácia dessas situações deve ser buscada no direito material e pode trazer importantes consequências para o procedimento arbitral no tocante à pertinência subjetiva dos participantes da arbitragem.

Assim, deve ser analisada não só a convenção de arbitragem, principal delimitadora dos limites subjetivos da arbitragem, mas também outras situações de direito material acontecidas em momento posterior e que possam alterar seu conteúdo, como, por exemplo, a cessão de estabelecimento comercial (art. 1.148 do Código Civil brasileiro).

Desta maneira, conclui-se que a lei de regência do contrato ou a lei material aplicável ao litígio delimita a capacidade de ser parte ou capacidade processual e a convenção de arbitragem e negócios jurídicos posteriores delimitarão, com base na análise do direito material, quem serão as partes aptas a participar da arbitragem.

Em resumo, a convenção de arbitragem, quanto ao aspecto subjetivo do processo arbitral, limita subjetivamente a lide que será submetida aos árbitros, isto é, determina quais serão os sujeitos a participar ou não de uma arbitragem que serão atingidos pelos efeitos da *res iudicata* como decisão imutável.[139]

[137] E. T. Liebman, *Manual*... Op. cit., p. 208.

[138] J. R. dos Santos Bedaque, *Efetividade do Processo*... Op. cit., p. 276.

[139] *Cf.* J. R. Cruz e Tucci, *Limites Subjetivos da Eficácia da Sentença e da Coisa Julgada Civil*, São Paulo, RT, 2006, p. 98-99.

1.4.6. Forma prescrita ou não defesa em lei

A forma prescrita ou não defesa em lei indica uma análise sobre o negócio jurídico e seu modo de manifestação no mundo real a partir da vontade presente no intelecto das partes. Nesse sentido, a forma pode ser expressa ou tácita,[140] resultando de uma atuação direta sobre a vontade de realizar determinado negócio, no caso da forma expressa, ou num comportamento que dê a entender, inequivocadamente, a vontade de realizar o negócio.

Sendo a forma expressa ou tácita, ela pode ser ainda ativa, expressa ou tácita, ou omissiva, expressa ou tácita.[141] A primeira forma decorre de uma ação, a realização de um determinado ato e a segunda depende da não ação, da não-realização de um determinado ato.

Em relação às declarações omissivas, surge a já citada questão do silêncio que, como dito, de acordo com o Código Civil, art. 111, pode representar manifestação de vontade se as circunstâncias e os usos e costumes assim permitirem.

Orlando Gomes aponta ainda outro sentido para o vocábulo *forma* quando se analisam os negócios jurídicos. A forma, neste caso, é espécie de documentação do ato, requisito essencial para a validade deste. Nessa hipótese de interpretação do vocábulo *forma*, pode-se dizer que existem formas vinculadas e necessárias que são exigidas para resguardar a declaração de vontade das partes e, no caso de ausência desta forma vinculada, o negócio jurídico não vale se não a revestir, sendo requisito essencial: "Emprega-se em duplo sentido o vocábulo *forma*. No primeiro é a própria extensão do ato; no segundo, a veste externa da declaração de vontade".[142]

A principal discussão nesse ponto diz respeito à maneira pela qual alguém pode manifestar sua vontade de realizar arbitragem. Os requisitos formais das cláusulas compromissórias e dos compromissos arbitrais estão presentes nos artigos 4º, 9º, 10 e 11 da Lei de Arbitragem.

140 A. Junqueira de Azevedo, *Negócio...* Op. cit., p. 126.

141 A. Junqueira de Azevedo, *Negócio...* Op. cit., p. 129.

142 O. Gomes, *Introdução...* Op. cit., p. 379. Neste caso encaixam-se os contratos de trespasse de estabelecimento comercial que dependerão de registro na Junta Comercial e publicação para produzirem efeitos perante terceiros (Código Civil, arts. 1.144 e seguintes). Já Silvio Rodrigues, ao analisar a forma, indica o sentido supra como o único a tratar da forma (S. Rodrigues, *Direito Civil...* Op. cit., p. 176-177).

Em regra, a forma pela qual a vontade de arbitrar deve ser expressa é a escrita.

De outro lado, há regra específica quanto aos contratos de adesão,[143] art 4º, § 2º, da Lei de Arbitragem. Nesses casos, a cláusula compromissória só será eficaz caso o aderente tome a iniciativa de instituir a arbitragem ou concordar, de modo expresso, também, com a instituição da arbitragem desde que por escrito ou em negrito, como assinatura ou visto especial para esta cláusula.

No entanto, embora com mais requisitos, nesse caso permanece também a regra da manifestação de vontade expressa e registrada por escrito.[144] O objetivo é claro, visa-se tornar clara a extensão da cláusula compromissória, sem que, no entanto, se proíba que a cláusula ou o compromisso que fizerem referência inequívoca a um negócio jurídico, embora não direta a ele, possam ser vinculantes e produzir eficácia.

Há uma tendência na doutrina internacional de se permitir a alteração da forma pela qual se manifesta a vontade de arbitrar. Alguns sistemas permitem a manifestação verbal de arbitragem nos negócios jurídicos celebrados entre comerciantes.[145]

[143] Contrato no qual *"uma das partes tem de aceitar, em bloco, as cláusulas estabelecidas pela outra, aderindo a uma situação contratual que se encontra definida em todos os seus termos"* (O. Gomes, *Contratos...* Op. cit., p. 109).

[144] Esta disposição está presente na legislação argentina (art. 739 do Código de Processo), italiana (arts. 806 e 808 do Codici di Procedura), espanhola (art. 9.3 da Lei nº 60 de 2003) e belga (art. 1677 do Code Judiciaire).

[145] É o caso do Código de Direito Internacional Privado da Suíça de 1987, que prevê, em seu artigo 178, que é válida a convenção de arbitragem por qualquer meio que permita a prova por escrito, ou no jargão jurídico brasileiro que permita a redução a termo. Nesse caso, qualquer forma que possa ser transcrita, como uma gravação de áudio, é passível de permitir a prova da vontade de arbitrar das partes e vinculá-las. Já o sistema italiano não permite tal amplitude. A manifestação da vontade de arbitrar pode ser expressa em outros instrumentos que não o contrato, mas deve ser escrita, como o telégrafo ou o telegrama. O Código não fala em fax e nem na possibilidade de outros meios de manifestação da vontade que possam ser transcritos. Tal disposição vale a crítica de Sergio La China in *L'Arbitrato: Il Sistema e L'Esperienza*, Milano, Giuffrè, 1999, p. 32. Já Laura Salvaneschi manifesta o entendimento de que a interpretação da legislação italiana neste caso deve ser extensiva de modo a permitir o alinhamento entre a disposição legal e o avanço da técnica (L. Salvaneschi, *Clausola di Compromissoria* in G. Tarzia, R. Luzzatto e E. F. Ricci, *Legge 5 Gennaio 1994*, nº 25, Padova, cedam, 1995, p. 23-25). No mesmo sentido, Elio Fazzalari manifesta o entendimento de que a vontade da parte em arbitrar deve ser ine-

A regra geral da manifestação expressa e escrita da convenção de arbitragem é resultado da disposição da Lei Modelo da UNCITRAL – *United Nations Commission on Trade Law* (art. 7º, nº (2)), que dispõe que "A convenção de arbitragem deve ser escrita. Uma convenção é considerada escrita se o documento que a contenha foi assinado pelas partes ou se em correspondência trocada, telex, telegramas ou outros meios de telecomunicação que permitam uma gravação da convenção ou numa troca de alegações nas quais a existência de uma convenção seja alegada por uma parte e não seja contestada por outra. A referência num contrato a um documento contendo uma cláusula compromissória constitui uma convenção de arbitragem desde que o contrato tenha a forma escrita e a referência for tal que faça desta cláusula parte integrante do Contrato".[146] Esta lei foi usada como base para as legislações de vários países sobre a arbitragem após a década de 1980.[147]

Atualmente, porém, tendo em vista o dinamismo das relações sociais e da arbitragem, já se pensa na alteração desta Lei Modelo.[148] O México, liderando outros países, por exemplo, sugere que a disposição escrita seja mitigada.[149] A maioria dos Estados não deseja a supressão desta disposição, mas defende a maior flexibilização da necessidade da conven-

quívoca, não importando o meio, desde que se possa provar a manifestação expressa. Elio Fazzalari extrai este entendimento da jurisprudência da Corte de Cassazione, 14 de febbraio de 1979, nº 965 e 25 de maggio de 1976, nº 1877 (E. Fazzalari, *L'Arbitrato*, Torino, UTET, 1997, p. 39-40). A própria Convenção de New york de 1958 prevê a forma escrita como a mais indicada, art. 2.4.

146 Tradução livre do inglês (www.uncitral.org), acessado em 23.7.2007.

147 J. M. R. Garcez, Arbitragem Internacional in J. M. R. Garcez (org.), *A Arbitragem na Era da Globalização*, Rio de Janeiro, Forense, 1997, p. 172.

148 Para a doutrina, a arbitragem deve surgir a partir de uma convenção escrita. O Superior Tribunal de Justiça, no entanto, já decidiu no sentido de que a cláusula compromissória pode ser considerada válida e eficaz quando instituída de modo tácito (vide caso Superior Tribunal de Justiça, SEC 856, Corte Especial, Rel. Min. Carlos Alberto Menezes Direito, j. em 18.5.2005, *DJU* 27.6.2005, p. 2003). Meses depois, o próprio Tribunal alterou seu entendimento em posição consentânea com a doutrina (vide Superior Tribunal de Justiça, SEC 866, Corte Especial, Rel. Min. Felix Fischer, j. em 17.5.2006, *DJU* 16.10.2006, p. 273).

149 Art. 1423 do Nuevo Código de Comércio publicado no Diario Oficial de la Federación de 7 de outubro de 1889 (última reforma publicada *DOF* 6-6-2006) – http://www.diputados.gob.mx/LeyesBiblio/doc/3.doc, acessado em 3 de janeiro de 2008.

ção arbitragem por escrito[150] permitindo a validade de meios modernos de comunicação como o *e-mail* e situações nas quais as partes, oralmente, decidam arbitrar.[151]

Pelo exposto, vê-se que a forma para ser eficaz a arbitragem é a escrita. Não há dúvida de que o sistema italiano e a Lei Modelo podem ser tomados como paradigma e que o áudio, por exemplo, pode ser reduzido a termo e indicar a vontade expressa das partes.

1.4.7. A formação dos contratos por correspondência: os contratos eletrônicos – a anuência via internet e seus reflexos na arbitragem

A análise dos contratos eletrônicos ou celebrados via Internet segue a disciplina geral dos contratos por correspondência, obviamente, com algumas especificidades que serão expostas a seguir e que dizem respeito à forma do contrato, questão tratada no item 1.4.5 citado.[152]

Os contratos celebrados por correspondência ou ainda mais recentemente por meios eletrônicos devem seguir as regras expostas no Código Civil e tendo como principal fundamento a proposta, que nada mais é do que a declaração de vontade do proponente dirigida a uma pessoa com quem se quer contratar ou, segundo SILVIO RODRIGUES: "oferta dos termos de um negócio, convidando a outra a eles concordar.".[153]

Alguns requisitos são colocados para a validade da proposta. Esta deve conter termos tais que a simples aceitação do oblato conclua o contrato. Não são propostas, portanto, comunicações que mostrem apenas que um indivíduo está disposto a contratar, as quais seriam simples formas de aproximação que poderiam ou não, futuramente, propiciar a formação de um contrato. A proposta, porém, poderá conter elementos

[150] Na mesma linha do que entende a doutrina e a jurisprudência italiana, com a permissão de utilização de outros meios para a verificação da validade da convenção de arbitragem e da sua produção de efeitos.

[151] J. LEVINE, *Developments in International Organizations* in *International Dispute Resolution*, v. 19, nº 1, New York, White & Case, 2006, p. 12-13.

[152] NEWTON DE LUCCA, *Títulos e Contratos Eletrônicos* in N. DE LUCCA e A. SIMÃO FILHO, *Direito & Internet*, 1. ed., Bauru, Edipro, 2001, p. 45-46. SILVÂNIO COSTA completa tal pensamento afirmando que os contratos celebrados pela via eletrônica não têm sua essência contratual alterada (O Contrato no Ambiente Virtual in *Revista de Direito Bancário e de Mercado de Capitais*, nº 5, São Paulo, RT, 2001, p. 102).

[153] S. RODRIGUES, *Curso...*, Op. cit., v. 3, p. 61.

indeterminados como a quantidade do objeto a ser contratado e mesmo o próprio aceitante, que poderão ser determinados posteriormente.

A proposta pode prever tempo suficiente para permitir a aceitação. No Brasil, não existe regra para a estipulação deste período, a análise deve ser feita caso a caso. Já em Portugal, por exemplo, adotou-se o período de cinco dias quando não expresso outro prazo no contrato.[154] A diferença entre proposta com e sem prazo está no fato de que a primeira indica que o proponente só pode se interessar pelo negócio dentro do prazo determinado; já na segunda, o proponente fica vinculado à proposta enviada por tempo indeterminado, suficiente para o conhecimento da aceitação.

A aceitação, por seu turno, é a resposta afirmativa a uma proposta de contrato, na qual a vontade do proponente e do oblato se integram, podendo ser expressa ou tácita. Em alguns casos, até o silêncio pode ser válido. Aceitação ocorre quando há concordância integral com a proposta. Se há ressalva, incorre-se em nova proposta (contraproposta), na qual o oblato introduz alterações na proposta inicial.

Tal relação entre partes que não dividem o mesmo local físico é regulada por meio de opção legislativa acerca de ficção jurídica a ser adotada para que o acerto via correspondência possa ser celebrado com regras claras e conhecimento entre as partes. No caso brasileiro, adotou-se a teoria da expedição, isto é, o contrato se celebra a partir do momento que a correspondência epistolar com a aceitação é enviada ao proponente. Esta é a teoria que mais se assemelha à solução adotada pelo Código Civil de 1916 e pelo Código Comercial de 1850, porém é criticada pelo fato de uma das partes não ter conhecimento da formação do contrato no momento em que ela ocorre, sendo dificultada a retratação. Aqui, então, não basta a existência da aceitação, esta deve ser expedida.[155]

[154] Art. 228 do Código Civil português.

[155] Existem outras teorias como: (i) declaração propriamente dita, na qual o contrato forma-se no momento em que o oblato manifesta sua aceitação. Não interessaria o conhecimento da aceitação pelo proponente, o elemento essencial seria a coexistência das vontades (art. 228 do Código Civil português); e (ii) recepção, na qual o contrato na forma e no momento em que é recebida a aceitação, não sendo necessário o conhecimento do conteúdo da mesma. O proponente fica vinculado ao contrato com a simples recepção da aceita-

A primeira das especificidades analisadas diz respeito às partes. De pronto podemos dizer que não há nada de diverso em relação aos contratos celebrados pelos meios tradicionais quanto às partes, exceto pelo fato de elas não estarem no mesmo local.

No entanto, a questão nevrálgica neste ponto diz respeito à correta identificação das partes, não apenas se é exatamente a pessoa que está usando uma determinada máquina, aquela que é a pessoa apta para celebrar o contrato. Neste ponto, portanto, a questão é de certificação, isto é, de se saber se o contratante declarado é exatamente aquele que realizou o negócio via Internet.

Este problema, no entanto, não pertence à teoria contratual, sendo questão de cunho penal (falsidade ideológica – art. 299 do Código Penal) que deve ser resolvida por meios de certificação como o que é realizado por bancos ou via senhas e previsto por meio da Medida Provisória nº 2.200-2, de 24 de agosto de 2001, com vistas a permitir segurança na transmissão de dados e certificá-los eletronicamente.

Outro ponto interessante é o que trata do local de celebração do contrato e do estabelecimento da empresa ofertante. Embora, na teoria, tal questão seja resolvida pelo art. 9º da Lei de Introdução ao Código Civil,[156] o problema está em saber exatamente onde se localiza o estabelecimento ofertante e qual, então, será a lei aplicável.[157]

Mais uma vez, a teoria de interpretação dos negócios jurídicos, baseada no tipo de negócio realizado, deve ser seguida. Para os contratos civis e comerciais, os contratantes estarão sujeitos à regra do local em que se localiza o ofertante. Já os consumidores, de acordo com o art. 5º, inc. III, da Convenção de Roma de 19 de junho de 1980, aplicável na União Europeia, devem ter as regras do seu local de origem seguidas, salvo se as regras do domicílio do ofertante forem a ele mais favoráveis.[158]

ção em seu domicílio. Mesmo que o proponente esteja ausente e não leia a resposta, o contrato forma-se como se ele a tivesse lido. Cf. O. Gomes, *Contratos...* Op. cit., p. 68.

[156] *"Art. 9º [...] para reger e qualificar as obrigações aplicar-se-á a lei do país em que se constituírem".*

[157] E. D. Gonçalves, Relações da Arbitragem com a Internet in R. R. do Vale (org.), *E-Dicas: O Direito na Sociedade da Informação,* São Paulo, Usina do Livro, 2005, p. 143.

[158] Tal convenção foi ratificada apenas pelos Países Baixos, o que gera dificuldades para os consumidores (J. Carrapiço (org.) *Arbitragem de Conflitos de Consumo,* Lisboa, Instituto do Consumidor, 2004, p. 286).

Outra questão específica diz respeito à escolha da lei aplicável e do local da arbitragem. Tal questão está na seara da autonomia da vontade das partes e, no caso de omissão, deve ser objeto de análise dos árbitros, que, de acordo com as circunstâncias, irão escolher a lei aplicável. Em nosso sistema, não há limitação expressa para que as partes escolham a lei aplicável nestes casos, desde que não haja violação à ordem pública e aos bons costumes (art. 2º, § 1º, da Lei de Arbitragem). A regra geral é dada pelo art. 9º, § 2º, do Decreto nº 4.657, de 4 de setembro de 1942 (Lei de Introdução ao Código Civil). As obrigações serão regidas de acordo com a lei do local de residência do proponente.

A forma, por fim, para a utilização da arbitragem não sofrerá nenhuma alteração em relação aos contratos físicos, tendo em vista que tanto lá como nos meios eletrônicos será realizada de modo escrito, como exigido pela lei brasileira.

Contudo, há uma tendência de flexibilização do que seja escrito, permitindo-se que meios que podem ser "reduzidos a termo" podem ser utilizados como métodos eficazes de celebração do compromisso arbitral.[159] No direito brasileiro, podem ser colhidos exemplos como os Cadastros de Pessoas Físicas Eletrônicos, que podem ser utilizados como forma clara de manifestação de vontade *on line*.

Finalmente, a troca eletrônica de mensagens também pode permitir a manifestação de vontade é até mesmo o suprimento válido de lacunas nas convenções de arbitragem "vazias" ou patológicas em sentido geral (item 1.6 abaixo), por exemplo. Nada impede que as partes tenham celebrado contrato com cláusula compromissória "vazia" e que, posteriormente, via troca de mensagens de *e-mail*, tenham optado por uma determinada Câmara de Arbitragem ou instituído forma de nomeação dos árbitros.

Em situações assim, a troca de mensagens entre as partes é suficiente para se aferir a manifestação de vontade na estruturação da arbitragem.

[159] H. Yu e M. Nasir, Can Online Arbitration Exist Whitin the Traditional Arbitration Framework in *Journal of International Arbitration*, v. 20, nº 5, Outubro de 2003, Haia, Klower Law International, p. 458-459. A Lei Modelo da UNCITRAL sobre arbitragem comercial internacional flexibiliza o que se considera escrito realizando interpretação extensiva para abarcar neste conceito qualquer forma de registro da convenção de arbitragem celebrada, inclusive de forma eletrônica (art. 7º, (3) e (4) da Lei Modelo da UNCITRAL de 1985, alterada em 2006).

A nova lei espanhola de arbitragem prevê expressamente a celebração de convenções de arbitragem firmadas por meio de trocas de cartas, telegramas, telex, fax ou outros meios de telecomunicação entre as partes.[160] O único requisito diz respeito à disponibilização da convenção de arbitragem celebrada para posterior consulta por meio de suporte eletrônico, ótico ou de outro tipo.[161]

A tendência da redução do uso de papel em transações comerciais é comum também aos meios comerciais eletrônicos como a Internet, provocando uma procura natural por soluções de controvérsia mais rápidas[162] e menos burocráticas, como a arbitragem.

1.5. Questões específicas sobre a estrutura e os limites da convenção de arbitragem

1.5.1. Relações societárias

O estudo da convenção de arbitragem em relações societárias envolve dois grandes grupos de questões. Inicialmente, há a questão dos litígios externos à estrutura societária, isto é, conflitos entre grupos societários diversos. Este problema é solucionado de acordo com as regras gerais da Lei de Arbitragem, o regulamento eventualmente escolhido pelas partes e a lei, matéria também escolhida.

Quando os conflitos externos à estrutura societária a arbitragem é um sucesso, as empresas, cada vez mais, adotam este método de solução de litígios, como já se disse na Introdução. Algumas vantagens são indicadas, dentre as quais podem ser destacados o sigilo, a flexibilidade deste método de solução de conflitos e, principalmente, a possibilidade de redução de custos pelas empresas com a solução de litígios.[163]

[160] Art. 9.3 da Lei Espanhola de Arbitragem (Lei nº 60, de 2003).

[161] Art. 9.4 da Lei Espanhola de Arbitragem (Lei nº 60, de 2003).

[162] V. Heiskanen, Dispute Resolution in International Electronic Commerce in *Journal of International Arbitration*, v. 16, nº 3, Setembro de 1999, Haia, Klower Law International, p. 41.

[163] *Cf.* Zínia Baeta, Empresas preferem arbitragem in *Valor Econômico*, 17 de maio de 2006, Caderno Empresas. Na mesma linha, a ANBID – Associação Nacional dos Bancos de Investimento aconselha seus associados a adotarem a arbitragem, sempre que possível, como forma de solução de conflitos nas Ofertas Públicas realizadas no Mercado de Capitais Brasileiros (art. 8º do Código de Auto-Regulação da ANBID para as Ofertas Públicas de Distribuição e Aquisição de Valores Mobiliários – Aprovado pela Assembleia Geral da ANBID em 22. 9.2005).

Contudo, há também os grupos de litígios que se referem à própria estrutura da sociedade –, estaremos diante das cláusulas compromissórias *intena corporis*.[164] Levando-se em conta a natureza destes litígios e as questões peculiares que os envolvem, esta seção do trabalho tratará especificamente deles, já que, como se disse, a disciplina da arbitragem para contratos que envolvam sociedade será muito semelhante àquela das relações civis.

Quando se analisa introspectivamente a estrutura de uma sociedade, cláusula compromissória *interna corporis*, vê-se que a arbitragem tem o escopo de garantir maior agilidade na solução de conflitos primando sempre pela continuidade da relação jurídica societária e permitindo, por exemplo, a solução sigilosa de conflitos que surjam no âmbito das sociedades.[165] Nesse sentido, a arbitragem atua no interior das estruturas empresariais como um mecanismo de conservação, isto é, um instrumento apto a garantir a manutenção dos vínculos contratuais estabelecidos,[166] embora se permita também, em situações limite, a dissolução social via arbitragem.

No que tange às sociedades anônimas, a regra que prevê a arbitragem está disposta no art. 109, § 3º, da Lei das Sociedades Anônimas, dispondo que o estatuto social poderá prever que a solução de conflitos entre acionistas ou entre a sociedade e acionistas sejam resolvidos pela arbitragem.

Já nas sociedades limitadas, principal tipo de sociedade utilizada no Brasil, a aplicação da arbitragem dependerá da existência de cláusula

[164] Nesse caso, em regra, há um negócio jurídico bilateral, envolvendo dois polos de interesse na celebração de um contrato. Obviamente, pode-se pensar em contratos plurilateriais nesses casos, mas, em regra, a relação jurídica existente nesses casos não diferia muito, no que tange à sua estrutura, dos contratos celebrados entre duas pessoas físicas, uma em cada polo do contrato.

[165] E. Silva da Silva, *Arbitragem e Direito da Empresa*, São Paulo, RT, 2003, p. 32-45.

[166] Na arbitragem, tal ideia é apresentada por E. Silva da Silva, *Arbitragem e Direito...* Op. cit., p. 42. Sociologicamente, esta ideia de conservação das relações sociais é trazida por Mauro Cappelletti e Bryant Garth, *Acess to Justice: The Worldwide Movement to Make Rights Effective. A General Report*, E. G. Northfleet (trad. ing.), *Acesso à Justiça*, Porto Alegre, Fabris, 1988, p. 31-74. Miguel Reale trata especificamente dos *mecanismos de conservação* em *Fontes e Modelos de Direito*, São Paulo, Saraiva, 1992.

compromissória existente no estatuto social ou de um compromisso arbitral que a ele se refira.

A polêmica da redação e utilização da convenção de arbitragem, no entanto, não se dá quanto à possibilidade de aplicação da arbitragem à matéria comercial societária, arbitrabilidade objetiva (questões societárias, em geral, envolvem direitos patrimoniais disponíveis) e nem de arbitrabilidade subjetiva, já que a aferição das pessoas capazes de contratar não encerra grandes dificuldades, mas de que forma e em que limites o acionista ou cotista estará vinculado à arbitragem para a solução de conflitos que surjam no âmago das sociedades. A questão é, assim, de análise de situações concretas, buscando-se responder a partir de qual momento o acionista ou sócio se vincula à convenção de arbitragem societária.

No caso da arbitragem prevista na constituição societária, parece não haver problemas no sentido que os sócios a ela serão vinculados pela própria formação da sociedade que terá a arbitragem como forma de solução de conflitos sociais. Assim, entende-se que todas as deliberações de constituição serão aceitas e que a sociedade só existe porque todos os sócios acordaram com todos os termos do estatuto social.

Os problemas começam a surgir quando uma sociedade já existente resolve inserir a cláusula compromissória no estatuto social, fazendo com que a arbitragem seja o meio apto para a solução de conflitos via arbitragem. Nesse caso, resta claro que a arbitragem não poderá ser imposta àqueles sócios que não tiverem o interesse de aderir a esta espécie da convenção de arbitragem.

O direito societário, buscando solucionar conflitos mais rapidamente e que a sociedade aja de modo mais ágil aos estímulos do mercado, permite a adoção da regra da maioria, isto é, as deliberações sociais não demandam unanimidade, bastando que a maioria dos sócios decida por isto ou aquilo, nos limites estabelecidos em lei (especialmente arts. 87, § 2º, 129 e 137 da Lei das Sociedades Anônimas).[167]

Este, portanto, é o primeiro conflito de aplicação das regras de direito material e de arbitragem verificado. O que prevalecerá: a regra

[167] J. K. Pela, Notas sobre a Eficácia da Cláusula Compromissória Estatutária in *Revista de Direito Mercantil, Industrial, Econômico e Financeiro* nº 126, São Paulo, RT, 2002, p. 131.

da maioria ou a disposição de que ninguém poderá ser obrigado a realizar arbitragem?

Para alguns autores, a regra da maioria é necessidade inerente do direito comercial, principalmente nas sociedades por ações: "Exigir unanimidade seria expor a sociedade à inação, seria cair no absurdo de atribuir a um só acionista a qualidade de representante ou arbítrio da vontade social. Adotando-se o critério da maioria, sistema surgido em todas as corporações como necessidade lógica, não se sacrificam direitos nem interesses individuais dos sócios".[168] No mesmo sentido, Fábio Konder Comparato considera que a opção pela regra da maioria, nas deliberações que respeitem a lei e os estatutos, não representa nenhuma limitação ou desprezo de interesses, uma vez que o princípio da majoritariedade prevê que houve concordância de todos no momento de constituição da sociedade.[169]

No entanto, o princípio da maioria não é um instituto jurídico, mas sim uma fórmula jurídica, como afirma Francesco Galgano, não tendo uma razão de ser em si mesmo, podendo adquiri-la ou não segundo onde e como seja aplicado.[170]

Assim, a previsão da cláusula compromissória não vincula o acionista dissidente pela regra da maioria para parte da doutrina societária,[171] pois a submissão ao juízo de arbitragem depende de expressa manifestação de vontade e que devem ser adotados os critérios do art. 4º, § 2º, da Lei de Arbitragem, disciplina dos contratos de adesão. De outro lado, o restante da doutrina entende que a cláusula compromissória deve ser expressa e inequivocadamente aprovada,[172] tendo em vista que implica

[168] J. X. Carvalho de Mendonça, *Tratado de Direito Comercial Brasileiro*, 6. ed., v. IV, Livro II, Parte III, Rio de Janeiro, Freitas Bastos, 1959, p. 11.

[169] F. K. Comparato, *O Poder de Controle na Sociedade Anônima*, 3. ed., Rio de Janeiro, Forense, 1983, p. 43-44.

[170] F. Galgano, *Il principio di Maggioranza nelle Società Personali*, Padova, CEDAM, 1940, p. 31-32.

[171] L. L. Cantidiano, *Reforma da Lei das S/A*, Rio de Janeiro, Renovar, 2002, p. 119-120, J. K. Pela, *Notas sobre a Eficácia...* Op. cit., p. 138,

[172] M. Carvalhosa e N. Eizirik, *A Nova Lei das S.A.*, São Paulo, Saraiva, 2002, p. 178-207 e M. Carvalhosa, Cláusula Compromissória Estatutária e Juízo Arbitral in J. Lobo (coord.), *Reforma da Lei das Sociedades Anônimas*, Rio de Janeiro, Forense, 2002, p. 329: "Não se impõe, portanto, erga omnes, a cláusula compromissória estatutária instituidora da arbitragem.

em renúncia à jurisdição estatal – o acesso ao Poder Judiciário é direito essencial do acionista, art. 109, § 2º, da Lei das Sociedades Anônimas – e não pode ser retirada sem manifestação expressa. A cláusula compromissória estatutária assume natureza parassocial e o estatuto social equipara-se a um contrato de adesão.[173]

Das posições expostas, há que se fazer uma separação e utilizar no estudo apenas os elementos que dizem respeito especificamente ao direito. Alguns destes argumentos, evidentemente, necessitam de ajustes.

Em primeiro lugar, a arbitragem não ofende a garantia constitucional de acesso ao Judiciário, bem como não impede a utilização dos meios necessários para a defesa dos interesses da sociedade ou dos sócios. Não se pode impor a este caráter negativo da cláusula compromissória o condão de impedir que a parte interessada utilize os meios necessários para a defesa de seus interesses.

Além disso, a cláusula compromissória não viola direito essencial do acionista, pois, assim, dar-se-ia ao acionista minoritário o direito de veto à questão e, a contrário senso, seria exigida a regra da unanimidade para aprovação da cláusula compromissória.

A qualificação da convenção de arbitragem como acordo parassocial faria com que os acionistas dissidentes não se vinculassem à arbitragem. É fato que a cláusula compromissória depende de concordância expressa daquele que deseja se sujeitar à arbitragem, não podendo ser imposta àquele sócio que assim não deseja. Obviamente, tal discussão só tem lugar se a deliberação acerca da convenção de arbitragem ocorre em sociedade já constituída.

Por fim, outro argumento que aparenta não possuir lógica é aquele de que a cláusula compromissória é equiparada a um contrato de adesão. Na realidade, não estamos diante de contrato "de" adesão, mas sim "por" adesão, ou seja, não há hipossuficiência do aderente e o novo sócio deverá verificar se a sociedade na qual pretende ingressar possui ou não cláusula compromissória sem a necessidade de serem obedeci-

Ela não vincula os acionistas que não tenham inequívoca, livre e expressamente contratado a referida cláusula ou a ela expressamente aderido" (negritos no original).

[173] M. Carvalhosa e N. Eizirik, *A Nova Lei das S.A.*, São Paulo, Saraiva, 2002, p. 178-207.

das as regras do § 2º do art. 4º da Lei de Arbitragem.[174] Tal obrigação é decorrência da interpretação no sentido de que o empresário ou o investidor deve agir de modo profissional e que seus atos não são escusáveis e devem ser realizados com maior prudência e conhecimento.

Contudo, LUCIANO BENNETTI TIMM e RODRIGO TELLECHEA SILVA advertem que alguns cuidados devem ser tomados para que sejam dadas transparência e possibilidade de participação a todos acionistas acerca de deliberações relacionadas à arbitragem na companhia:

> (i) ampla divulgação da existência de cláusula arbitral no estatuto social ou da convocação de assembléia geral que deliberará sobre a inclusão da arbitragem como forma de resolução de conflitos societários; (ii) a determinação de regras que garantam a escolha de um tribunal arbitral imparcial; e (iii) a fixação de custos acessíveis a todos os acionistas, inclusive os acionistas minoritários.[175]

Desta forma, para conciliar as regras da Lei de Arbitragem e a regra da maioria presente no direito societário, há que destacar a disciplina que a regra da maioria recebe na lei das sociedades anônimas: (i) derrogação em face da regra da unanimidade (art. 202, § 3º, da Lei das Sociedades Anônimas); (ii) mitigação no que corresponde ao direito de recesso do acionista dissidente (art. 109, V, da Lei das Sociedades Anônimas); e (iii) plena vigência e aplicabilidade (art. 129 da Lei das Sociedades Anônimas). A cláusula compromissória, porém, de acordo com o exposto, não se enquadra em nenhuma das categorias acima. Como bem expõe JULIANA KRUEGER PELA, há uma nova disciplina para a aplicação da regra da maioria:

> Vislumbra-se, assim, uma tensão entre, de um lado, a regra da maioria e, de outro lado, um dos princípios basilares adotados pela Lei de Arbitragem, segundo a qual a cláusula compromissória é válida desde que voluntariamente pelos que a ela se sujeitarão. [...] Trata-se, propriamente, da hipótese

[174] P. A. B. MARTINS, A Arbitragem nas Sociedades de Responsabilidade Limitada in PEDRO ANTONIO BATISTA MARTINS e JOSÉ MARIA ROSSANI GARCEZ (coord.), *Reflexões sobre Arbitragem*, São Paulo, LTr, 2002, p. 138-140.

[175] L. B. TIMM e R. T. SILVA, O Acordo de Acionistas e o Uso da Arbitragem Como Forma de Resolução de Conflitos Societários in *Revista Brasileira de Arbitragem* nº 15, São Paulo, IOB Thompson, 2007, p. 39-40.

em que a regra da maioria, nada obstante seja o mecanismo de apuração de votos em assembleia geral extraordinária, não tem aptidão para estender os efeitos da deliberação aos acionistas minoritários que dela divergirem.[176]

Vê-se que o sócio que receber tal condição no momento da constituição da sociedade via projeto de estatuto, bem como ingressar em sociedade com estatuto que já disponha sobre a arbitragem para a solução de conflitos, estará vinculado à arbitragem societária.

No entanto, a decisão de aplicar a arbitragem para solução de conflitos numa sociedade já existente dependerá da aceitação de cada um dos sócios e só estes que aceitaram estarão vinculados à arbitragem.[177] Poderão existir, nesses casos, dois sistemas de solução de conflitos no seio da sociedade, um judicial e arbitral, o que demandará a aplicação de regras processuais de conexão, por exemplo, para se saber qual decisão prevalecerá e de que modo uma decisão única será adotada para a sociedade. De qualquer modo, esta situação não é nada salutar para a sociedade pois sua administração e a agilidade das decisões ficará prejudicada.

Nesse caso, porém, Modesto Carvalhosa e Nelson Eizirik entendem que a arbitragem se aplica ao acionista ingressante, pois já era de conhecimento deste quando ingressou na sociedade, não sendo alterada, com este entendimento, a posição de Modesto Carvalhosa no tocante à vinculação da cláusula compromissória estatutária ao acionista ingressante pois, ao ingressar na sociedade, esse inequívoca e expressamente teria concordado com a regra da maioria. Aquele acionista que não concordar com a arbitragem deve alienar sua participação societária, visto que não se prevê o direito de recesso para tal questão.[178]

[176] J. K. Pela, *Notas sobre a Eficácia*... Op. cit., p. 131 e 138.

[177] No sistema francês, o entendimento é este. Utilizando o exemplo de uma sociedade cooperativa agrícola, Daniel Cohen afirma que a cláusula compromissória não é aplicável ao antigo sócio, bem como a sócio excluído da sociedade antes da ação da cláusula compromissória e que ajuíze uma demanda contra esta sobre alguma questão societária após a adoção desta cláusula (D. Cohen, *Arbitrage et Société*, Paris, Librarie Générale de Droit et de Jurisprucence, 1993, p. 59-60).

[178] M. Carvalhosa e N. Eizirik, *A Nova*... Op. cit., p. 178-207. A alienação e o recesso são as duas formas pelas quais o sócio dissidente pode se desligar da sociedade com a diferença de que o primeiro é negócio jurídico bilateral do qual a sociedade não participa e o segundo é manifestação unilateral à qual se submete a sociedade. Nesse sentido, F. U. Coelho, *Curso de Direito Comercial*, v. II, 3. ed., São Paulo, Saraiva, 2000, p. 204. Não nos parece que o exer-

Já Paulo Cezar Aragão possui interpretação ampliativa da cláusula compromissória estatutária, entendendo que ela pode ser aplicada inclusive para acionistas dissidentes da deliberação assemblear ou as acionistas preferenciais pelos seguintes motivos: (i) a formalidade imposta pelo art. 4º. § 2º, da Lei de Arbitragem não se aplica ao acordo de acionistas visto que ele não configura um contrato de adesão; (ii) a Lei das Sociedades Anônimas não impõe requisitos adicionais à vinculação de acionistas, em relação à cláusula arbitral; (iii) a inserção da cláusula arbitral não gera direito de recesso; (iv) a instituição da arbitragem não afronta nenhum direito individual dos acionistas; (v) a expressão *acionistas minoritários* deve abranger todos aqueles que não possuem poder de controle;[179] (vi) não há violação constitucional ao art. 5º, XXXV, da Constituição Federal, por ser este comando destinado ao legislador; (vii) a nova disposição legal sobre a arbitragem não obriga as companhias a adotarem o procedimento arbitral; (viii) o STF só se pronunciou acerca da vinculação da arbitragem em contratos bilaterais que não se confundem com os estatutos sociais; e (ix) a Lei de Arbitragem oferece em seus dispositivos o acesso à via judicial o que

cício do direito de recesso seja capaz de solucionar a questão visto que os sócios dissidentes podem decidir ou não exercer tal direito, podendo persistir a existência de dois sistemas de solução de conflitos no interior da sociedade. Entendimento diverso é apresentado por Juliana Krueger Pela in *Notas*... Op. cit., p. 139.

[179] *"se afirma como seu mais recente órgão, ou , se preferir a explicação funcional do mecanismo societário, como o titular de um novo cargo social. Cargo, em sua mais vasta acepção jurídica, designa um centro de competência, envolvendo uma ou mais funções. O reconhecimento de um cargo, em qualquer tipo de organização, faz-se pela definição de funções próprias e necessárias. Ora, tais funções existem vinculadas à pessoa do controlador, pelo menos do acionistas controlador. No vigente direito acionário, elas podem resumir-se no poder de orientar e dirigir, em última instância, as atividades sociais; ou como se diz no art. 116, alínea b, da Lei nº 6.404/76, no poder de 'dirigir as atividades sociais e orientar o funcionamento dos demais órgãos da companhia' (com o reconhecimento implícito de que o acionista controlador é um dos órgãos da companhia). Trata-se de um feixe de funções indispensáveis ao funcionamento de qualquer entidade coletiva – como assinalamos anteriormente – e especialmente da sociedade anônima. Poderia, sem dúvida, o legislador manter essas prerrogativas funcionais diluídas no corpo acionário, tal como ocorria no passado. Preferiu, no entanto, desde a Lei nº 6.404/76, localizá-las na figura do controlador"* (F. K. Comparato e C. Salomão Filho, *O Poder de Controle na Sociedade Anônima*, 4. ed., Rio de Janeiro, Forense, 2005, 141-142).

afasta eventual alegação de inconstitucionalidade de qualquer cláusula arbitral.[180]

Como dito, embora se concorde com algumas das premissas expostas, a conclusão desta posição nos parece radical. A regra da maioria, como disse, não é absoluta e a cláusula compromissória deve ser vista como um elemento *sui generis* nos contratos societários. A disposição do art. 5º, inc. XXXV, da Constituição Federal de 1988 e o art. 3º da Lei de Arbitragem impedem que a regra da maioria prevaleça para a adesão à arbitragem,[181] embora o STF, como disse Paulo Cezar Aragão, não tenha decidido sobre esta questão nos estatutos sociais. De outro lado, em face do novo acionista, a cláusula compromissória deve ser aplicada, visto que, ao comprar as ações de uma determinada sociedade, ele, como agente do mercado, deve ter ciência da estrutura societária da empresa da qual participará, inclusive o conteúdo do seu contrato social.[182]

De acordo com a legislação vigente no Brasil, a melhor forma para a solução desta controvérsia seria uma alteração legislativa, especificamente, sobre o direito de recesso de modo a permitir, nos dizeres de Lívia Rossi, a "discordância da disposição estatutária arbitral"[183] dentre

[180] P. C. Aragão, *Arbitragem na Lei das Sociedades Anônimas,* aula do Curso de Arbitragem, Mediação e Negociação ministrado na Fundação Getulio Vargas do Rio de Janeiro em 10.12.2002.

[181] A arbitragem deve ser adotada por meio de manifestação expressa de vontade – Julgamento do Ag Reg no SEC nº 5.207 do STF.

[182] J. V. L. Enei, A arbitragem nas Sociedades Anônimas in *Revista de Direito Mercantil, Industrial, Econômico e Financeiro* nº 129, São Paulo, RT, 2002, p. 172. Ao contrário do que afirma Barbara Makant (A Arbitrabilidade Subjetiva nas Sociedades Anônimas in *Revista de Arbitragem e Mediação,* nº 4, São Paulo, RT, 2005, p. 88-90) para que, tendo em vista a natureza jurídica própria do estatuto, não se confunda com a natureza de um contrato bilateral, a regra da maioria não pode ser exigida para vinculação dos acionistas à arbitragem. A referida autora menciona trecho do julgamento do AgReg nº 5.207 do STF, que reconheceu a constitucionalidade da Lei de Arbitragem para basear tal entendimento. Ocorre que referido julgado, ao contrário, manifestou o entendimento de que a arbitragem não ofende o art. 5º, inc. XXXV, da Constituição Federal de 1988 desde que as pessoas maiores e capazes ajustem a solução de conflitos via arbitragem (voto do Ministro Nelson Jobim). Contudo, se há a necessidade de ajuste pessoal, não há como prevalecer a regra da maioria.

[183] L. Rossi, Arbitragem na Lei de Sociedades Anônimas in *Revista de Direito Mercantil, Industrial, Econômico e Financeiro* nº 129, São Paulo, RT, 2002, p. 204.

as hipóteses autorizadoras do direito de retirada. Assim, o acionista opositor à disposição de arbitrar poderá utilizar a via do direito de recesso.[184]

Assim, sócio que não concordasse com a disposição social poderia se retirar da sociedade, caso a maioria concordasse com a instituição da arbitragem. Nesse sentido, permaneceriam na empresa apenas os sócios que tivessem interesse na utilização da arbitragem para solução de conflitos, obtendo-se de modo menos traumático a necessária unanimidade, sendo praticada manifestação unilateral de vontade pelo sócio dissidente, embora seja o intuito da Lei nº 6.404 limitar o exercício do direito de retirada.[185]

Por fim, embora a questão da aplicação da arbitragem em matéria societária seja eminentemente subjetiva, isto é, dependa da análise da capacidade, da representação e da manifestação de vontade dos sujeitos que componham as sociedades, o fato é que o objeto jurídico da arbitragem nas sociedades também poderá ser situação polêmica e nesse sentido se colocam as questões da exclusão de sócios ou da liquidação da sociedade.

Parece claro que tais questões possam ser resolvidas por arbitragem *a priori*, sem prejuízo de que órgãos públicos ou autarquias como a Comissão de Valores Mobiliários possam fiscalizar o procedimento arbitral e verificar a aplicação dos dispositivos legais e o interesse de todos os

[184] L. Rossi, *A arbitragem na Lei...* Op. cit., p. 204. Nessa linha, Cláudio Finkelstein afirma que independente da inexistência de disposição da lei brasileira acerca da possibilidade de retirada do acionista, há justificativa legal para tanto uma vez que há *"alteração essencial na mecânica operacional e supressão de direito adquirido, direito este elencado entre aqueles do art. 5º da Constituição Federal, ao qual a parte não deseja renunciar, mas cuja alteração e validade resta autorizada por lei e pela vontade soberana da maioria do capital social"* (C. Finkelstein, Arbitragem no Direito Societário in M. E. Reis Finkelstein e J. M. M. Proença, *Direito Societário: sociedades anônimas*, São Paulo, Saraiva, 2007, p. 316. Nesse caso a arbitragem seria possível com a aplicação da regra da maioria uma vez que aquele indivíduo que não concordou com a arbitragem e permaneceu na sociedade teria dado sua anuência à utilização da convenção de arbitragem para solução de conflitos da empresa.

[185] F. Ulhôa Coelho, *Curso de Direito Comercial*, 3. ed., v. II, São Paulo, Saraiva, 2000, p. 293-294. Apesar desse intuito, a aplicação do direito de retirada em relação à arbitragem é muito útil.

sócios, num típico caso de intervenção de terceiros voluntária na arbitragem já prevista no sistema italiano.[186]

Nesses casos, não parece que a questão envolva direito indisponível,[187] mas sim o interesse público na solução destes conflitos. A única certeza, sem analisar o caso concreto, é a de que tais questões não devem ser afastadas de plano da arbitragem.

A Lei nº 13.129, de 26 de maio de 2015, alterou o art. 136 da Lei das Sociedades Anônimas para incluir o art. 136-A, permitindo o direito de retirada daquela acionista que não concordar com a instituição da arbitragem, dissidente, retirar-se da Companhia mediante o reembolso de suas ações nos termos do art. 45 da mesma lei.

O direito de retirada, contudo, não será possível se a inclusão da cláusula compromissória for condição que as ações da Companhia sejam admitidas à negociação em segmento de listagem da bolsa de valores, o Nível 2 de Governança Corporativa da B3, ou se a convenção de arbitragem for incluída no estatuto de Companhia dotada de liquidez e dispersão no mercado, nos termos do art. 137 da Lei das Sociedades por Ações.

Embora a questão seja mais polêmica nas sociedades anônimas, raciocínio semelhante pode ser aplicado aos demais tipos societários, isto é, deve haver unanimidade para a adoção da arbitragem como forma de solução de conflitos em outros tipos societários também, sendo, no entanto, mais simples a obtenção do consenso, e não há disposições específicas que requerem a arbitragem, como o Regulamento do Nível 2 de Governança Corporativa da Bolsa de Valores de São Paulo.

[186] Giuseppe Tarzia, L'intervento del Terzo nell'Arbitrato in F. L. Yarshell e M. Z. de Moraes, *Estudos em Homenagem à Professora Ada Pellegrini Grinover*, São Paulo, DPJ, 2004, p. 594.

[187] M. Rubino-Sammartano refere-se a julgamentos nesse sentido: Tribunale de Vicenza, 7 ottobre 1982, in *Il Diritto*... Op. cit., p. 294. Também sobre a possibilidade de exclusão de sócio via arbitragem: Tiani c. Tiani, Cassazione 3 agosto 1988, n. 4841 in 1982 in *Il Diritto*... Op. cit., p. 295 e finalmente sobre questão da liquidação das cotas também é passível de arbitragem como já decidiram os Tribunais italianos em Mastropietro c. De Marco, Trib. Pavia 17 deciembre 1987 in 1982 in *Il Diritto*... Op. cit., p. 294 e Scultz c. Soc. Laboratorio Analisi S. Elena, Trib. Cagliri 3 marzo 1986 in *Repertorio Foro Italico, 1987, nº 90*. É importante ressaltar que a jurisprudência citada se refere a diversos tipos societários como as sociedades em nome coletivo e a sociedade comandita simples.

Em relação a este entendimento, Pedro Antonio Batista Martins afirma que "a vontade do legislador é o corolário do favor arbitral. Dele não deverá afastar-se o Judiciário, sob pena de indesejável desprezo ao espírito norteador da lei". Ou seja, a arbitragem deve ser aplicada sempre e o Judiciário, *a posteriori*, se for provocado, deve levar em conta a vontade de arbitrar das partes. Como diz o referido autor, a arbitragem tem papel importante nas relações de confiança e segurança que devem nortear a relação societária.[188]

Sendo assim, conclui-se que: (i) na sociedade a ser constituída, todos os acionistas participantes da criação se vinculam à cláusula compromissória contida no projeto de estatuto. Se não houver concordância, a arbitragem poderá até ser utilizada, mas existirão sérios inconvenientes para a companhia com a existência de dois regimes de solução de conflitos; (ii) na sociedade já existente, a implantação de convenção de arbitragem no estatuto só poderá ser tomada por unanimidade, podendo ser utilizada a arbitragem sujeita ao mesmo inconveniente da hipótese do item (i) acima; e (iii) o acionista que ingressar na companhia já constituída e dotada de estatutos com convenção de arbitragem estará vinculado à solução da arbitragem de conflitos, já que deverá ingressar na sociedade com total conhecimento das condições a que se sujeitará.

Deve-se, portanto, analisar não só os requisitos específicos que norteiam a atividade societária, mas levar em conta as especificidades deste tipo de relação e o necessário rigor na interpretação negocial de modo a manter o bom funcionamento das relações econômicas, não prejudicando a já arriscada atividade comercial com elementos que não sejam inerentes ao conhecimento e ao profissionalismo.

1.5.2. Acordo de acionistas e cotistas – a vinculação da sociedade

Fora do âmbito dos estatutos, a gestão e organização da sociedade, em certos aspectos, pode ser determinada por meio de um acordo de acio-

[188] Além disso, o referido autor questiona a necessidade de obtenção da unanimidade para a utilização da arbitragem nas deliberações societárias pela regra da maioria, o que já foi debatido ao longo deste capítulo (P. A. B. Martins, A Arbitragem nas Sociedades de Responsabilidade Limitada in P. A. B. Martins e J. M. R. Garcez, *Reflexões*... Op. cit., p. 125 e p. 134.

nistas ou de cotistas,[189] instrumento que pode regular uma grande gama de assuntos fundamentais para o funcionamento das sociedades comerciais, desde acordos de votos até questões de veto.

O grande objetivo destes instrumentos é tornar a sociedade mais apta a atingir o seu objeto social, modificando a estrutura da empresa de modo mais ágil, tendo em vista a dissociação entre capital e administração, sem a necessidade de envolver todos os membros da sociedade, como afirma Luigi Farenga.[190] Complementa Rachel Sztajn tal entendimento afirmando que a criação de direitos, obrigações e deveres presente no acordo de acionistas "poderia integrar o estatuto social".[191]

Quanto à natureza jurídica de tais instrumentos, há uma grande discussão na doutrina. Celso Barbi Filho considera que os referidos acordos são semelhantes ao sindicato acionário existente no direito continental europeu, sendo um contrato típico e inominado, de caráter civil, já que dispõe sobre matérias acerca do exercício de deveres e de obrigações e não sobre o exercício da atividade empresarial. Ademais, tal contrato é parassocial e celebrado em razão da participação social, sem que venha a intervir no estatuto.[192]

Tendo em vista a natureza descrita, a primeira das questões relativas à arbitragem diz respeito à assinatura do acordo de acionistas e à vinculação dos sócios. Nesse caso, deve ser adotado o mesmo raciocínio da convenção de arbitragem prevista nos estatutos ao acordo de acionistas (art. 118 da Lei das Sociedades Anônimas). Tal acordo vinculará apenas aqueles acionistas que dele participarem e, assim, a existência de uma convenção de arbitragem neste acordo só será aplicável àqueles acionis-

[189] O mesmo entendimento aplicável às sociedades anônimas se aplicará para as sociedades limitadas, conforme o art. 1.052 e seguintes do Código Civil e o Enunciado no 384 das IV Jornadas de Direito Civil organizada pelo Conselho da Justiça Federal:"*é admissível o acordo de sócios, por aplicação analógica das normas relativas às sociedades por ações pertinentes ao acordo de acionistas*". In http://www.cjf.gov.br/revista/enunciados/enunciados.htm, acessado em 3 de janeiro de 2008.

[190] L. Farenga, *I Contratti Parassociali*, Milano, Giuffrè, 1987, p. 4.

[191] R. Sztajn, Acordo de Acionistas in J. Saddi, *Fusões e Aquisições: Aspectos Jurídicos e Econômicos*, São Paulo, IOB, 2002, p. 278.

[192] C. B. Arbi Filho, *Acordo de Acionistas*, Belo Horizonte, Del Rey, 1993, p. 41 e seguintes e 77-78. No mesmo sentido, J. L. Coelho da Rocha, *Acordo de Acionistas e Acordo de Cotistas*, Rio de Janeiro, Lumen Juris, 2002, p. 29-34.

tas que dele participaram. O direito envolvido em muitos casos é indivisível e aí surgiria o dilema de se criar uma nova categoria de sócios, com vinculados à arbitragem e outros que teriam de se socorrer do Judiciário. Nesse exemplo, abre-se a possibilidade de decisões contraditórias.

Do ponto de vista de pressupostos para a adoção da convenção de arbitragem no acordo de acionistas, não se deve considerar que esta só pode ser prevista se já houver previsão no estatuto para utilização da arbitragem entre acionistas. Isto porque a regra presente no art. 109, § 3º, da Lei das Sociedades Anônimas, que permite que os estatutos prevejam a arbitragem como forma de solução de conflitos entre os acionistas e a sociedade, prevê uma situação específica que não impede a adoção ou utilização da arbitragem em um acordo de acionistas. Isto porque estes são dois instrumentos, embora relacionados, autônomos entre si.

Como se disse, se o acordo de acionistas tem o objetivo de tornar a administração da sociedade mais ágil, podendo alterar o regime social, inclusive com alteração dos estatutos, sem a presença de todos os sócios, como poderia a convenção de arbitragem nele prevista decorrer da presença de uma outra convenção no estatuto?

A convenção presente nesse instrumento vinculará os seus signatários, não dependendo de nenhuma outra previsão. Deve haver, no entanto, manifestação de vontade expressa para participar da arbitragem decorrente de eventual litígio relativo ao acordo de acionistas. Basta, nesse sentido, aplicar as disposições da lei de arbitragem quanto à arbitrabilidade subjetiva e objetiva, pois os acionistas são capazes de contratar e a matéria em discussão envolve direitos patrimoniais disponíveis, passíveis de alienação, objeto de acordo de acionistas.

Outra questão que deve ser esclarecida quanto à arbitragem prevista em acordo de acionistas com convenção de arbitragem é a necessidade ou não da presença de todos os acionistas para que pudesse ser utilizada a arbitragem como forma de solução de conflitos, posto que os acionistas não signatários não estariam vinculados à decisão arbitral. O fato é que, presente convenção de arbitragem no estatuto da companhia, essa estará vinculada à arbitragem, uma vez que esta será utilizada para a solução de qualquer conflito envolvendo a sociedade e seus acionistas ou entre os acionistas.

Contudo, tal postulado não é suficiente para se determinar a posição da sociedade em face da convenção de arbitragem presente no acordo de acionistas. Para análise deste ponto, deve-se levar em conta a eficácia especial atribuída pela lei ao acordo de acionistas, art. 118, § 1º, da Lei nº 6.404, de 1976. Desta maneira, o acordo de acionistas é oponível a terceiros que dele não sejam signatários, podendo gerar a invalidade ou anulação de atos societários mesmo sem a participação de todos os sócios. Tal discussão, contudo, poderá ocorrer tanto no Judiciário como via arbitragem, tendo em vista que os efeitos da decisão serão equivalentes.

Ainda que se discuta que os acionistas não signatários não poderão participar da arbitragem e, nessa linha, buscando resguardar a eficácia da arbitragem decorrente do acordo de acionistas, LUCIANO BENNETTI TIMM e RODRIGO TELLECHEA SILVA afirmam:

> entendemos que seria razoável que esses terceiros fossem notificados a participar da arbitragem para fins de garantir seu direito ao contraditório e à ampla defesa, bem como diminuir as chances do ajuizamento de ação de anulação do laudo arbitral.[193]

Por fim, a análise deve partir do papel que a sociedade desempenha em relação ao acordo de acionistas ou cotistas, conforme o caso, e se ela está vinculada à convenção de arbitragem prevista neste acordo.

É consenso que a sociedade não pode ser parte do acordo de acionistas ou cotistas, visto que ele é dirigido apenas aos seus sócios e, em nosso sistema jurídico, a sociedade não pode ter participação societária em si mesma.[194] Tal redação se aplica mesmo em relação às ações em tesouraria cujos direitos patrimoniais e sociais ficam suspensos (art. 30 da Lei nº 6.404, de 1976). O conceito de parte, para a doutrina mencionada, não está relacionado ao fato de a companhia ser signatária ou não do acordo de acionistas. Parte, nesta situação, se relaciona àqueles sujeitos que podem ser titulares dos direitos e obrigações que são matéria de acordos de acionistas (art. 118, *caput,* da Lei nº 6.404, de 1976).

Não obstante desprovida da mencionada condição de parte, a sociedade deve garantir o cumprimento, devendo manter na sua sede social

[193] L. B. TIMM e R. T. SILVA, O Acordo de Acionistas e o Uso da Arbitragem Como Forma de Resolução de Conflitos Societários in *Revista Brasileira de Arbitragem* nº 15, São Paulo, IOB Thompson, 2007, p. 42, nota 44.

[194] M. M. BERTOLDI, *Acordo de Acionistas,* São Paulo, RT, 2002, p. 65.

cópia do instrumento e, nos termos da lei, zelar pela sua observância. A sociedade, nos dizeres de Rachel Sztajn, é "guardiã do negócio".[195] Luiz Gastão Pães de Barros Leães complementa este entendimento afirmando que, "arquivado o instrumento do acordo na sede da companhia, estende-se, reflexamente, à própria sociedade os seus efeitos vinculantes".[196]

Contudo, resta saber sob qual fundamento se daria esta eventual obrigação de observância do acordo e se esta obrigação poderia dizer respeito a uma obrigação de participar de arbitragem prevista no acordo de acionistas.

A sociedade, por disposição legal, deve arquivar o acordo de acionistas na sua sede e, assim fazendo, deverá observá-lo, isto é, garantir que esse negócio jurídico se efetive (art. 118, *caput*, da Lei das Sociedades Anônimas) quando tratar de compra e venda de suas ações, preferência para adquiri-las, exercício do direito a voto, ou do poder de controle.

Tal obrigação de arquivamento tem o único escopo de garantir que todos os sócios ou aqueles que tenham interesse de adquirir ações da empresa possuam pleno conhecimento da sua estrutura, especialmente do ponto de vista de administração, não implicando nenhuma responsabilidade para a companhia a não ser a obrigação de *"observar"* o acordo de acionistas, expressão que possui o sentido de fazer cumprir.

Assim, o simples arquivamento do acordo de acionistas não vincula a sociedade quanto ao seu conteúdo, mas apenas quanto à sua execução. Nesse caso, cláusula compromissória existente não se estenderá à sociedade, pois esta é a denominada extensão impossível, posto que a obrigação passível de arbitragem no acordo de acionistas é apenas em relação às matérias que podem fazer parte do acordo.[197] A garantia do cumprimento contratual é outra obrigação, autônoma em relação àquela primeira, não havendo vinculação expressa por este fato à convenção de arbitragem.

[195] R. Szatjn, *Acordo de Acionistas...* Op. cit., p. 279.

[196] L. G. P. de B. Leães, *Pareceres*, v. I, São Paulo, Singular, 2004, p. 129.

[197] T. Clay, Extensão da Cláusula Compromissória às Partes não Contratantes (Fora dos Grupos de Contratos e dos Grupos de Sociedades/Empresas) in *Revista Brasileira de Arbitragem* nº 8, São Paulo, IOB Thompson, 2005, p. 79.

Mas tal entendimento não exclui a possibilidade de vinculação da sociedade à convenção de arbitragem prevista no acordo de acionistas. Outra questão diz respeito à presença da sociedade no acordo de acionistas como interveniente-anuente.

É fato que a sociedade não pode ser parte no acordo de acionistas, do ponto de vista técnico, como já se expôs, tendo em vista que os temas passíveis de figurarem em acordo de acionistas são exclusivos de quem tem a condição de acionista, situação que a companhia ou sociedade jamais poderá ter. Porém, a companhia ou sociedade que firma um acordo de acionistas como interveniente-anuente está, nos dizeres de Joaquim de Paiva Muniz, "obrigando-se a fazer valer todos os seus termos e condições".[198] Situação essa que parece vinculá-la mais do ponto de vista de cumprimento do acordo como dispõe a Lei, porém, sem que a sociedade possa ser obrigada a participar de procedimento arbitral previsto no acordo.

Como interveniente, contudo, a sociedade só estaria obrigada a fazer com que os termos do acordo celebrado que sejam relativos à arbitragem sejam observados, isto é, que eventual controvérsia entre os acionistas tratando do acordo avençado seja solucionada via arbitragem e que a decisão tomada pelos árbitros desse procedimento seja adotada pela sociedade.

Pode-se pensar também na celebração de um "acordo de acionistas e outras avenças", no qual se prevê cláusula compromissória com a participação da sociedade, sem que se infrinja disposição legal ou até mesmo questão técnica. O fato é que a adesão à convenção de arbitragem depende de manifestação expressa de vontade e a simples assinatura de um contrato com cláusula compromissória na condição de interveniente anuente não implica a concordância com a arbitragem, em regra.[199]

Caso parecido com a hipótese descrita aconteceu no estado do Rio de Janeiro. Nessa situação, o Judiciário fluminense procedeu a análise do mérito do acordo de acionistas, mesmo não aplicando o princípio da Kompetenz-kompetenz para atender que o acionista demandante não

[198] J. de P. Muniz, *Arbitragem em acordos de Acionistas: Vantagens e Falácias* in www.bovespa.com.br/Investidor/Juridico/060725NotA.asp.

[199] Existem teorias que impõem consequências diversas da aqui mencionada em casos específicos que serão analisados no capítulo seguinte.

estava vinculado ao acordo. A decisão foi maquiavélica na medida em que os fins, declaração de não vinculação do acionistas ao acordo, justificaram os meios, análise do Judiciário em detrimento da análise prioritária dos árbitros.[200]

Contudo, pode estar claro, de acordo com as disposições do acordo de acionistas, que os acionistas e a sociedade concordam em participar de arbitragem para dirimir controvérsias decorrentes da não-implementação das disposições do acordo. Assim, sendo a sociedade chamada de interveniente anuente, parte, ou qualquer outra denominação que surja da criatividade dos contratantes, sem qualquer violação de ordem técnica ou legal – art. 118 da Lei nº 6.404, de 1976 –, poderá participar da arbitragem sem assumir obrigações presentes no referido artigo, que são exclusivas de acionistas.

Não obstante possa haver o arquivamento do acordo de acionistas, a prática de tal ato não é obrigatória, o que poderia gerar alguma limitação ao entendimento de que a sociedade deve zelar pelo cumprimento do acordo de acionistas. Nessa hipótese, obviamente, não há como se impor tal cumprimento à sociedade, que para cumprir deve ter o conhecimento de suas disposições. Porém, se esse conhecimento se deu por outra forma, que não o arquivamento, pode-se discutir a obrigação de a sociedade cumprir as determinações constantes do acordo de acionistas.

Assim deve prevalecer o dogma da manifestação expressa de vontade de recepcionar o acordo de acionistas celebrado. Se a sociedade discordar do acordo celebrado por alguma infração legal ou estatutária, como, por exemplo, o empossamento de conselheiro ou administrado impedido, poderá questioná-lo judicialmente, por exemplo, mas se arquivá-lo ou assiná-lo estará obrigada a cumpri-lo mas não necessariamente a participar de procedimento arbitral dele decorrentes no que tange ao seu cumprimento e execução. Contudo, poderá a sociedade aderir especificamente à convenção de arbitragem presente no acordo de acionistas se julgar que tal atitude seja necessária ou benéfica para a manutenção ou restauração da harmonia social.

[200] L. F. Guerrero, *Convenção de Arbitragem. Contratos de Adesão. Impossibilidade de Exercício de Jurisdição Estatal in* Revista Brasileira de Arbitragem, v. 38, São Paulo, IOB Thompson, 2013, p. 148-156.

1.5.3. Recuperação de empresas, falência e liquidações extrajudiciais

A discussão acerca da recuperação judicial e da falência ligadas à arbitragem envolve quatro situações: (i) recuperação extrajudicial; (ii) recuperação judicial; (iii) falência ou liquidação extrajudicial após processo arbitral já iniciado; e (iv) falência ou liquidação extrajudicial antes de processo arbitral.

A recuperação extrajudicial (art. 161 e seguintes da Lei de Recuperação de Empresas e de Falências) é um plano elaborado entre devedor e credores com o escopo de desenvolver atitudes e mecanismos que permitam a recuperação econômica do devedor desde que obedeça aos requisitos do art. 48 da Lei de Recuperação de Empresas e de Falências, tais como não ser falido e não ter obtido o benefício da recuperação nos últimos 5 (cinco) anos.

Tal plano, depois de homologado pelo juiz, produz efeitos entre os credores e o devedor de acordo com o art. 165, *caput,* da Lei de Recuperação de Empresas e de Falências. Nada impede, porém, que os credores e o devedor prevejam a arbitragem como forma de solução de conflitos provenientes da interpretação ou da falha de cumprimento das disposições estabelecidas no plano de recuperação extrajudicial.

No caso da recuperação judicial, a questão mais relevante diz respeito à segregação dos direitos patrimoniais disponíveis daqueles direitos disponíveis definida pela Lei de Recuperação de Empresas e de Falências.

Assim, só os direitos patrimoniais disponíveis podem fazer parte do plano de recuperação extrajudicial (art. 161, § 1º, da Lei de Recuperação de Empresas e de Falências) e, por consequência, há mais um motivo para ser permitir a utilização da arbitragem como forma de solução de conflitos. Ademais, de acordo com o art. 161 da Lei de Recuperação de Empresas e de Falências, o devedor pode propor e negociar o plano de recuperação extrajudicial em toda a sua amplitude, sendo a inclusão da convenção de arbitragem no plano de recuperação uma faceta da autonomia da vontade.[201]

De outro lado, o art. 167 da mesma lei não impede a realização de acordos privados entre o devedor e os credores, o que engloba, sem dúvida, a convenção de arbitragem em suas duas espécies, ou seja, cláu-

[201] No mesmo sentido: A. Macedo, Arbitragem e Recuperação de Empresas in E. Jobim e R. B. Machado (orgs.) *Arbitragem no Brasil*, 1. ed., São Paulo, Quartier Latin, 2008, p. 42.

sula compromissória no plano de recuperação ou compromisso arbitral após aprovação da assembleia de credores, que deve ser unânime e homologada pelo juiz.

Já a recuperação judicial não envolve divisão plena entre os direitos patrimoniais disponíveis e aqueles direitos patrimoniais indisponíveis, pois aqui não há divisão determinada por lei, como na recuperação extrajudicial (art. 51 e incisos da Lei de Recuperação de Empresas e de Falências). Além disso, o devedor também deve obedecer aos requisitos dispostos no art. 48 da de Recuperação de Empresas e de Falências.

Deferida a recuperação judicial pelo juiz, será nomeado administrador que terá poderes para contratar, mediante autorização judicial, profissionais ou empresas especializadas para, quando necessário, auxiliá-lo no exercício de suas funções (art. 22, inc. I, alínea *h* da Lei de Recuperação de Empresas e de Falências). Nessa situação são englobados os árbitros e as Câmaras de Arbitragem. O administrador deverá justificar para o magistrado que a realização ou a conclusão de arbitragem em curso são importantes para a recuperação da empresa e, analisando tal pedido, o magistrado deverá autorizar ou não o procedimento arbitral.[202]

Ademais, com base no art. 53, inciso I, da Lei de Recuperação de Empresas e de Falências, José Emílio Nunes Pinto afirma que o plano de recuperação judicial pode prever a arbitragem para a solução de conflitos na medida em que, no período de dois anos após o deferimento da recuperação, podem surgir alegações de descumprimento do plano, fato que pode motivar a decretação de falência. A arbitragem pode ser utilizada como forma de se amenizar o risco de conversão em falência, com a solução privada de conflitos decorrentes do cumprimento do plano de recuperação judicial entre credores e devedor,[203] isto é, como forma de se determinar de modo técnico se ocorreu ou não o descumprimento contratual.

A utilização da arbitragem como forma de solução de conflitos na recuperação judicial comporta também a utilização das duas catego-

[202] Como afirma Manoel Justino Bezerra Filho, há muito poder concentrado nas mãos do juiz, sendo esta tendência recente e observada também no Código Civil de 2002 (*Nova Lei de Recuperação e Falências Comentada*, 3. ed., São Paulo, RT, 2005, p. 88).

[203] J. E. Nunes Pinto, *A Arbitragem na Recuperação de Empresas*, http://www.ccbc.org.br/arbitragem.asp?subcategoria=artigos, acessado em 1º de junho de 2008.

rias de convenção de arbitragem. Sendo possível a utilização do compromisso arbitral, a arbitragem no plano de recuperação não depende necessariamente da previsão da convenção de arbitragem no seu bojo. Contudo, aqui há que se separarem as hipóteses de arbitrabilidade objetiva, já que as questões que envolvam direitos indisponíveis não poderão ser objeto de arbitragem. O magistrado e o administrador deverão analisar a questão.

Finalmente, as recuperações extrajudicial e judicial geram efeitos nos processos arbitrais já iniciados. Na recuperação judicial, haverá desenvolvimento paralelo entre os processos arbitrais e os processos de recuperação, sendo o resultado do processo arbitral, algumas vezes, importante para a melhora ou piora da situação da empresa que está em recuperação.

A recuperação judicial, por sua vez, obriga a suspensão de todos os processos que envolvam quantias líquidas, inclusive os arbitrais, por 180 dias do deferimento do processamento da recuperação extrajudicial (arts. 6º, *caput* e § 4º, da Lei de Recuperação de Empresas e de Falências). Nos dizeres de NEWTON DE LUCCA, o prosseguimento das demandas *"conturbaria mais ainda o já tumultuado e complexo processo de execução coletiva"*.[204] Os processos que envolvam quantias ilíquidas prosseguirão, assim como todos os processos, após o encerramento do prazo de 180 dias.

A falência, situação limite quando não se verifica a possibilidade de recuperação da empresa, suspende todas as ações de conhecimento discutindo quantias líquidas que estejam em curso com a sua decretação, de acordo com o art. 6º da Lei de Recuperação de Empresas e de Falências, criando o juízo universal da falência. As demandas envolvendo quantias ilíquidas prosseguem.

O administrador da massa falida, tomando conhecimento do processo arbitral, deve nele peticionar informando a falência da empresa

[204] N. DE LUCCA, Comentários aos artigos 1º ao 6º in N. DE LUCCA e A. SIMÃO FILHO (coords.), *Comentários à Nova Lei de Recuperação de Empresas e de Falência*, São Paulo, Quartier Latin, 2005, p. 114-115.

parte. De outro lado, o painel arbitral, tomando conhecimento da falência, deverá intimar o administrador judicial para se manifestar.[205]

Embora haja sentido na suspensão do prosseguimento das arbitragens em curso e também no encaminhamento do procedimento em curso para o juízo da falência com base no entendimento de que a parte que faliu perdeu sua capacidade de contratar (art. 102 da Lei de Recuperação de Empresas e de Falências), o fato é que a interpretação acerca do prosseguimento da arbitragem deve ser semelhante àquele aplicado às reclamações trabalhistas, de acordo com o art. 76 da Lei de Recuperação de Empresas e de Falências.[206] Tal interpretação leva em conta as peculiaridades da arbitragem já em curso, isto é, iniciada antes da perda de capacidade do falido e tendo em vista as incompatibilidades procedimentais e a incompetência absoluta do magistrado da falência, sendo garantida ainda a fiscalização do Ministério Público nos termos do art. 32 da Lei de Arbitragem.[207]

Já a utilização da arbitragem pela massa falida é possível, com base no art. 22, inciso I, alínea *h* da Lei de Recuperação de Empresas e de Falências. O administrador, como dito para a recuperação judicial, deverá justificar a possibilidade e o interesse da utilização da arbitragem para a massa falida.

Por fim, o mesmo entendimento aplicado às falências se aplica às liquidações extrajudiciais previstas para os planos de saúde (Lei nº 9.656, de 1998) e instituições financeiras (Lei nº 6.024, de 1974), usinas do setor de açúcar e álcool (Decreto-lei nº 3.855, de 1941), sociedades cooperativas, dentre outras. A empresa liquidada será sucedida na arbitragem. Nos dizeres de Donaldo Armenlin: *"a perda da capacidade jurídica da empresa que passou a suportar a sua liquidação extrajudicial acarretará sua sucessão em um dos polos da arbitragem, sendo nela sucedida pela massa falida ou liquidanda"*.[208]

[205] No mesmo sentido: B. W. Rechsteiner, Efeitos Jurídicos da Decretação de Falência e da Concessão de recuperação Judicial in S. M. Ferreira Lemes, C. A. Carmona e P. A. B. Martins (coord.), *Arbitragem: Estudos em Homenagem ao Professor Guido Fernando da Silva Soares...* Op. cit., p. 357.

[206] Vide D. Armelin, A Arbitragem, a falência e a Liquidação Extrajudicial in *Revista de Arbitragem e Mediação* nº 13, São Paulo, RT, abril-junho de 2007, p. 21.

[207] D. Armelin, *A Arbitragem, a Falência e a Liquidação Extrajudicial...* Op. cit., p. 23.

[208] D. Armelin, *A Arbitragem, a Falência e a Liquidação Extrajudicial...* Op. cit., p. 28.

Nesse sentido já decidiu o Tribunal de Justiça do Estado de São Paulo, permitindo que empresa liquidanda participasse de processo arbitral sem que fosse necessária a intervenção do Ministério Público ou de Agência Reguladora. A decretação da liquidação extrajudicial não se implica em incapacidade ou impossibilidade superveniente para a utilização da arbitragem.[209]

Por fim, não se tenha visto uma grande utilização de arbitragens intrinsecamente em recuperações e falências, outros métodos, especialmente a mediação, tem tipo uma utilização mais efetiva. A razão talvez seja o caráter adjudicatório dos processos de recuperação e falência no Judiciário, de modo a afastar a utilização da arbitragem e aceitar os métodos consensuais como instrumentos de auxílio à negociação entre os envolvidos.[210]

Este é o caso por exemplo da recuperação judicial do Grupo Saraiva, em que se utilizou mediação em colaboração com a atividades judiciárias.[211]

Finalmente, a sinergia entre os institutos da recuperação, da falência e das arbitragens ganhou contornos em maior relevo com as alterações trazidas pela Projeto de Lei nº 4458/2020 do Senado (alterando a Lei 11.101, de 9 de fevereiro de 2005, a ser sancionado), que fez referência expressa à arbitragem no art. 6, § 9º. Reconhece-se a eficácia da convenção de arbitragem e não impedindo a instauração do processo arbitral.

1.5.4. Relações de consumo e Relações Individuais do Trabalho

A convenção de arbitragem em relações de consumo e nas relações individuais do trabalho deve partir dos pressupostos lecionados por Antonio Junqueira de Azevedo para os chamados "Contratos Existenciais" que são realizados tendo num dos polos contratuais uma pessoa comum e englobariam relações de consumo, de trabalho, de previdência, finan-

[209] TJSP, AI nº 460.034-4/5, 2ª Câm. de Dto. Privado, Rel. Des. Roberto Bedran, j. em 21.11.2006. Tal entendimento foi confirmado pelo STJ, MC nº 14.295, 3ª Turma, Rel. Min. Fátima Nancy Andrighi, j. em 9.6.2008.

[210] L. F. Guerrero, *Os Métodos de Solução de Conflitos e o Processo Civil*, São Paulo, Atlas, 2015, p. 114-115.

[211] TJSP, 2ª Vara de Falências e Recuperações Judiciais, Processo nº 1119642-14.2018.8.26.0100 in http://www.saraivari.com.br/conteudo_pt.asp?idioma=0&conta=28&tipo=66595, acessado em 2.6.2019.

ciamentos, dentre outras. Caso o contrato seja realizado entre profissionais, estaremos diante de um "Contrato Empresarial". O profissionalismo, nessa classificação, é elemento essencial para a diferenciação das categorias. Embora a análise realizada por ANTONIO JUNQUEIRA DE AZEVEDO envolva categorias diversas, a lógica da linha interpretativa aplicada neste trabalho é a mesma no sentido de que há que se analisar de modo diferente os contratos tendo por base seu elemento subjetivo.[212]

A arbitragem das relações de consumo é um dos pontos mais polêmicos no que toca à aplicação da Lei de Arbitragem e, por consequência, gera questionamentos e ilações quando se analisa a eficácia de uma cláusula compromissória inserida em um contrato de consumo.

A análise da arbitragem neste tipo de relação não é tão mais complexa do que a arbitragem nas relações societárias, contudo, existem alguns estigmas que devem ser afastados. Para tanto, será necessário construir um *iter* lógico mais longo para a apreciação dos argumentos que afastariam ou permitiriam a aceitação da convenção de arbitragem, desde aqueles de ordem pública, até aqueles que dizem respeito ao enquadramento do consumidor na atividade econômica, com suas limitações em face do fornecedor, com maior conhecimento e maior poderio econômico. O cerne da análise dirá respeito à arbitrabilidade objetiva e subjetiva dos litígios de consumo e à forma de celebração da convenção de arbitragem em contratos de consumo.

A questão da arbitrabilidade objetiva seria o primeiro óbice imposto à realização da arbitragem de consumo. Parece claro que a relação de consumo é disponível, podendo as partes transigir, desistir, renunciar aos respectivos direitos, não estando excluída, por esse motivo, a solução arbitral nos conflitos decorrentes da relação jurídica que envolve consumidor e fornecedor de bens e serviços.[213] O objeto jurídico da relação, assim, é plenamente arbitrável.

[212] A. JUNQUEIRA. DE AZEVEDO, Anotações da disciplina Nova Dogmática Contratual, ministrada no Programa de Pós-Graduação em Direito na Universidade de São Paulo, São Paulo, março de 2006.

[213] C. A. CARMONA, *Arbitragem e Processo...* Op. cit., p. 68. Na mesma linha, E. ARRUDA ALVIM in J. M. ARRUDA ALVIM et. al., *Código do Consumidor Comentado*, São Paulo, RT, 1995, p. 253, R. R. DE ALMEIDA, *Arbitragem Comercial Internacional e Ordem Pública*, 1. ed., Rio de Janeiro, Renovar, 2005, p. 125-126 e J. D. FIGUEIRA JÚNIOR, Acesso à Jurisdição Arbitral e

A limitação da aplicação da arbitragem às relações de consumo, portanto, não se daria quanto ao seu objeto, visto que as relações de consumo envolvem direitos patrimoniais disponíveis. Portanto, a relação jurídica de consumo que preveja arbitragem para a solução de conflitos não estará produzindo nenhuma ofensa objeto do negócio jurídico.

O grande dilema da arbitragem de consumo é subjetivo, isto é, saber até que ponto o consumidor, um dos polos da relação de consumo que possui limitações econômicas, sociais ou culturais, tinha como saber a que estava se vinculando com a arbitragem. De outro lado, partindo da premissa subjetiva, a questão também se torna formal, isto é, torna-se necessário saber se a cláusula compromissória ou o compromisso arbitral foram claros e destacados o suficiente para não induzir o consumidor a erro.

O Projeto de Lei nº 4.018/93, que deu origem à Lei de Arbitragem, gerou uma série de discussões no Congresso Nacional. A maior preocupação era impedir que a arbitragem fosse utilizava para solução de conflitos de montante inferior a 200.000 (duzentas mil) UFIR.[214]

O entendimento manifestado era impedir que:

> partes economicamente, socialmente ou culturalmente mais fracas, optem pela arbitragem sem ter real conhecimento sobre o que ela é. [...] contratos nos quais uma das partes é economicamente mais forte do que a outra e poderia impor, como condição para a ultimação do contrato, a nomeação no mesmo contrato de árbitro que irá solucionar os eventuais litígios que venham a ocorrer.[215]

Felizmente, tal opção não foi aceita. O montante do contrato de consumo diz muito pouco sobre as partes para a realização da arbitragem. Uma pessoa sem limitações econômicas, sociais ou culturais poderia celebrar contratos de menor monta e não utilizaria a arbitragem por vedação legal, ao passo que um cidadão humilde, que supostamente

os Conflitos Decorrentes das Relações de Consumo in *Revista de Direito do Consumidor* nº 37, São Paulo, RT, 2001, p. 104-105.

[214] *Diário da Câmara dos Deputados*, Brasília, 5 de junho de 1996, p. 16156-16157.

[215] Requerimento de Destaque do Deputado Chico Vigilante, do PT-SP, in *Diário da Câmara dos Deputados*, Op. cit., p. 16156-16157. O mesmo entendimento foi manifestado pelo Deputado José Genuíno in *Diário da Câmara dos Deputados*, 12 de junho de 1996, p. 16606.

seria protegido pela limitação sugerida, poderia celebrar um contrato envolvendo a economia de uma vida inteira e poderia utilizar a arbitragem.

Definitivamente, o critério do valor do contrato para permitir ou não a arbitragem para a solução de conflitos é extremamente simplista. Das limitações sugeridas pelos Deputados, econômicas, sociais e culturais, ele atinge parcialmente apenas a limitação econômica.

Ora, tal entendimento era absolutamente incoerente em face do disposto na Lei dos Juizados Especiais (Lei nº 9.099, de 1995), que permite em seus arts. 24 e seguintes a utilização da arbitragem como forma de solução de conflitos de até 40 salários mínimos.

O consumidor, pela sua condição vulnerável nas relações de consumo, não se torna incapaz e nem sempre é hipossuficiente. Há que se destacar a diferença destes conceitos a fim de se demonstrar que a arbitragem é aplicável nas relações de consumo e só terá limitações quando esta arbitragem for imposta pela parte economicamente mais forte (art. 51, inciso VII, do Código de Defesa do Consumidor) ou se não forem obedecidos os requisitos impostos aos contratos de adesão, claro, quando a relação de consumo se consumar por esta forma de contrato. De qualquer modo, a arbitragem de consumo só será viável se a convenção de arbitragem for escrita. O contrato pode ser verbal, mas a convenção de arbitragem que se referirá a ele deve ser escrita.

De outro lado, os conceitos de vulnerabilidade e hipossuficiência devem ser analisados quando se busca a correta interpretação das relações de consumo.

Vulnerável é conceito aplicado ao lado fraco de um assunto ou relação ou ponto que pode ser atacado ou ferido.[216] Deve ficar claro, portanto, que o vulnerável pode ou não ser atacado ou atingido, devendo ser estabelecida a seu favor uma presunção relativa e não uma verdade absoluta de que o vulnerável será atingido. O mesmo entendimento deve ser aplicado à arbitragem nas relações de consumo. Do ponto de vista jurídico, o conceito é o seguinte:

> Certo é que a "vulnerabilidade", no dizer de Antônio Hermann Benjamin, é a "peça fundamental" do direito do consumidor, é o "ponto de par-

[216] A. B. DE HOLANDA, *Novo Aurélio*, São Paulo, Editora Nova Fronteira, 2000, p. 2089.

> tida" de toda sua aplicação aos contratos. Em se tratando de vulnerabilidade fática, o sistema do CDC a presume para o consumidor não-profissional (o advogado que assina um contrato de locação abusivo porque necessita de uma casa para a sua família perto do colégio dos filhos), mas não a presume para o profissional (o mesmo advogado que assina o contrato de locação comercial abusivo, para localizar o seu escritório mais próximo do fórum), nem a presume para o consumidor pessoa jurídica (veja art. 51, I, in fine, do CDC). Isto não significa que o Judiciário não possa tratar o profissional de maneira "equivalente" ao consumidor, se o profissional efetivamente provar a sua vulnerabilidade, que levou ao desequilíbrio contratual.[217]

A vulnerabilidade é uma característica que possui relação visceral com o conceito de consumidor. Esse possui condição vulnerável, pois não detém as informações sobre o produto ou serviço que adquire, pode não conhecer as implicações técnico-jurídicas de um contrato e pode estar exposto à ação da publicidade enganosa e abusiva.[218]

Já a hipossuficiência não é uma característica intrínseca ou marcante do consumidor, mas um grau de vulnerabilidade mais elevado, isto é, consumidores ignorantes e de pouco conhecimento, de idade pequena ou avançada, de saúde frágil, bem como aqueles cuja posição social não lhes permite avaliar com adequação um produto ou serviço que estão adquirindo, bem como as consequências desta aquisição.[219]

Em síntese, todo o consumidor é vulnerável em maior ou menor grau, mas apenas uma categoria de consumidores, os mais vulneráveis, são considerados hipossuficientes.[220]

[217] C. L. Marques, A. H. Benjamin, e B. Miragem, *Comentários ao Código de Defesa do Consumidor*, 2. ed., São Paulo, RT, 2006, p. 85-86.

[218] J. de O. Rios, M. Lazzarini e V. S. Nunes Júnior, *Código de Defesa do Consumidor Comentado*, São Paulo, Editora Globo, 2001, p. 20-21. As afirmações dos autores são feitas no modo verbal imperativo, mas, buscando seguir a coerência deste trabalho, as afirmações mencionadas no corpo do texto foram escritas no modo condicional, pois, como se pretende demonstrar, nem sempre o consumidor desconhece as consequências do negócio jurídico que celebra e assim sua vulnerabilidade será diminuída.

[219] A. H. de V. e Benjamin, in A. P. Grinover (et. al.), *Código Brasileiro...* Op. cit., p. 325.

[220] Desta maneira, discordo em parte da posição de Alinne Arquette Leite Novais para quem o Código de Defesa do Consumidor abarca o princípio da debilidade do consumidor, com a tutela do contratante débil (A. A. L. Novais, *A Teoria Contratual e o Código de Defesa do Consumidor*, São Paulo, RT, 2001, p. 87-89). Não nos parece que o direito do consumidor

Tal discussões e conceituações abrem caminho para o esclarecimento sobre outra polêmica envolvendo a arbitragem e as relações de consumo, especificamente, a interpretação conjunta com o Código de Defesa do Consumidor.

A polêmica se concentra na hermenêutica. Lei anterior e lei posterior, lei geral e lei especial. Não há problema se a lei especial é posterior a uma lei geral anterior.[221] No entanto, o conflito entre o Código de Defesa do Consumidor e a Lei de Arbitragem é invertido, o que fomentaria mais ainda a polêmica.[222] Nesse sentido, há que se analisar se os diplomas legais em comento podem ser compatibilizados ou não.

O art. 51, VII, do Código de Defesa do Consumidor está previsto no capítulo relativo à proteção contratual do consumidor, especialmente tratando das cláusulas abusivas. Em resumo, a discussão concerne à nulidade das cláusulas contratuais que possam causar prejuízo ao consumidor e não do contrato como um todo.

Quanto ao convívio das citadas leis, não parece haver dúvida de que a Lei de Arbitragem não revogou o art. 51, VII, do Código de Defesa do Consumidor, embora, o projeto de lei que deu origem à Lei de Arbitragem previsse, expressamente, a revogação deste inciso, mas a Comissão de Defesa do Consumidor, Meio Ambiente e Minorias do Congresso Nacional propôs, via parecer de 24 de abril de 1995, solução conciliadora, prevendo a manutenção do citado dispositivo do Código de Defesa do Consumidor e a necessidade de requisitos específicos para a previsão de arbitragem nos contratos de adesão via cláusula compromissória.[223] Pelo que já se disse neste trabalho, nos parece que os diplo-

seja, necessariamente, a tutela do hipossuficiente. Há a necessidade de se diferenciarem os graus de debilidade do consumidor, não se pode realizar interpretação única das relações de consumo ou de qualquer relação social em função de seu dinamismo.

[221] P. Pescatore, *Introduction à la Science du Droit*, Luxembourg, Office des Imprimés de l'État, 1960, p. 322.

[222] São os seguintes dispositivos da Lei de Introdução do Código Civil (Decreto-lei nº 4.657 de 4 de setembro de 1942) que embasam a polêmica hermeneuta: *"Art. 2º Não se destinando à vigência temporária, a lei terá vigor até que outra a modifique ou revogue. § 1º A lei posterior revoga a anterior quando expressamente o declare, quando seja com ela incompatível ou quando regule inteiramente a matéria de que tratava a lei anterior [...]"* e *"Art. 2º Não se destinando à vigência temporária, a lei terá vigor até que outra a modifique ou revogue [...] § 2º A lei nova, que estabeleça disposições gerais ou especiais a par das já existentes, não revoga nem modifica a lei anterior"*.

[223] *Diário da Câmara dos Deputados*, Brasília, 23 de julho de 1996, p. 20904-20905.

mas legais podem conviver perfeitamente, não havendo nenhuma contradição entre eles.

O Código do Consumidor veda a chamada "arbitragem compulsória". Definitivamente, o nosso Código não utilizou rigor técnico neste artigo, já que arbitragem compulsória é aquela que deve ser aplicada a determinado assunto, para um determinado tipo de litígio. Na verdade, nossa lei quer impedir que arbitragens impostas pelas partes economicamente mais fortes sejam consideradas válidas.

Quis nossa lei impedir que o fornecedor, por exemplo, só vendesse para o consumidor se este aceitasse a solução do conflito via arbitragem ou só haveria desconto para o consumidor que aceitasse solucionar eventuais conflitos via arbitragem.

Para boa parte da doutrina,[224] o citado dispositivo do Código de Defesa do Consumidor impediria a aplicação de arbitragem pelo gênero da convenção de arbitragem denominado cláusula compromissória, o que não nos parece mais correto.

Do lado daqueles que entendem que a arbitragem não pode ser aplicada quando prevista nas relações de consumo via cláusula compromissória está ANTONIO JUNQUEIRA DE AZEVEDO que afirma não haver nenhuma revogação expressa ao mencionado dispositivo do Código de Defesa do Consumidor e que, portanto, a arbitragem só poderia ser aplicada nas relações de consumo pela via do compromisso arbitral, jamais pela via da cláusula compromissória. Nos contratos de adesão que não envolvam consumo, a disposição do art. 4º, § 2º, requisitos específicos para a cláusula compromissória nos contratos de adesão, terá plena eficácia, sendo limitado apenas nas relações de consumo.[225]

[224] A. JUNQUEIRA DE AZEVEDO, A Aparente Contradição entre a Lei de Arbitragem e o Código de Defesa do Consumidor in *Revista da Associação Paulista do Ministério Público* nº 13, São Paulo, Saraiva, 1997, p. 21 e A Arbitragem e o Direito do Consumidor in *Revista da Faculdade de Direito da Universidade de São Paulo*, São Paulo, nº 91, 1996, p. 265-275. No mesmo sentido, W. R. FARIA, Contrato de Seguro e Proibição de Arbitragem in *Revista do Advogado* nº 71, ano XXIII, São Paulo, AASP, 2003, p. 118-119. Seguindo este mesmo entendimento, JOSÉ CARLOS BARBOSA MOREIRA, La Nuova Legge Brasiliana sull'Arbitrato in J. C. BARBOSA MOREIRA, *Temas de Direito Processual Civil*, 1. ed., São Paulo, Saraiva, 1997, p. 273-290.

[225] A. JUNQUEIRA DE AZEVEDO, A Aparente Contradição entre a Lei de Arbitragem e o Código de Defesa do Consumidor in *Revista da Associação Paulista do Ministério Público* nº 13, São Paulo, Saraiva, 1997, p. 21 e A Arbitragem e o Direito do Consumidor in *Revista*

Carlos Alberto Carmona, Membro da Comissão Relatora do Projeto da Lei de Arbitragem, afirma que o art. 51, VII, do Código de Defesa do Consumidor possui cunho protetivo e que, de acordo com tal entendimento, o fornecedor não poderia impor ao consumidor a solução arbitral nos contratos com o consumidor. Não se admitiria, portanto, que um banco, ao celebrar contrato de abertura de crédito com sua cliente, impusesse a aplicação de cláusula compromissória.[226]

Esse autor entende, portanto, que as questões de consumo são arbitráveis, mas que a adoção da convenção de arbitragem é limitada, já que se impede a utilização de cláusula compromissória para a solução de conflitos de natureza consumerista. Só se permite o uso do compromisso arbitral com o condão de vincular as partes para a solução do conflito via arbitragem.

da Faculdade de Direito da Universidade de São Paulo, São Paulo, nº 91, 1996, p. 265-275. No mesmo sentido, W. R. Faria, Contrato de Seguro e Proibição de Arbitragem in *Revista do Advogado* nº 71, ano XXIII, São Paulo, AASP, 2003, p. 118-119. Seguindo este mesmo entendimento, José Carlos Barbosa Moreira, La Nuova Legge Brasiliana sull'Arbitrato in J. C. Barbosa Moreira, *Temas de Direito Processual Civil*, São Paulo, Saraiva, 1997, p. 273-290. Já Joel Dias Figueira Junior afirma que a arbitragem não seria meio apto para a solução de conflitos de consumo e que a bilateralidade nas relações contratuais de consumo quase nunca é alcançada, impedindo a vinculação da arbitragem pela cláusula compromissória, que será nula de pleno direito (J. D. Figueira Júnior, *Acesso à Jurisdição Arbitral*... Op. cit., p. 111-120). Segue o mesmo raciocínio Alberto do Amaral Junior in T. Mukai (et. al.), *Comentários ao Código de Proteção do Consumidor*, São Paulo, Saraiva, 1991, p. 197 e S. L. F. da Rocha, A Cláusula Compromissória prevista na Lei 9.307, de 23.09.1996 e as Relações de Consumo in *Revista de Direito do Consumidor*, nº 21, São Paulo, RT, 1997, p. 36-37. Seguem ainda o mesmo entendimento J. G. De B. Filomeno, Conflitos de Consumo e Juízo Arbitral in *Revista de Direito do Consumidor* nº 21, São Paulo, RT, 1997, p. 38-50 e C. A. Etcheverry, A Nova Lei de Arbitragem e os Contratos de Adesão in *Revista de Direito do Consumidor* nº 21, São Paulo, RT, 1997, p. 51-60. Finalmente, Cláudia Lima Marques defende o mesmo entendimento de que a cláusula compromissória nos contratos de adesão é abusiva, pois impedirá materialmente a bilateralidade da negociação, sendo o melhor que se sugira a proibição da arbitragem nestes casos. Para esta autora, embora a arbitragem possa ser satisfatória em outros países, no Brasil serviria para mascarar privilégios a fornecedores em detrimento do consumidor (C. L. Marques, *Contratos no Código de Defesa do Consumidor*, 4. ed., São Paulo, RT, 2002, p. 887-892).

[226] C. A. Carmona, *Arbitragem e Processo*... Op. cit., p. 68.

Esse entendimento já foi adotado pelo SUPERIOR TRIBUNAL DE JUSTIÇA[227] ao considerar que a convenção de arbitragem em relações de consumo só terá eficácia se a iniciativa da sua instituição for do consumidor, o que contraria os dizeres do art. 4º da Lei de Arbitragem. Essa seria, sim, uma das possibilidades para instituição da arbitragem em contratos de adesão, mas não a única. Basicamente, os contratos de consumo só terão arbitragens eficazes se a iniciativa de instauração for do consumidor. Na prática, este entendimento e os custos relativos à arbitragem, comparando-se a um sistema Judiciário completo e gratuito de solução de conflitos, faz com que a arbitragem cada vez menos tenha chance de utilização no Brasil para relações de consumo.

Apesar disso, parte da doutrina, com destaque para NELSON NERY JÚNIOR, considera que não há vedação de acesso à jurisdição pela escolha da arbitragem, por qualquer gênero da convenção de arbitragem. Não há, para este autor, nenhuma incompatibilidade entre a Lei de Arbitragem e o Código de Defesa do Consumidor, sendo possível que a cláusula compromissória seja inserida num contrato de consumo desde que obedecida, efetivamente, a bilateralidade na contratação e a forma de manifestação de vontade, ou seja, o comum acordo.[228]

[227] STJ, REsp n. 1.169.841-RJ, rel. MIN. NANCY ANDRIGHI, j. em 6.11.2012. No mesmo sentido, vide a Edição 122 da Jurisprudência em Teses do Superior Tribunal de Justiça (http://www.stj.jus.br/SCON/jt/toc.jsp, acessado em 2.6.2019), que em seu item 11 confirma o seu entendimento.

[228] NELSON NERY JÚNIOR in A. P. GRINOVER (et. al.), *Código Brasileiro...* Op. cit., p. 520-525; também. SELMA MARIA FERREIRA LEMES, integrante da Comissão Relatora do Projeto da Lei de Arbitragem, entende que o art. 51, VII do Código de Defesa do Consumidor foi tacitamente revogado pela Lei de Arbitragem, podendo estar ser aplicada sem nenhuma restrição, exceto os destaques que o art. 4º, § 2º da Lei de Arbitragem exige para a sua produção de efeitos. A cláusula compromissória que esteja de acordo com os requisitos citados vinculará tanto o proponente como o aderente (S. M. FERREIRA LEMES, Arbitragem e Direito do Consumo in *Revista Brasileira de Arbitragem* nº 0, São Paulo, IOB, 2003, p. 185-193 e S. M. FERREIRA LEMES, A Arbitragem nas Relações de Consumo no Direito Brasileiro e Comparado. in P. A. B. MARTINS, S. M. FERREIRA LEMES e C. A. CARMONA, *Aspectos Fundamentais da Lei de Arbitragem*...Op. cit., p. 113-143). O outro membro da Comissão Relatora do Projeto da Lei de Arbitragem, PEDRO ANTONIO BATISTA MARTINS considera que a cláusula compromissória é apta para instituir a arbitragem e que a única restrição é verificada nos contratos de adesão nos quais a arbitragem vinculará apenas a parte economicamente mais forte, que não poderá exigir a solução via arbitragem do consumidor (P. A. B. MARTINS, Aspectos Atinentes às Disposições Gerais in P. A. B. MARTINS, S. M. FERREIRA

Nesse sentido é a Nota Técnica nº 167/2003 do Departamento de Proteção e Defesa do Consumidor do Ministério da Justiça:

> não há como se negar que o juízo arbitral, em determinados casos e respeitada a vulnerabilidade do consumidor, é um aceitável fator de composição de litígios de consumo, razão por que o CDC não proibiu a sua constituição pelas partes do contrato. [...] Por conseguinte, pode-se instituir cláusula de arbitragem nos contratos de consumo, desde que seja obedecida, efetivamente, a bilateralidade na contratação e na forma de manifestação de vontade, devendo-se observar que a cláusula compromissória, para ser válida, deve respeitar o disposto no art. 6º, III c/c art. 46 do CDC.[229]

E trabalho semelhante, com conclusão idêntica, foi produzido em 2020. O Ministério da Justiça por meio do Edital nº 01/2020[230] para a contratação de um consultor para a elaboração de relatório acerca da viabilidade do uso da mediação e da arbitragem no âmbito do Direito do Consumidor Brasileiro.

O trabalho apresentou as seguintes conclusões:

> Os institutos da arbitragem e da mediação são opções legalmente viáveis no Direito Brasileiro para resolver disputas consumeristas.

Lemes e C. A. Carmona, *Aspectos Fundamentais...* Op. cit., p.143-174). Ainda no mesmo sentido, Ricardo Ramalho de Almeida, *Arbitragem Comercial...* Op. cit., p. 128-129. e Humberto Theodoro Júnior, A Arbitragem como Meio de Solução de Controvérsias in *Revista Forense* nº 353, Rio de Janeiro, Forense, 1997, pp. 107-116. Por fim, Paulo Borba Casella, Arbitragem para Consumo, www.cacb.org.br/arbitragem/artigos.doc, acessado em 15 de janeiro 2003 e Evandro Zuliani, Arbitragem e os Órgãos Integrantes do Sistema Nacional de Defesa do Consumidor, www1.jus.com.Br/doutrina/texto.asp, acessado em 12 maio de 2004 defendem que se proibiu apenas a instituição de cláusula compromissória via arbitragem quando esta não puder ser negociada, tudo de acordo com o espírito da Lei de Arbitragem que prevê sempre o acordo de vontades como instrumentalizador da disposição das partes em arbitrar.

[229] Parecer acerca da possibilidade da aplicabilidade da Lei Federal nº 9.307/97 aos contratos consumerista dado por Érika Teixeira Zica, Chefe de Divisão da CGAJ, e Cláudio Peret, Coordenador Geral de Assuntos Jurídicos nos autos do Processo Administrativo nº 08012.003199/2003-51 perante o Procon/PA.

[230] https://www.justica.gov.br/Acesso/selecao-e-concursos/selecoes-e-concursos/senacon-2/collective-nitf-content-7 , acessado em 18.8.2021.

Seria necessária uma estrutura de incentivos para deslocar os conflitos consumeristas do Poder Judiciário para a arbitragem ou a mediação.

A experiência na arbitragem de consumo foi positiva principalmente na Espanha, Portugal e Argentina.

O modelo de financiamento dos centros de arbitragem e mediação deveria ser baseado majoritariamente no setor privado para evitar novos gastos do Poder Público.

Ou seja, muito do que se indicou neste trabalho como fundamento para a arbitragem de consumo, foi retratado.[231]

Portanto, a cláusula será aplicada respeitando-se as disposições da Lei de Arbitragem, bem como as disposições do Código de Defesa do Consumidor.[232]

Ademais, sendo a relação de consumo realizada pela via dos contratos de adesão, devem ser seguidos também os requisitos do art. 4º, § 2º, da Lei de Arbitragem. A cláusula compromissória deve ter destaque e apresentar adesão específica, mas nada impede que ela seja aplicada.

A obrigatoriedade da cláusula, definitivamente, não pode ser limitada aprioristicamente, deve ser analisada caso a caso, pois nem sempre a cláusula compromissória será abusiva ou causará danos ao consumidor. Esta é exatamente a disposição do sistema arbitral americano e do sistema arbitral europeu, especialmente espanhol.[233]

[231] Menção especial ao trabalho de Felipe Almgren que analisou profundamente a questão: *Análise de uma proposta concreta para a arbitragem consumerista no Brasil*, para banca e aprovação na matéria DPC5824 - Processo Civil Comparado da Faculdade de Direito da Universidade de São Paulo, 2021 e que eu tive a oportunidade de avaliar.

[232] No modelo do Estado canadense de Alberta, a cláusula compromissória utilizada em contratos de consumo deve ter sido aprovada pelo governo (*provincial minister*). Analisando a questão, o Tribunal de Arbitral julgou o caso Ayrton vs. PRL Financial (Alta) Ltd., 2004 A.B.Q. 787 Q.B. considerando que a cláusula compromissória não poderia ser aplicada, uma vez que não foi aprovada pelo governo. A solução é interessante, pois garante que as cláusulas compromissórias sejam redigidas de acordo com as regras estabelecidas de modo a impedir abusos contra o consumidor (B. Barin, A. D. Little e R. A. Pepper, *The Osler Guide to Commercial Arbitration in Canada*, 1. ed., Haia, Kluwer Law International, 2005, p. 41-45).

[233] Nos países ibéricos, a arbitragem ganha destaque especial nas relações de consumo tendo em vista a inexistência de juizados especiais cíveis. É interessante, assim, trazer a

Na Espanha, como assevera Carlos J. Maluquer Motes Bernet, criou-se uma forma de arbitragem específica para as relações de consumo obrigando a aplicação de regras para a proteção do consumidor que seriam aplicadas no Judiciário, possuindo esta um verdadeiro papel de equivalente jurisdicional. O sistema espanhol tem plena consciência de que a liberdade de contratar aplicada ao direito civil não pode ser aplicada em sua totalidade no direito do consumidor, mas tal limitação será analisada pelo órgão julgador, nunca *a priori*.[234]

No mesmo sentido, Mireia Mercadé Merola afirma que esta deve ser a interpretação dos árbitros e até mesmo as prefeituras deveriam fazer o controle da aplicação da boa arbitragem,[235] o que no Brasil poderia ser feito pelos PROCONs.

Marcos Paulo Veríssimo ainda salienta que a utilização da *contraña,* distintivo concedido às empresas que se submetem à arbitragem por oferta pública (art. 7º do Real Decreto nº 693/93), é um diferencial no mercado, importante instrumento de apelo publicitário. Nessa linha ainda, tal é o sucesso da arbitragem de consumo na Espanha que foi editado o Real Decreto nº 636/93 para regular especificamente a matéria e garantir o respeito aos direitos do consumidor, disciplinando ainda o funcionamento das Câmaras Arbitrais de Consumo.[236]

Também em Portugal a arbitragem de consumo segue um caminho de sucesso fundada num forte amparo governamental e controle sobre as instituições autorizadas a realizarem as arbitragens de consumo.[237]

experiência da utilização bem-sucedida da arbitragens nas relações de consumo para afastar qualquer pré-conceito.

[234] C. J. M. de M. Bernet, *El Arbitraje de Consumo como Instrumento de Calidad al Servicio Del Consumidor y del Empresario* in C. E. F. i Tomàs (org.), *El Arbitraje de Consumo,* Valencia, Tirant lo Blanch, 2004, p. 35-39. Nesse sentido já decidiu o Judiciário brasileiro, que anulou cláusula compromissória excessivamente onerosa para a parte aderente (Tribunal de Justiça do Estado do Rio Grande do Sul, AI nº 70002330983, Des. Rel. Genacéia da Silva Alberton, j. em 22 de agosto de 2001).

[235] M. M. Merola, *La Intervenció de L'Administració Municipal en L'Arbitratge de Consum* in C. E. F. i Tomàs (org.), *El Arbitraje de Consumo,* Valencia, Tirant lo Blanch, 2004, p. 35-39.

[236] M. P. Veríssimo, *A Arbitragem de Consumo na Espanha,* www.cacb.org.br/arbitragem/artigos.doc, acessado em 6 de maio de 2003.

[237] J. Carrapiço, *Arbitragem de Conflitos de Consumo,* Lisboa, Instituto do Consumidor, 1999, p. 11-24.

A competência dos centros de arbitragem de consumo é territorial e limitada ao valor de alçada dos Tribunais de Comarca portugueses (3.740,98 euros, algo em torno de R$ 11.200,00),[238] sistema muito parecido com o dos Juizados Especiais brasileiros, e não apresenta custos para nenhuma das partes, incluindo a realização de sessão de mediação, tendo as sentenças proferidas os mesmos efeitos das sentenças judiciais. Mas o principal é que tais centros dispõem de seções de informação, responsáveis por desmistificar a arbitragem e auxiliar o cidadão na conveniência da aplicação deste instituto.[239] Ademais, a legislação portuguesa, em face do sucesso da arbitragem de consumo, também passou a disciplinar o instituto nos termos do Decreto-lei nº 103, de 8 de março de 1991, que dispõem que o consumidor vitorioso em centros de arbitragem de consumo não precisará de nenhum valor para a execução judicial da sentença.

A utilização de sinais distintivos em Portugal, no caso os logotipos dos centros de arbitragem de consumo, foi fator de incentivo e garantia ao consumidor para a aquisição de determinados produtos. Criou-se na coletividade o senso de que a arbitragem não os prejudica e funciona como uma forma de solução rápida e eficiente de conflitos.[240]

Carlos Manuel Ferreira da Silva destaca os motivos de sucesso do Centro de Arbitragem de Conflitos de Consumo de Lisboa: (i) custos semelhantes ao de um Tribunal Judicial que produzisse o mesmo número de sentenças; (ii) maior acesso à justiça tendo em vista que o valor dos litígios, algumas vezes muito baixos, não motivaria a busca pelo Judiciário tendo em vista os custos envolvidos; (iii) a gratuidade de utilização do centro para as partes; e (iv) os árbitros indicados são membros do Judiciário, o que confere maior confiança às partes.

Vê-se que o sistema ibérico de arbitragem do consumo adota mecanismos de atuação do Estado para regular a atividade das câmaras arbi-

[238] De acordo com o câmbio de 31 de maio de 2006.

[239] Informações colhidas no Portal do Cidadão do Ministério da Justiça de Portugal, http://www.portaldocidadao.pt/PORTAL/entidades/MJ/DGAE/pt/SER_arbitragem+institucionalizada+-+consumo.htm#Descrição, acessado em 15 de jumho de 2006.

[240] C. M. F. da Silva, Arbitragem e Conciliação. Presente e Futuro. A situação em Portugal in *Revista de Processo* nº 107, São Paulo, RT, 2002, p. 210-211.

trais de consumo, de modo a não permitir que os interesses do consumidor não sejam respeitados.[241]

Já no sistema norte-americano, assim como no sistema brasileiro, é o árbitro quem analisa a sua possibilidade e o respeito às regras de proteção e defesa do consumidor de acordo com a aplicação dos *general unconscionability standards* ou padrões gerais de consciência,[242] de acordo com o princípio da compência-competência (analisado no item 1.3.1.2, citado).

Esses padrões são analisados para se verificar se o consumidor tinha ou não consciência das consequências da existência de uma cláusula compromissória ou do compromisso arbitral celebrado. Tais padrões deverão ser aplicados para aferir o grau de compulsoriedade da convenção de arbitragem e a clareza à manifestação de vontade do consumidor ou de qualquer outra questão negocial.[243]

Dentre os padrões a serem analisados estão a existência de elementos de surpresa nos contratos, por exemplo, contratos longos com cláusulas compromissórias sem destaque e que dificultam a verificação de todas as consequências contratuais pelo consumidor.[244] O tamanho reduzido

[241] Nos países ibéricos a arbitragem ganha destaque para a solução de conflitos de consumo, tendo em vista a inexistência de Juizados Especiais Cíveis ou órgão judiciário similar nos referidos países.

[242] F. P. BLAND, M. J. QUIRK, K. GORDON e J. SHELDON, *Consumer Arbitration Agreements*, 3. ed., Boston, National Consumer Law Center, 2003, p. 48-64. No mesmo sentido, J. DOLINGER e C. TIBÚRCIO, *Arbitragem Comercial Internacional*, Rio de Janeiro, Renovar, 2003, p. 490-494. Alguns Estados proíbem a arbitragem instituída via cláusula compromissória, como é o caso do Estado do Texas. Já outros Estados proíbem a utilização para determinadas questões como seguros, Arkansas, Missouri e Kentucky, ou valores inferiores a determinadas quantias, Montana e Geórgia (J. T. MCLAUGHLIN, Arbitrability: Current Trends in United States in *Arbitration International*, v. 12, nº 2, 1996, p. 113-136 e S. M. FERREIRA LEMES, A Arbitragem em Relações de Consumo no Direito Brasileiro e Comparado in P. A. B. MARTINS, S. M. FERREIRA LEMES e C. A. CARMONA, *Aspectos Fundamentais*... Op. cit., p. 113-141). Esta última opção foi sugerida para o sistema brasileiro, mas pelos motivos indicados acima não foi aceita.

[243] São muitos, na jurisprudência norte-americana, os exemplos de aplicação desta teoria. Podem ser destacados os casos *Doctor's Associates, Inc. v. Casarotto*, 517 U.S. 681, 116 S. Ct. 1652, 134 L. Ed. 2d 902 (1996), *Sosa v. Paulos*, 924 P.2d 357 (Utah 1996) e *Arnold v. United Companies Lending Corp.*, 204 W. Va. 229, 511 S.E.2d 854 (1998).

[244] Powertel, Inc. v. Bexley, 743 So. 2d 570 Fla. Dist. Ct. App. 1999.

das letras também é fator de limitação de aplicação de cláusulas contratuais.[245]

Analisa-se também a capacidade do consumidor de compreender o idioma da contratação, no caso o inglês. Não se impede que a pessoa que não compreenda um idioma celebre contrato, mas, ao menos, ela deve receber tradução fiel do contrato numa língua na qual possa compreender, exatamente, quais são os efeitos do negócio jurídico que celebrou.[246]

Outra exigência é a possibilidade ou não de o consumidor adquirir produto ou serviço sem a utilização da cláusula compromissória ou que não tenha nenhum prejuízo ou deixe se ter facilidade caso se negue a utilizar a arbitragem como forma de solução de conflitos.[247] Esta é a chamada *meaningful choice* ou possibilidade da escolha significativa.

Outra questão importante diz respeito aos custos da arbitragem, isto é, quem arcará com as despesas da Câmara de arbitragem e dos honorários dos árbitros. A convenção de arbitragem com certeza não será considerada abusiva se o consumidor for obrigado a despender valores semelhantes àqueles que despenderia na Justiça Estatal, mas é muito comum, para evitar problemas, que as empresas e os empresários arquem com os custos da arbitragem e o consumidor fique isento de qualquer gasto.[248]

Se os valores despendidos forem maiores, terá que ser analisado o caso concreto e as circunstâncias que envolveram a escolha da arbitragem pelo consumidor. Por exemplo, uma determinada Câmara de Arbitragem em detrimento de outra pelo renome e capacidade de administração do conflito da primeira. Nesse caso, o consumidor optou por um sistema de solução de conflitos determinado e pagará por este serviço a partir de uma escolha consciente. Nessas circunstâncias, a arbitragem não pode ser considerada abusiva.

[245] Sutton's Steel & Suplly, Inc. v. Bellsouth Mobility, Inc. 776 So. 2d 589 (La. Ct. App. 2000). No Brasil, tal questão passou a foi abarcada pelo Código de Defesa do Consumidor a partir da promulgação da Lei nº 11.785, de 22.9.2008.

[246] Prevot. V. Phillips Petrolium Co., 133 F. Supp. 2d 937, 940-941 (S.D. Tex. 2001).

[247] American General Finance, Inc. v. Branch, 793 So. 2d 738 (Ala. 2000) e F. P. Bland, M. J. Quirk, K. Gordon e J. Sheldon, *Consumer Arbitration* Op. cit., p. 47.

[248] Green Tree Financial Corp.-Alabama v. Rondolph, 531 U.S. 79, 121 S. Ct. 513, 148 L. Ed. 2d 373 (2000) e Sydnor v. Conseco Fin. Servicing Corp., 252 F.3d 302 (4th Cir. 2001).

Assim, a análise dos seguintes elementos, quais sejam: (i) limitações de direitos do consumidor – por exemplo, a existência de elementos surpresa nos contratos e a capacidade de compreensão do idioma pelo consumidor, ou possibilidade de aquisição do produto ou serviço sem a utilização da arbitragem; (ii) limitação a exercício de direitos ou possibilidade de recursos e custos da arbitragem; (iii) prática de atos ilícitos que falseiem a vontade do consumidor, é fundamental para se verificar se uma determinada convenção de arbitragem é ou não abusiva.

Quanto à primeira questão, a convenção de arbitragem não pode impedir que o consumidor tenha seus direitos defendidos por meio de demandas coletivas, uma vez que, muitas vezes, determinado conflito não motivaria um único consumidor a buscar auxílio de órgãos de solução de conflitos; mas, se for considerada a ofensa ao grupo, uma demanda coletiva poderia ser viável. Nesse sentido, não se pode, assim, aceitar convenções que limitem o exercício das ações coletivas. Ademais, há direitos como o *Three-Day Rights to Cancel or Rescind*, direito de cancelar ou rescindir, em três dias, contratos de consumo.[249]

De outro lado, limitações ao exercício de direitos ou disparidade em possibilidade de recursos entre empresas e consumidor podem impedir o uso da arbitragem, sendo a convenção de arbitragem considerada abusiva.

A segunda questão faz referência à necessidade de estabelecimento de regras, por parte das empresas, em questões recursais, de revisão da sentença arbitral ou probatórias, por exemplo, mais favoráveis aos consumidores. Caso contrário, há a chamada *Lack of Mutuality as a Contract Defense*,[250] ausência de paridade na defesa do contrato. Deve haver, no mínimo, paridade de possibilidades de defesa entre empresas e consumidores, mas, em regra, os consumidores devem ser beneficiados. Ademais, os custos do procedimento não devem impedir ou dificultar a defesa dos interesses dos consumidores. Como critério aferidor dessa situação, o consumidor não pode ter mais ônus para a defesa dos seus interesses via arbitragem do que aqueles que teria no Judiciário.

[249] American General Finance, Inc. v. Branch, 793 So. 2d 738 (Ala. 2000) e F. P. Bland, M. J. Quirk, K. Gordon e J. Sheldon, *Consumer Arbitration* Op. cit., p. 61-70.

[250] American General Finance, Inc. v. Branch, 793 So. 2d 738 (Ala. 2000) e F. P. Bland, M. J. Quirk, K. Gordon e J. Sheldon, *Consumer Arbitration* Op. cit., p. 73.

Por fim, são analisadas questões relativas a atos ilícitos, ou seja, se a vontade do consumidor em realizar a arbitragem é fruto de falsificação, como assinaturas forjadas ou fraude de fato.

Ademais, além da aplicação dos *general unconscionability standards* expostos anteriormente, a informação é fator fundamental para o conhecimento e confiança no instituto da arbitragem para a solução de conflitos de consumo. Nesta seara, duas são as iniciativas que devem ser destacadas.

A Federal Trade Commission, agência responsável pelo controle das atividades comerciais, possui uma cartilha para explicar aos consumidores de que modo seus conflitos podem ser resolvidos via arbitragem e de que maneira podem apresentar queixas sobre a má utilização da arbitragem, inclusive sendo disponibilizado um número de telefone específico para informações, reclamações e queixas utilizando-se o teclado alfa-numérico do telefone (1-877-FTC HELP).[251]

Além disso, câmaras de arbitragem tradicionais, como a American Arbitration Association, famosa *"Triple A"*, adotam regramentos específicos para as arbitragens de consumo, prevendo o respeito aos *general unconscionability standards*, bem como meios de explicação pormenorizada sobre o funcionamento da arbitragem.[252]

Há, portanto, um grande apoio institucional para a utilização da arbitragem inclusive como a garantia de que o consumidor não terá os seus direitos tolhidos no caso de utilização da arbitragem para a solução de determinado conflito.[253] O governo e o Judiciário não participam direta-

[251] Informações obtidas a partir do folheto *Resolving Consumer Disputes: Mediation and Arbitrati*on, Washington, 1998 da FTC (http://www.ftc.gov/bcp/conline/pubs/general/dispute.pdf,), acessado em 17 de abril de 2004.

[252] American Arbitration Association, *Fair Play: Perspectives from American Arbitration Association on Consumer and Employment Arbitration*, 2003. As questões envolvendo as arbitragens de consumo são semelhantes às arbitragens trabalhistas, principalmente em relação aos paralelismo de condição entre consumidor e empregado nas relações jurídicas. O trabalho da *Triple A* é mais uma prova disso.

[253] No sistema americano, há preocupação em garantir a defesa e resguardar as limitações das partes vulneráveis na arbitragem. Em casos de arbitragens trabalhistas envolvendo discriminação de trabalhadores em função da idade, por exemplo, o processo arbitral deve ser revisado de modo a garantir a legalidade e a justiça sem deixar de lado a mitigação das limitações do trabalhador especificamente quanto à produção de provas, especialmente na insistência em relação à busca por provas e o papel mais ativo nesse aspecto do julgador, e

mente dos programas de arbitragem de consumo como no modelo ibérico, mas atua de forma séria na fiscalização das arbitragens, coibindo abusos.

Na Argentina, a questão também é tratada de modo semelhante. Como afirma Roque J. Caivano, deve-se verificar se as cláusulas: "a) limitam responsabilidade por danos dos fornecedores, b) restrinjam direitos dos consumidores ou ampliem os direitos do fornecedor, c) imponham inversão do ônus da prova em desfavor do consumidor. [...] O desrespeito a essa situação permitem que o negócio jurídico que as contenha seja anulado. [...] Ademais, deve haver redação de modo claro e com plena ciência do consumidor acerca dos termos que subscreveu".[254] São regras próximas da mencionada *Lack of Mutuality as a Contract Defense* do direito norte-americano.

Os argumentos contrários à arbitragem nas relações de consumo são categóricos, mas não se baseiam em dados concretos. São manifestações daquelas ideias de que o consumidor jamais poderá negociar um contrato e, desta maneira, a arbitragem será sempre compulsória.

Em países nos quais dados são coletados, a história é bem diferente, afastando, de modo irrefutável, os argumentos contrários à arbitragem de consumo. É bom lembrar que, embora Estados Unidos e Espanha tenham maior tradição na defesa do consumidor, o fato é que nestes países, também, o poder econômico das empresas é grande, o que permite utilizar exemplos estrangeiros para demonstrar que a arbitragem, na prática, não prejudica o consumidor e lhe causa satisfação.

a adequada representação do reclamante. Este é o exemplo dado pelo paradigmático caso McDonnell Douglas *vs.* Green, 411, US 792 (USSCt, 1973). O mesmo raciocínio de se aplica às relações de consumo como se disse no início deste capítulo. Por suas limitações, o consumidor deve poder utilizar um procedimento que permita o pleno exercício dos seus direitos (V. E. Hauck e J. C. South, Arbitrating Discrimination Grievances in M. (Miriam) K. Mills (org.), *Alternative Dispute Resolution in the Public Sector*, 1. ed., Chicago, Nelson-Hall Publisher, 1991, p. 29-43).

254 R. J. Caivano, *Arbitraje*, Op. cit., p. 135-137.

Tabela 1:[255]

PERGUNTAS	NÚMERO DE CONSUMIDORES QUE RESPONDERAM AS QUESTÕES	PERCENTUAL DE RESPOSTAS (%)					
		1	2	3	4	5	Não Sabe
Qual é o seu grau de satisfação com a resolução do seu conflito (1 é muito insatisfeito e 5 é muito satisfeito)	25	8	0	8	16	68	0
Qual é o seu grau de satisfação com o processo arbitral (1 é muito insatisfeito e 5 é muito satisfeito)	25	0	4	20	24	48	4
Como você caracterizaria os custos associados à arbitragem (1 é muito desconfortável e 5 é muito confortável)	25	8	0	8	32	48	4
Como você caracterizaria o tempo de duração do processo arbitral (1 é muito inaceitável e 5 é muito aceitável)	25	0	0	28	32	40	0

255 Dados extraídos de M. K. Batcher e A. M. Brachio, *Outcomes of Arbitration: An Empirical Study of Consumer Lending Cases*, New York, Ernest & Young LLP, 2004. Pesquisa realizada com o auxílio do *National Arbitration Forum* e da *American Arbitration Association,* na qual foram fornecidas informações de 250 casos que estiveram em curso perante as citadas instituições arbitrais. Os casos foram analisados por técnicos especializados e um grupo de 25 consumidores que tiveram casos nestas instituições respondeu perguntas específicas por telefone. Como resultado final, a pesquisa demonstrou que os painéis arbitrais não prejudicam os consumidores tendo em vista que os resultados, na maioria, os favorecem e que, mesmo quando o resultado é desfavorável, os consumidores não apresentam queixas sobre a arbitragem. Os dados do gráfico acima indicam reprodução parcial resultados da pesquisa específica com o grupo de 25 consumidores que venceram os procedimentos arbitrais de que participaram. Não foram transcritas informações como a média de respostas para cada pergunta.

Tabela 2:[256]

Motivos	A Rapidez	Possibilidade de que alguém te escute	A objetividade da Resolução	A atenção dada na Junta de Arbitragem da Catalunha	A gratuidade dos serviços	Outras	Nenhuma
Ocorrência (número de consumidores)	9	74	16	21	75	0	5

Tabela 3:[257]

Total de Laudos	Cumpridos Voluntariamente	Execução Forçada	Procedência total ou parcial dos pedidos dos consumidores	Improcedência dos pedidos dos consumidores
6.868	6.738	130	4.050	2.818

A seguir, feita a análise sobre a arbitragem de consumo em outros países, deve ser trazida a questão da possibilidade de escolha da lei material numa arbitragem de consumo em função do disposto no art. 2º, § 1º, da Lei de Arbitragem. José Geraldo de Brito Filomeno lembra que o Código do Consumidor é norma de ordem pública e interesse social,[258] como estabelecido no art. 1º do Código de Defesa do Consumidor.

[256] Dados extraídos de M. C. Vila, Estudi Per Conèxier el Grau de Satisfacció Actual dels Usuaris del Sistema Arbitral de Consum in C. E. F. i Tomàs (org.), *El Arbitraje* Op. cit., p. 133-156. Pesquisa na Junta de Conciliação da Catalunha entre todos os consumidores e empresas que participaram de sessões de arbitragem no ano último trimestre do ano de 2001. Foram entrevistados 110 consumidores no total e, na tabela transcrita, cada consumidor indicava duas respostas. Há uma demonstração clara de que a possibilidade de discutir sobre o litígio é um fator positivo para a busca da arbitragem e que este não parece ser encontrado nos serviços tradicionais de solução de litígios.

[257] Estes dados foram fornecidos pelo Instituto Nacional de Consumo do Ministério de Sanidad y Consum da España – http://www.consumo-inc.es/arbitraje/INTERIOR/MEMORIA/ – e são referentes ao ano de 1997, acessado em 25 de julho de 2005.

[258] J. G. de B. Filomeno in A. P. Grinover (et al.), *Código Brasileiro...* Op. cit., p. 24. No mesmo sentido, C. L. Marques, *Contratos...* Op. cit., p. 505.

Tal condição nos leva ao entendimento de que o Código de Defesa do Consumidor é típico de ordem pública e exerce função social, impondo novas noções valorativas que devem guiar a sociedade e impõem uma série de novos deveres imputados a outros agentes da sociedade que devem suportá-los em benefício de outros.[259]

No mesmo sentido já decidiu o Superior Tribunal de Justiça: "o caráter de norma pública atribuído ao Código de Defesa do Consumidor derroga a liberdade contratual para ajustá-la aos parâmetros da lei, impondo-se a redução da quantia a ser retida pela promitente vendedora a patamar razoável, ainda que a cláusula tenha sido celebrada de modo irretratável e irrevogável".[260]

Tal interpretação, com certeza, deve ser aplicada a relações jurídicas envolvendo consumidores e fornecedores brasileiros, não havendo como afastar a natureza de regra de ordem pública aplicada ao Código de Defesa do Consumidor.

No entanto, uma transação internacional pode não garantir a aplicação da Lei de Domicílio do Consumidor, por exemplo. O entendimento de que se aplica a lei do país de origem do consumidor é prevista no art. 5º, inciso III, da Convenção de Roma de 19 de junho de 1980, aplicável à União Europeia, mas não há como garantir sua aplicação em transações internacionais.

Tendo em vista as premissas expostas, nos parece que claro que o consumidor pode ser considerado agente capaz num contrato que preveja a solução de conflitos via arbitragem. No entanto, algumas adequações podem ser sugeridas para que a cláusula seja adotada com mais segurança e bilateralidade entre as partes.

À guisa de conclusão, em face do que já se analisou nesse capítulo, devem ser apresentadas algumas sugestões para a aplicação da arbitragem nas relações de consumo.

Além da aplicação do citado *general unconscionability standards* do direito norte-americano e a não-limitação de direitos do consumidor,

[259] C. L. Marques, *Contratos...* Op. cit., p. 506. Na mesma linha, S. L. F. da Rocha, *A Cláusula Compromissória*. Op. cit., p. 37.

[260] Superior Tribunal de Justiça, REsp nº 292.942/MG, 4ª Turma, Rel. Min. Sálvio de Figueiredo Teixeira, j. em 3.4.2001.

outros cuidados podem ser tomados para a garantia da transparência e da segurança nas relações jurídicas que envolvam consumidores.

A cláusula arbitral deve estar em destaque e é interessante que o art. 4º, § 2º, da Lei de Arbitragem seja aplicado inclusive para contratos que não são de adesão. De outro lado, a questão dos custos, muito relevante como se viu nas pesquisas citadas, deve ser assumida na totalidade pelos fornecedores, podendo, em certas situações, ser divididas entre consumidores e fornecedores, dependendo do caso – quando consumidor e fornecedor forem empresas, por exemplo.[261]

Quanto à sede da arbitragem, é importante que não seja imposto nenhum ônus demasiado ao consumidor. Não se pode admitir a previsão de arbitragem num determinado local de acesso mais difícil do que aquele no qual o consumidor exerceria seu direito de demandar caso fosse necessário recorrer ao Judiciário.[262]

Finalmente, no que tange à estrutura das cortes arbitrais de consumo, nesse trabalho foram apresentados dois modelos, um ibérico, com forte presença estatal, e um norte-americano, com regulação estatal. Disso, conclui-se ser pertinente a sugestão de Evandro Zuliani para o direito brasileiro, uma vez que a arbitragem de consumo seria coordenada por órgãos responsáveis pela defesa dos consumidores:

> a compatibilidade dos dois diplomas legais (Lei 8.078/90 e Lei 9.307/96) pode encontrar sua pedra de toque justamente nas casas destinadas à proteção do consumidor, ou seja, nos órgãos que integram o Sistema Nacional de Defesa do Consumidor (SNDC).[263]

Ricardo Ramalho de Almeida completa a sugestão com a ideia de que:

> A viabilização da arbitragem de consumo na prática dependerá, para que não se caracterize a abusividade, da criação de câmaras arbitrais independentes pelas entidades de defesa dos consumidores, além de pré-adesão dos

261 C. E. de Vasconcelos, Cláusula Compromissória, Contratos de Adesão e Relação de Consumos no Brasil in *Revista Brasileira de Arbitragem* nº 4, 2004, p. 26-27.

262 C. E. de Vasconcelos, Cláusula Compromissória... Op. cit., p. 28-29.

263 E. Zuliani , *Arbitragem e os Órgãos Integrantes...* Op. cit. Sugestões semelhantes são feitas por J. P. Cortes, Arbitragem de Consumo in *Direito & Paz*, nº 2, Lorena, Stiliano, 2000, p. 113-129.

> fornecedores de produtos e serviços, em número representativo, ao sistema que vier a ser instituído por essas câmaras, formulando ofertas públicas permanentes de submissão à arbitragem, à disposição dos consumidores. Sem diminuir em nada a proteção legal do consumidor, tal sistema poderá ser preferível ao judicial, em termos de especialização dos julgadores, celeridade e informalidade dos procedimentos, administração dos custos e previsibilidade dos resultados.[264]

Como se expôs aqui, a análise deve ser feita de modo a não impedir a aplicação da arbitragem nas relações de consumo via cláusula compromissória, devendo-se, sim, proteger com amplo rigor o consumidor hipossuficiente.

É necessário, sobretudo, analisar se o consumidor teve liberdade de consciência e de ação e se desejou, efetivamente, realizar a arbitragem. Este deverá ser o norte do intérprete e do julgador, árbitro ou juiz, para a aplicação ou não da nulidade prevista no art. 51, VII, do Código de Defesa do Consumidor.

Dessa maneira, a análise da arbitragem nas relações de consumo, do ponto de vista contratual, envolve a verificação da capacidade do agente, bem como da observação de elementos particulares do negócio. O objeto jurídico da relação de consumo, como se viu, é arbitrável.

Quer seja utilizado modelo ibérico de arbitragem de consumo com forte ingerência governamental, quer seja utilizado o modelo norte-americano com controle externo e de fiscalização sobre a arbitragem de consumo, o fato é que este ramo de arbitragem poderia ser implantado no Brasil e poderia alcançar muito sucesso, permitindo o maior respeito às leis consumeristas e aos interesses da população. Contudo, este cenário de incentivo não é o atual.

Este cenário desolador para a arbitragem das relações de consumo, felizmente, contrasta com um cenário alvissareiro para a arbitragem nas relações individuais do trabalho.

O movimento começou com o Projeto de Lei nº 406 de 2013 do Senado Federal foi mais cuidadoso e técnico com a convenção de arbitragem nos contratos de trabalho realizando um corte metodológico importante para permitir que diretores estatutários ou administrado-

264 R. de Almeida, *Arbitragem Comercial Internacional...* Op. cit., p. 128-129.

res tenham cláusulas compromissórias em seus contratos individuais de trabalho. O exagero, contudo, se deu pela exigência de que concordem com a instituição da arbitragem *a posteriori*, o que vai de encontro até mesmo com o julgamento de constitucionalidade da Lei de Arbitragem (SEC n. 5.207). A alteração pretendia incluir um parágrafo 4º no art. 4º da Lei de Arbitragem.

Ocorre, contudo, que a promulgação da Lei nº 13.129, de 26 de maio de 2015, vetou a alteração sugerida em face da legislação trabalhista. Ou seja, a possibilidade de avanço recrudesceu mais uma vez, como recrudesceu também a possibilidade de alteração do regime consumerista. O retrato, como se viu, manteve-se idêntico àquele visto no Brasil.[265]

A Alteração de governo federal em 2016 por conta do *impeachment*, no entanto, reavivou o movimento de possibilidade da arbitragem no âmbito trabalhista. Neste aspecto, o art. 507-A da CLT foi introduzido para permitir a arbitragem em contratos individuais do trabalho, com a seguinte disposição: *"Nos contratos individuais de trabalho cuja remuneração seja superior a duas vezes o limite máximo estabelecido para os benefícios do Regime Geral de Previdência Social, poderá ser pactuada cláusula compromissória de arbitragem, desde que por iniciativa do empregado ou mediante a sua concordância expressa, nos termos previstos na Lei nº 9.307, de 23 de setembro de 1996"*.

Trata-se, portanto, de uma nova realidade construída e uma clara ampliação do instituto da arbitragem a uma seara em que a sua aplicação era limitada.

1.5.5. Direitos coletivos

A análise da arbitrabilidade e da possibilidade da participação de sujeitos que estejam envolvidos por interesses coletivos, individuais homogêneos, coletivos *stricto sensu* e difusos[266] é matéria nova para a arbitragem nacional e merece análise em face da crescente ampliação de conflitos em relações nas quais uma coletividade participa.

[265] L. F. Guerrero, Convenção de Arbitragem – Da Revolução de 1996 a uma Prática em Consolidação in P. A. B. Martins, S. M. Ferreira Lemes e C. A. Carmona, *20 Anos da Lei de Arbitragem*. São Paulo. Atlas, 2017, p.152-154.

[266] A Lei nº 7.347, de 1985, e o Código de Defesa do Consumidor apresentam as três espécies de direitos ou interesses que devem ser tutelados.

A disciplina dessa questão abarcará a arbitrabilidade objetiva, isto é, saber se as questões envolvendo tais tipos de interesses poderão ser solucionadas via arbitragem e de que forma a convenção de arbitragem deve ser elaborada a fim de vincular todos interessados e titulares de direitos coletivos a essa forma de solução de conflitos.

Quanto à primeira questão, deve-se verificar que a tutela coletiva, assim, abarca dois tipos de interesses ou direitos. Uma primeira categoria abrange aqueles direitos essencialmente coletivos que seriam os difusos definidos no art. 81, inciso I, do Código de Defesa do Consumidor e os coletivos propriamente ditos ou *stricto sensu* conceituados no art. 81, parágrafo único, inciso II, do Código de Defesa do Consumidor. Uma segunda categoria é a dos direitos individuais homogêneos, que são coletivos apenas quanto à forma de tutela e estão definidos no inciso III do parágrafo único do art. 81 do Código de Defesa do Consumidor.[267]

Para que um determinado direito possa ser considerado arbitrável, devem ser levadas em consideração a natureza e as características de cada um desses interesses coletivos e, em função disso, analisar quais são aqueles que podem, *a priori*, ser objeto de arbitragem, de que forma ela se daria e quais seriam seus efeitos. A questão principal de análise, portanto, é objetiva e de representação destes interesses via arbitragem.

Assim, buscando realizar tal premissa classificatória, temos que os direitos individuais homogêneos são circunstancialmente tratados como coletivos. Um feixe de direitos individuais não se transforma em interesse coletivo pelo fato de seu exercício se dar coletivamente; sua essência permanecerá individual.[268]

Nesse caso, há um grande grau de determinação dos sujeitos que compõem a categoria e, para serem homogêneos, tais direitos devem ter uma origem fática comum, não sendo necessária uma proximidade factual ou temporal,[269] mas que os fatos ocorridos sejam provenientes de uma mesma situação, como, por exemplo, a aquisição de um lote de automóveis defeituosos de determinada montadora por diversos consumidores ao longo de determinado período. De outro lado, pode ocor-

[267] K. WATANABE in A. P. GRINOVER et al., *Código Brasileiro...* Op. cit..., p. 623.

[268] R. DE C. MANCUSO, *Interesses Difusos: Conceito de Legitimação para Agir*, 5. ed. São Paulo, RT, 2000, p. 48.

[269] K. WATANABE in A. P. GRINOVER et al., *Código Brasileiro...* Op. cit., , p. 629.

rer que haja tal unidade temporal e factual, como num acidente aéreo que resultará na busca de reparação pelos parentes das vítimas, mas tal unidade não será necessária para caracterizar os direitos individuais homogêneos. Não há necessidade, portanto, de uma relação jurídica base anterior à lesão, podendo esta relação, de acordo com os exemplos dados, ser decorrente do próprio ato lesivo.[270]

Já nos direitos coletivos *stricto sensu* há uma indivisibilidade do objeto do litígio, mas que, como indica Rodolfo de Camargo Mancuso, é uma indivisibilidade relativa, uma vez que há determinação a um ente *esponenziale* (classe ou grupo).[271]

Esta classe ou grupo não é ocasional ou factual, é fruto de um certo liame relativo a um direito comum, que pode ser organizado ou não por meio de uma relação jurídica permanente e que preexiste à lesão ou ameaça de lesão, não podendo ser a relação jurídica nascida da lesão ou da ameaça de lesão.[272] Ademais, o objeto do interesse desse grupo é indivisível. A organização não é fundamental, visto que a defesa do interesse coletivo pode beneficiar indivíduos que pertençam ao grupo, embora de forma não organizada.[273]

Por fim, os interesses ou direitos difusos são aqueles cujo grau de indeterminação dos sujeitos é o maior dentre os direitos coletivos, bem como quanto à indivisibilidade do objeto, podendo ser considerados seus titulares substancialmente anônimos.[274]

Nos direitos difusos, o objeto em litígio é indivisível na medida em que não é possível proteger um indivíduo sem que esta tutela não atinja automaticamente os demais membros da comunidade que se encontram na mesma situação. É o exemplo do fechamento de uma fábrica que poluía determinada região. A cessação da poluição beneficiará a saúde de todos e não só de um indivíduo.

270 P. da S. Dinamarco, *Ação Civil Pública*, São Paulo, Saraiva, 2001, p. 61.

271 R. de C. Mancuso et. al., *Comentários ao Código de Proteção do Consumidor*, São Paulo, Saraiva, 1991, p. 276.

272 K. Watanabe in A. P. Grinover et al., *Código Brasileiro...* Op. cit., p. 629.

273 K. Watanabe in A. P. Grinover et al., *Código Brasileiro...* Op. cit., p. 626 e P. da S. Dinamarco, *Ação Civil Pública...* Op. cit., p. 55.

274 M. S. Giannini et. al., La Tutella degli Interessi Coletivi nei Procedimenti Amministrativi in *Le Azioni a Tutela di Interessi Coletivi*, Padova, cedam, 1976, p. 23 de seguintes.

Analisados os interesses coletivos tutelados no nosso ordenamento jurídico, são possíveis exemplos de questões envolvendo direitos coletivos que podem ser solucionados por arbitragem.

A previsão da solução arbitral pode ser estipulada ainda via cláusula compromissória ou compromisso arbitral. No primeiro caso, podem ser destacadas as cláusulas compromissórias em convenções coletivas de consumo[275] ou estatutos de companhias abertas que pertençam ao mercado de níveis I, II e Novo Mercado da Bolsa de Valores de São Paulo (Bovespa).[276] Pode-se pensar ainda na hipótese de arbitragem entre sindicatos e empregadores (art. 114, § 1º e § 2º, da Constituição

[275] A convenção coletiva de consumo é caracterizada como um instrumento de eventuais conflitos nas relações de consumo, normatizando sua solução e possibilitando o estabelecimento de condições para sua solução. Representam a união de entidades representativas de consumidores e de fornecedores de modo a permitir a solução de conflitos amigável e de maneira regrada no mercado em que se atua. O código não fincou maiores limitações às convenções coletivas, mas resta claro que esta deve ser escrita e que não deve servir como instrumento de limitação de direitos do consumidor (D. R. Fink in A. P. Grinover (et. al.), *Código Brasileiro...* Op. cit., p. 911-913). Pela sua natureza de comungar direitos coletivos *stricto sensu*, nos parece possível a aplicação da arbitragem no seio das convenções coletivas de consumo.

[276] Os níveis estabelecidos pela BOVESPA estabelecem regras específicas de gerenciamento das sociedades com maior transparência e agilidade nas relações comerciais. São as regras de governança corporativa que são impostas a estas categorias de sociedades que devem seguir regras rígidas de proteção aos acionistas, ampliando seus direitos. A adesão das Companhias ao Nível 1 ou ao Nível 2 depende do grau de compromisso assumido e é formalizada por meio de um contrato, assinado pela BOVESPA, pela Companhia, seus administradores, conselheiros fiscais e controladores. Ao assinarem o contrato, as partes acordam em observar o Regulamento de Listagem do segmento específico, que consolida os requisitos que devem ser atendidos pelas Companhias listadas naquele segmento, além de, no caso das Companhias Nível 2, adotar a arbitragem para solução de eventuais conflitos societários. Já no Novo Mercado, a adesão das companhias ocorre por meio da assinatura de um contrato e implica a adesão a um conjunto de regras societárias, genericamente chamadas de "boas práticas de governança corporativa", mais exigentes do que as presentes na legislação brasileira. Essas regras, consolidadas no Regulamento de Listagem do Novo Mercado, ampliam os direitos dos acionistas, melhoram a qualidade das informações usualmente prestadas pelas companhias, bem como a dispersão acionária e, ao determinar a resolução dos conflitos societários por meio de uma Câmara de Arbitragem, oferecem aos investidores a segurança de uma alternativa mais ágil e especializada. Dentro deste novo sistema, a adoção da arbitragem é uma regra, sendo clara a possibilidade de realização de arbitragens envolvendo direitos coletivos *stricto sensu*.

Federal de 1988). Já na hipótese do compromisso arbitral, ele pode ser incluído em acordo celebrado entre vítimas e causador de acidente para a solução do conflito.

Aptos a permitir a utilização da convenção de arbitragem, há também os contratos coletivos ou difusos apresentando certa limitação de liberdade à disposição das partes. Como já se disse ao tratar da arbitragem de consumo, o abuso contra a coletividade ou o consumidor pode existir, mas deve ser analisado casuisticamente. Como demonstra Roberto Senise Lisboa, há uma grande semelhança de forma e estrutura com os contratos de adesão, já que a negociação coletiva exige uma predisposição contratual.[277] Há uma necessária alteração de interpretação e as disposições assumidas pela coletividade devem ser analisadas com o mesmo cuidado das disposições assumidas pelo consumidor, por exemplo, mas sem impedir, *a priori*, a possibilidade de contratar.

Pelo que se expôs neste trabalho, a arbitragem depende de um liame negocial subjacente para ser realizada, cláusula compromissória ou compromisso arbitral. Nesse sentido, quando se fala em arbitragem de direitos coletivos *lato sensu*, a questão passa a ser de representação, isto é, saber se aquele que celebrou um dos gêneros da convenção de arbitragem era ou não apto para vincular o grupo e de disponibilidade dos interesses. Dessa forma, como bem salienta Teresa Cristina Gonçalves Pantoja,

> na proposta feita ao particular, para que este firme um TAC com o Estado, fica patente a possibilidade de serem objetos de transação os efeitos patrimoniais consequentes à conduta danosa ou perigosa. Se não houvesse disponibilidade, até certa medida, do legítimo interesse tutelado pelo Estado, do meio ambiente sadio, não poderiam os TACs ser propostos e nem chancelados.[278]

De qualquer forma, nos parece interessante a solução dada por Roberto Senise Lisboa. Os entes legitimados para defesa desses grupos no processo, na chamada legitimação extraordinária, também o

[277] R. S. Lisboa, *Contratos Difusos e Coletivos*, São Paulo, RT, 1997, p. 135-136.

[278] T. C. G. Pantoja, Anotações sobre Arbitragem em Matéria Ambiental in *Revista de Arbitragem e Mediação* nº 11, São Paulo, RT, 2006, p. 85.

seriam para a defesa dos interesses das partes nos contratos coletivos[279] e poderiam, sem dúvida, participar de um procedimento arbitral tutelando o interesse da coletividade.

Não há por que impedir tal possibilidade. Sendo respeitados os direitos inerentes à coletividade, bem como a equidistância entre as partes dos árbitros e o respeito às demais regras de conduta do árbitro, não se vê nenhuma dificuldade capaz de impedir a arbitragem nestes casos.

Assim, parece não haver restrição para a arbitragem que envolva direitos individuais homogêneos, hipótese de parentes de vítimas de acidente fatal que realizam arbitragem para apuração de responsabilidade civil e fixação de indenizações, e direitos coletivos *stricto sensu*, questões envolvendo, por exemplo, sindicatos ou associações de defesa de consumidores.

A existência de um negócio jurídico base ou de um fato comum que vincule indivíduos de modo semelhante facilita a transposição desta relação coletiva de direito material, associação ou sindicato, por exemplo, e a vinculação do grupo à arbitragem. A hipótese de uma determinada associação de consumidores celebrar uma convenção de arbitragem para resolver conflitos de uma convenção coletiva de consumo não é uma hipótese juridicamente impossível.

Claro que a análise aqui realizada é feita aprioristicamente e, no caso, concreto, podem ser verificadas circunstâncias que impeçam a arbitragem, como elevados custos, ou mostrem qualquer outra tentativa de se prejudicar o interesse coletivo. De qualquer forma, não se dirá não, de plano, à arbitragem coletiva.

Caso a parte lesada demonstre que há abusividade nas disposições da arbitragem ou intenção de prejuízo à coletividade, obviamente, o Judiciário poderá receber tal reivindicação e analisará se as alegações se justificam ou não. Na hipótese de não haver razão, a coletividade estará vinculada à arbitragem e aos efeitos da decisão *secundum eventum litis*.

Quanto aos direitos difusos, a aplicação se torna mais complicada ou até impossível, tendo em vista a dispersão elevada destes interesses e a dificuldade de se identificarem os titulares deste tipo de interesse e em diante vinculá-los via representação a um dos gêneros da convenção de arbitragem.

[279] R. S. Lisboa, *Contratos Difusos e Coletivos...* Op. cit., p. 136.

Cabe ainda mencionar o exemplo do modelo americano. São comuns os litígios que envolvam uma determinada empresa e uma coletividade determinável que são solucionadas via programas nacionais de arbitragem, principalmente do setor automotivo. Desde a década de 1980 do século passado, a solução de conflitos envolvendo direitos individuais homogêneos via arbitragem é realizada com frequência. As montadoras, principalmente, disponibilizam esta forma de solução de conflitos nos casos de *recall*, por exemplo, permitindo que a solução arbitral possa beneficiar proprietários de veículos com defeito, sem, no entanto, impedir-lhes o acesso ao Judiciário. Tais programas de arbitragem, inclusive, contam com o apoio de agências governamentais que incentivam e fiscalizam a utilização da arbitragem, como a FEDERAL TRADE COMMISSION.[280]

É exatamente nesse sentido a proposta do ANTEPROJETO DE CÓDIGO BRASILEIRO DE PROCESSOS COLETIVOS elaborada pelo INSTITUTO BRASILEIRO DE DIREITO PROCESSUAL capitaneado pela Professora ADA PELLEGRINI GRINOVER no Curso de Pós-Graduação da Faculdade de Direito da Universidade de São Paulo, que no seu art. 3º, § 2º, permite que seja utilizada a arbitragem para a solução de conflitos envolvendo direitos coletivos *stricto sensu* e direitos individuais homogêneos, observando a disponibilidade do bem jurídico protegido, com aplicabilidade do Código de Processo Civil.[281]

[280] *"FTC announces GM paid more than $ 40 million to consumers for engine or transmission repairs"* e *"Consumers have received more than $ 3 million so far under FTC/GM arbitration program"* in www.ftc.gov/opa, acessado em 16 de abril de 2004.

[281] "Art. 3º Efetividade da tutela jurisdicional – Para a defesa dos direitos e interesses indicados neste Código são admissíveis todas as espécies de ações e provimentos capazes de propiciar sua adequada e efetiva tutela, inclusive os previstos no Código de Processo Civil e em leis especiais.

§ 1º O juiz, instaurado o contraditório, poderá desconsiderar a pessoa jurídica, nas hipóteses previstas no artigo 50 do Código Civil e no artigo 4º da Lei nº 9.605/98.

§ 2º Para a tutela dos interesses e direitos previstos nas alíneas II e III do artigo 4º e observada a disponibilidade do bem jurídico protegido, as partes poderão estipular convenção de arbitragem, a qual se regerá pelas disposições do Código de Processo Civil e da Lei nº 9.307, de 23 de setembro de 1996" in http://www.direitoprocessual.org.br/dados/File/enciclopedia/CBPC%202007%2001%2031%20-%20Entregue%20ao%20governo.doc, acessado em 8 de janeiro de 2008.

Analisado o objeto da convenção de arbitragem em direitos coletivos, há também que se analisar de que forma a convenção de arbitragem será estrutura nessas situações, principalmente sob o ponto de vista da presença de convenções de arbitragem em contratos coletivos e da possibilidade de consolidação de procedimentos arbitrais.

A presença de convenções de arbitragem em contratos coletivos é possível desde que o consumidor tenha pleno conhecimento da sua existência no momento da celebração do contrato. É nesse sentido que caminha a jurisprudência canadense ao comparar o Judiciário e a arbitragem, afirmando que "não há referência específica na lei sobre a precedência de um veículo processual sobre o outro".[282]

Além disso, o sistema canadense adota solução interessante com a exigência de que a arbitragem só possa ser transformada em coletiva se nos contratos individuais existir previsão expressa para tanto. Ou seja, só pode ocorrer arbitragem coletiva envolvendo direitos homogêneos ou coletivos *stricto sensu* em algumas situações.[283]

De outro lado, a defesa dos citados direitos ou interesses coletivos arbitráveis, individuais homogêneos e coletivos *stricto sensu*[284] deve ser feita da mesma forma que é feita em juízo, só que no âmbito de uma arbitragem. Como no sistema americano, os custos devem ser suportados pelas empresas que, de outro lado, contarão com o sigilo da solução arbitral, caso estabelecido na convenção.

Ademais, como afirmam Vern E. Hauck e John C. South:

> O processo arbitral foi revisado justamente para permitir a solução desse tipo de questão [conflitos coletivos]. Deve-se buscar a legalidade e a Justiça na produção de provas e com a representação da parte reclamante buscar

[282] *Cf. Union des consommateurs c. Dell Computer Corporation*, [2004] J.Q. No 155 (C.S.), aff'd [2005] Q.C.C.A. 570 (traduzido em inglês).

[283] B. Barin, A. D. Little e R. A. Pepper, *The Osler Guide*... Op. cit.,p. 44-45.

[284] Tal permissão se torna mais clara nos litígios trabalhistas, especialmente nos parágrafos 1º e 2º do art. 114 da Constituição Federal de 1988, que faz menção expressa à utilização da arbitragem em negociações coletivas. Nada mais do que uma convenção arbitral para a solução de direitos coletivos será celebrada. Ademais, para afastar de vez qualquer limitação à arbitragem coletiva, o Tribunal Superior do Trabalho já fixou entendimento no sentido da renunciabilidade dos direitos do trabalho, tornando a controvérsia trabalhista arbitrável (Recurso de Revista nº 1650/1999-03-15-00-3, *Diário de Justiça*, 30 de setembro de 2005).

documentos que lhe sejam relevantes tendo em vista as suas limitações técnicas.[285]

É importante ressaltar que o sigilo não diz respeito ao procedimento arbitral em si, não há problema em saber que há um conflito sendo resolvido via arbitragem, mas sim ao conteúdo deste conflito. Os árbitros analisarão a legitimidade adequada, por exemplo, e proferirão uma sentença arbitral nos mesmos moldes de uma sentença coletiva na esfera judicial. Embora tendo em vista a relevância dos interesses envolvidos, o sigilo da arbitragem pode ser suprimido, impedindo quaisquer questionamentos sobre a regularidade do procedimento instaurado.

A solução mais comum, no direito internacional, tendo em vista a regra geral de que quem não celebrou convenção de arbitragem não pode ser obrigado a participar do procedimento arbitral e muito menos ser obrigado a cumprir uma decisão arbitral, é aplicada nas arbitragens coletivas. A solução é muito semelhante àquela que se aplica aos processos coletivos no Brasil, qual seja, a solução coletiva pode ser aproveitada pelos indivíduos, mas não será imposta a eles caso não tenham participado do processo coletivo que tenha tido resultado contrário.

Havendo necessidade de liquidação eventual, poderá ser feita no Judiciário, como prevê o art. 98 do Código de Defesa do Consumidor.[286]

[285] V. E. Hauck e J. C. South, Arbitrating Discrimination Grievances in M. K. Mills, *Alternative Dispute Resolution in the Public Sector*, Chicago, Nelson-Hall Publisher, 1991, p. 29-43.

[286] Embora o árbitro tenha a jurisdição para a cognição do caso trazido à sua análise, tal lei permite que as partes interessadas requeiram a liquidação da sentença arbitral no Judiciário o que além de não ter amparo técnico, pois a liquidação é uma atividade ligada à cognição, certamente causará transtornos para aqueles que tenham infortúnio de litigar com um mau pagador. É mais uma fase, sempre rechaçada pela doutrina arbitral, que agora passa a ter amparo legal e permitirá uma série de recursos para aqueles que quiseram postergar o cumprimento da sentença. A liquidação se daria pela liquidação por artigos estabelecido no art. 95 do Código de Defesa do Consumidor (C. R. Dinamarco, Três Figuras da Liquidação de Sentença in J. C. Barbosa Moreira (org.), *Estudos de Direito Processual em Memória de Luiz Machado Guimarães*, Rio de Janeiro, Forense, 1997, p. 85-112), sem, no entanto, descuidar da primazia da tutela específica presente no sistema de proteção dos interesses coletivos – C. A. Salles, Execução Específica e a Ação Civil Pública in E. Milaré (coord.), *A Ação Civil Pública – após 20 anos: efetividade e desafios*, São Paulo, RT, 2005, p. 86-87.

Os recentes episódios de corrupção no Brasil envolvendo Companhias no contexto do mercado de capitais reavivaram a discussão da utilização da arbitragem coletiva para discussão e apuração dos eventuais prejuízos causados aos investidores.[287] Este foi o pedido realizado frente a painel arbitral sobre as regras da B3.[288] De fato, as questões envolvendo direito individuais homogêneos, especialmente, tem uma possibilidade de utilização ampla.

1.5.6. A administração pública

A última questão, quanto aos agentes que realizam a arbitragem, a ser analisada é aquela que trata da possibilidade da participação da administração pública na arbitragem.

Para facilitar a análise desta questão, serão analisadas as três principais vertentes problemáticas quando se examina a possibilidade de utilização da arbitragem nas relações que envolvem a administração pública: (i) arbitrabilidade dos conflitos envolvendo a administração pública; (ii) necessidade da previsão legal específica da arbitragem; e (iii) estruturação da convenção de arbitragem e do procedimento arbitral, com a previsão dos elementos do procedimento que devem ser especificados na convenção.

Em primeiro lugar, de acordo com o plano exposto, deve ser analisada uma vertente objetiva, isto é, responder em que circunstâncias o Estado poderá adotar convenções de arbitragem em seus contratos, isto é, se um ente é apto ou não para celebrar uma convenção de arbitragem e, portanto, se submeter à solução de um determinado conflito via arbitragem. Do ponto de vista subjetivo, a arbitragem estatal não depende da análise da arbitrabilidade objetiva, visto que "sempre que puder contratar, o que importa disponibilidade de direitos patrimoniais, poderá a administração, sem que isso importe disposição do interesse público, convencionar cláusula de arbitragem".[289]

[287] *Cfr.* A. L. A. Nery, *Arbitragem Coletiva*, São Paulo, RT, 2017.

[288] *Cfr.*https://br.reuters.com/article/businessNews/idBRKCN1BW36G-OBRBS, acessado em 2.6.2019.

[289] E. Roberto Grau, Da Arbitrabilidade de Litígios Envolvendo Sociedades de Economia Mista e da Interpretação da Cláusula Compromissória in *Revista Brasileira de Direito Administrativo*, nº 18, 2002, p. 395-405.

Nesse caso, deve ser tomado como marca a nova forma de atuação do Estado como agente propulsor das atividades econômicas, atuando como um verdadeiro empresário em busca de resultados econômicos próprios da atividade privada.[290] A atuação do Estado aqui se dá, para algumas atividades estratégicas, em oposição ao chamado Estado regulador:

> É sabido que o Estado atualmente não tem condições de monopolizar a prestação direta, executiva, de todos os serviços sociais de interesse coletivo. Estes podem ser executados por outros sujeitos, como associações de usuários, fundações ou organizações não governamentais sem fins lucrativos, sob acompanhamento e financiamento do Estado. Não prover diretamente o serviço não quer dizer tornar-se irresponsável perante essas necessidades sociais básicas. Não se trata de reduzir o Estado a mero ente regulador. O Estado apenas regulador é o Estado Mínimo, utopia conservadora insustentável ante as desigualdades das sociedades atuais. Não é este o Estado que se espera resulte das reformas em curso em todo mundo. O Estado deve ser regulador e promotor dos serviços sociais básicos e econômicos estratégicos. Precisa garantir a prestação de serviços de saúde de forma universal, mas não deter o domínio de todos os hospitais necessários; precisa assegurar o oferecimento de ensino de qualidade aos cidadãos, mas não estatizar todo o ensino. Os serviços sociais devem ser fortemente financiados pelo Estado, assegurados de forma imparcial pelo Estado, mas não necessariamente realizados pelo aparato do Estado.[291]

O Estado deixa de gerenciar apenas a atividade econômica, sem nela interferir ativamente. Deixa de ser somente um defensor de princípios de atuação econômica para, em determinados casos, ser também um agente econômico.[292]

Tal atuação é nítida na constituição de empresas públicas e das sociedades de economia mista. Assim, fixou-se o entendimento de que,

[290] J. C. de Magalhães, Contratos com o Estado in *Revista Brasileira de Arbitragem* nº 3, São Paulo, IOB, 2003, p. 24.

[291] P. Modesto, Reforma do Marco Legal do Terceiro Setor no Brasil, http://www.bresserpereira.org.br/Terceiros/Autores/Modesto,Paulo/terceirosetorreforma.PDF, acessado em 8 de janeiro de 2008, p. 35.

[292] J. C. de Magalhães, *Do Estado...* Op. cit., p. 105.

agindo como um ente ativamente no mercado, a administração pública pode se submeter à arbitragem como forma de solução de controvérsias nos contratos com particulares.

O SUPREMO TRIBUNAL FEDERAL, no célebre caso da *Organização Lage*,[293] já se manifestou neste sentido.[294] Já na década de 1970, este tribunal entendeu que o juízo arbitral não deveria ser impedido ao Estado sob pena de restringir-lhe a liberdade contratual, pelo menos, numa relação privada,[295] isto é, quando atua como agente econômico.

É determinante, ainda, a lição de EROS ROBERTO GRAU:

> Estas últimas, atividade econômica em sentido estrito, embora de titularidade do setor privado, podem, não obstante, ser exploradas pelo Estado. Isso poderá ocorrer tanto nas hipóteses enunciadas no art. 173 da Constituição – isto é, se a exploração direta pelo Estado, por necessária aos imperativos da segurança nacional ou relevante interesse coletivo – quanto nos casos nos quais tal tenha sido determinado pela própria Constituição. [296]

É esta a diferenciação fundamental para a permissão de aplicabilidade da arbitragem.

São, assim, dois os campos de atuação estatal indicados pela doutrina. O primeiro é aquele dos interesses públicos primários, satisfazendo os interesses finalísticos do Estado, ou seja, a atividade privativa deste como nomeia EROS ROBERTO GRAU. De outro lado, os interesses secundários são aqueles que tratam de direitos patrimoniais disponíveis, de caráter instrumental para a atuação do Estado.

[293] Agravo de Instrumento nº 52.181-GB, Agravante: União Federal e Agravados: Espólio de Renaud Lages e Outros in *RTJ*, v. 68, p. 382.

[294] Neste caso, o Estado incorporou bens do espólio de Henrique Lage sob o pretexto de garantia da segurança nacional. Avaliados os bens, estes foram vendidos em hasta pública, sendo uma parte destinada ao pagamento de débitos fiscais e o restante restituído aos herdeiros. A família Lage, após este procedimento, propôs a criação de um tribunal arbitral para a solução do conflito e este foi aceito pelo Estado nos termos do Decreto-lei nº 9.521.

[295] Nos termos do voto do Ministro Relator BILAC PINTO in *RTJ*, v. 68, p. 393.

[296] E. R. GRAU, *A Ordem Econômica na Constituição de 1988*, 6. ed., São Paulo, Malheiros, 2001, p. 150. A estruturação desta teoria parte do ideário de RENATO ALESSI e a diferenciação por ele criada entre interesse público primário e secundária in *Principi di Diritto Amministrativo*, 4. ed., Milano, Giuffrè, 1978, p. 232-233.

No mesmo sentido, SELMA MARIA FERREIRA LEMES afirma:

> Há de se verificar, por conseguinte, se se impõe a supremacia do interesse público ou estamos diante do enunciado do art. 173, § 1º (relações de direito privado).
>
> O elemento diferenciador, como mencionado, consubstancia-se na verificação da natureza jurídica da contratação havida entre a Empresa Estatal e o particular. Se estamos diante da prestação de serviço público, impondo-se, por consequência, a supremacia do interesse público ou se estamos nas mesmas condições do setor privado (art. 173, § 1º)[297]

E a referida autora conclui:

> Por conseguinte, se o teor da Lei nº 9.307, de 1996, direitos patrimoniais disponíveis são arbitráveis e os interesses patrimoniais da Administração são disponíveis, com clareza meridiana conclui-se que a Administração Pública pode dispor desta forma de solução de controvérsias também na acepção da arbitrabilidade objetiva.
>
> Destarte, elucidado que direitos patrimoniais (econômicos) se referem aos interesses públicos secundários, que são disponíveis e servem para operacionalizar (caráter instrumental) os interesses públicos originários.[298]

Os interesses nesses casos, em geral, são patrimoniais com forte apelo econômico, por isso dizer, do ponto de vista subjetivo, que as questões são arbitráveis quando o Estado atua como agente econômico, mesmo que utilize tais interesses de natureza secundária para operacionalizar interesses primários.

De outro ponto, é um erro muito comum relacionar a indisponibilidade de direitos a tudo que possa ser associado à administração pública.[299] A atividade pública, dependendo de seu enfoque, pode estar

[297] S. M. FERREIRA LEMES, Arbitragem e os Novos Rumos Empreendidos na Administração Pública: A Empresa Estatal, o Estado e a Concessão de Serviço Público in P. A. B. MARTINS, S. M. FERREIRA LEMES e C. A. CARMONA, *Aspectos Fundamentais...* Op. cit., p.179-180.

[298] S. M. FERREIRA LEMES, *Arbitragem na Administração Pública*, São Paulo, Quartier Latin, 2007, p. 140-141.

[299] *Cf.* E. R. GRAU, Da Arbitrabilidade de Litígios Envolvendo Sociedades de Economia Mista e da Interpretação da Cláusula Compromissória in *Revista de Direito Bancário, do Mercado de Capitais e da Arbitragem*, nº 18, São Paulo, RT, 2002, p. 398.

sujeita a uma disciplina diversa, que permita a imposição de mitigações à atuação estatal como, por exemplo, a permissão da arbitragem. Complementando tal entendimento, CARLOS ALBERTO CARMONA assevera:

> A arbitragem, portanto, coloca-se como opção válida para a solução de litígios, não se podendo confundir disponibilidade ou indisponibilidade de direitos patrimoniais com disponibilidade ou indisponibilidade do interesse público.[300] [Destaques no original.]

É, portanto, esta atividade pública com cunho privado ou econômico a categoria que permite a aplicação da arbitragem à atividade da administração pública. Ademais, a escolha do foro, previsto em lei, parece não impedir a utilização da arbitragem quando se analisa as legislações pertinentes de modo mais amplo.

Assim retornamos àquela classificação da atuação do Estado como agente econômico ou de acordo com o seu interesse público secundário como permissivos objetivos para a arbitragem. Sempre que puder contratar, o que importa na disponibilidade de direitos patrimoniais, poderá a administração, sem prejudicar o interesse público primário, utilizar a arbitragem.[301]

Já na França, o Código de Napoleão (art. 2060) foi alterado em 1975 de modo a permitir que certas categorias de estabelecimentos públicos pudessem participar de arbitragem. Certamente, a questão da necessidade da existência de permissão legal para a celebração de arbitragem no Brasil tem sua origem na disposição do Código Civil francês. Tal permissão é concedida a uma determinada categoria econômica e não a uma empresa ou agência pública individual.[302]

Em 1986, com o avanço das atividades comerciais internacionais, foi imposta nova mudança ao Código de Napoleão, permitindo que a administração pública francesa, no exercício de atividades econômicas, pudesse celebrar contratos com a previsão de arbitragem. Neste sistema,

[300] C. A. CARMONA, *Arbitragem e Processo...* Op. cit., p. 66.

[301] E. R. GRAU, Arbitragem e Contrato Administrativo in *Revista da Escola Paulista da Magistratura*, v. 3, nº 2, Imprensa Oficial, 2002, p. 58.

[302] B. GOLDMAN, E. GAILLARD e P. FOUCHARD, *Traité...* Op. cit., p. 345-346.

por exemplo, foi constituída a sociedade que deu origem ao parque *Eurodisney* e questões envolvendo a construção de dutos da *Gatoil*.[303]

São, assim, dois sistemas de aplicação da arbitragem que envolva administração pública no sistema francês. No direito interno, há a necessidade de previsão legal para a aplicação da arbitragem. Já quando se trata de questão de direito internacional, basta que o ente estatal esteja agindo como agente econômico para que se permita a aplicação da arbitragem.[304]

Vê-se, assim, que o sistema francês difere do entendimento majoritário aplicado no Brasil. Aqui, como se demonstrou, a necessidade de previsão legal para a arbitragem não é regra, ao contrário do sistema francês, no qual a existência de previsão legal, no direito interno, é fundamental.

Do ponto de vista de arbitrabilidade subjetiva, a ação como agente econômico é suficiente. A Lei de Arbitragem não impôs nenhuma limitação ao tipo de pessoa capaz de contratar para a realização da arbitragem. Pessoa capaz de contratar, como afirma o referido autor, poder ser tanto pessoa física ou jurídica de direito público ou privado.[305]

Por fim, Heleno Taveira Torres apresenta solução ousada para a aplicação de métodos de solução de conflitos, dentre os quais está a arbitragem, entre o fisco e os contribuintes. O entendimento parte da inexistência de previsão constitucional que impeça a aplicação da arbitragem para a solução de conflitos via arbitragem, pois "não se encontra em artigo algum da Constituição qualquer impedimento para a adoção de soluções pactícias em matéria tributária, cabendo a lei decidir fazê-lo, nos termos e limites que julgar satisfatórios".[306]

[303] B. Goldman, E. Gaillard e P. Fouchard, *Traité*... Op. cit., p. 336-337.

[304] B. Goldman, E. Gaillard e P. Fouchard, *Traité*... Op. cit., p. 336-337.

[305] J. E. Nunes Pinto, A Arbitrabilidade de Controvérsias nos Contratos com o Estado e Empresas Estatais in *Revista Brasileira de Arbitragem* nº 1, São Paulo, IOB Thompson, 2004, p. 15. No mesmo sentido, S. M. Ferreira Lemes, *Arbitragem na Administração Pública*... Op. cit., p. 117.

[306] H. T. Torres, Transação, Arbitragem e Conciliação Judicial como Medidas Alternativas para Resolução de Conflitos entre Administração e Contribuintes: Simplificação e Eficiência Administrativa in *Revista de Direito Tributário*, nº 86, São Paulo, Malheiros, 2003, p. 59-62.

Na mesma medida, o Estado criou *Câmara Administrativa* para solucionar conflitos inclusive via arbitragem, por meio da Medida Provisória nº 71/2002. Para a aplicação de forma de solução alternativa, no entanto, deveriam ser aplicados princípios de legalidade, bem como ajustes necessários, como a possibilidade de escolha da lei e do procedimento aplicável à forma de solução de conflito, de modo a permitir que a arbitragem possa, no futuro, ser forma de solução de conflitos também para direitos públicos primários, no caso, a discussão sobre tributos.

Ademais, surge também, como mencionado, discussão acerca do princípio da legalidade e a eventual necessidade de previsão legal expressa acerca da utilização da arbitragem e sua relevância para o direito administrativo. Desta forma, deve-se analisar a permissão legal para a aplicação da arbitragem em questões que envolvam a administração pública.

Partindo de uma análise de legalidade estrita, a Lei de Arbitragem permitiria a aplicação da arbitragem para litígios que envolvam a administração pública e particulares, uma vez que dispõe ser aplicável a arbitragem, subjetivamente, a pessoas maiores e capazes de contratar.[307]

Merece destaque a crescente permissão legal para a aplicação da arbitragem como forma de solução de conflitos envolvendo a administração. São precedentes as disposições da Lei nº 8.666, de 1993, a chamada Lei de Licitações. Já neste ponto surge a primeira polêmica, pois a referida lei dispõe no seu art. 55, § 2º, que o contrato de licitação deve prever foro para a solução de conflitos e que o termo *foro* seria aplicável apenas ao Judiciário. Na verdade, nos parece que esta disposição não impede a atuação da arbitragem e que, de outra maneira, esta não é em si um procedimento completo, pois o árbitro não é dotado de império, sua jurisdição é limitada, sendo fundamental que o foro determinado no contrato exista, pelo menos, para uma eventual execução da sentença arbitral.

O fato de prever um determinado foro, contudo, não determina ou impede a proibição da arbitragem. Destaque-se que esta lei é anterior à

[307] G. Giusti e A. D. C. Trindade, As Arbitragens Internacionais Relacionadas a Investimentos: a convenção de Washington, o ICSID e a Posição do Brasil in *Revista de Arbitragem e Mediação* nº 7, São Paulo, RT, 2005, p. 73.

lei de arbitragem, o que torna sua permissão de solução de controvérsias limitada.

A Lei nº 8.987, de 1995, a Lei das Concessões, permite a aplicação da arbitragem. A limitação técnica neste caso foi solucionada talvez porque a Lei de Arbitragem não estivesse em vigor. De modo explícito, discutiu-se a questão do foro como cláusula essencial dos contratos, mas também sobre a forma amigável de solução de conflitos. O mesmo se deu com a Lei nº 13.448, de 2017.

Na mesma linha seguiram a Lei nº 9.472, de 1997, Lei Geral das Telecomunicações; a Lei nº 9.478, Lei de Política Energética Nacional; a Lei nº 10.233, de 2001, Lei dos Transportes Aquaviários e Terrestre; a Lei nº 10.433, de 2002, Lei do Mercado Atacadista de Energia Elétrica; e Lei nº 12.815, de 2013, Lei dos Portos.[308] Todos estes casos, já posteriores à Lei de Arbitragem, privilegiaram a aplicação do instituto e tiveram como norte a forma de atuação do Estado que, como se verá, é a de um investidor, agente econômico. De acordo com EDUARDO GREBLER, é nítida a intenção do legislador de deixar explícita a previsão de aplicação da arbitragem.[309]

Recentemente, a lei federal que regula a instituição das parceiras público-privadas (Lei nº 11.079, de 2004) prevê a aplicação da arbitragem na solução de conflitos que envolvam o Estado e os particulares parceiros, com o intuito claro de mitigar os riscos a este último, permitindo a utilização de um foro imparcial, não componente dos poderes estatais, para a solução de conflitos.

São, desta maneira, muito amplos os campos de atuação da arbitragem envolvendo Estado como agente econômico, embora não seja de todo fundamental que a aplicação da arbitragem numa determinada atividade do Estado dependa de lei específica.

[308] É importante explicitar ainda a Resolução Conjunta nº 2, de 2001, das Agências Aneel, Anatel e ANP que criaram um tribunal arbitral conjunto para a solução de conflitos no âmbito de atuação destas agências. É necessário deixar claro, como afirma LUIZ RANGEL DE MORAES, que a decisão deste tribunal não será uma decisão administrativa, mas uma sentença passível de execução judicial e os árbitros escolhidos para a solução de um conflito nestes casos, devem ter clara esta distinção (L. R. DE MORAES, Arbitragem e as Agências Reguladoras in *Revista de Arbitragem e Mediação* nº 2, São Paulo, RT, 2005, p. 83-85).

[309] E. GREBLER, A Solução de Controvérsias em Contratos de Parceria Público Privada in *Revista de Arbitragem e Mediação* nº 2, São Paulo, RT, 2004, p. 64.

O ponto nevrálgico é que a permissão em lei torna a questão indiscutível. Contudo, Carlos Alberto Carmona alerta: "A preocupação com a autorização legal para submeter eventuais litígios à solução arbitral está efetivamente presente na mente do legislador [...] o que não pode servir, entretanto, de óbice à validação de convenções arbitrais inseridas nos contratos administrativos".[310] Tendo em vista que as partes decidiram utilizar a arbitragem, criando, inclusive, expectativas mútuas, a alteração de disciplina após o estabelecimento de regras claras e aceitas deve ser coibida, sendo invocado o princípio da boa-fé contratual.

Finalmente, superada a discussão mais recorrente na doutrina e na jurisprudência, qual seja, a natureza dos agentes públicos que podem utilizar a arbitragem como forma de solução de conflitos, deve ser analisada outra questão de suma importância para as arbitragens administrativas, que diz respeito à elaboração da convenção de arbitragem e procedimentalização da arbitragem que envolva interesses públicos e de que forma ele deve ser compatibilizado com os princípios que regem a administração pública.

Sobre a Europa, José Luis Esquível analisou a questão, afirmando: "Quer o contrato administrativo, quer a arbitragem comungam, quanto à respectiva formação, de um aspecto comum, o da formalização",[311] nas situações ou atividades nas quais a administração pública possa adotar um regime de direito privado,[312] sendo a arbitragem um contrato administrativo processual para a solução de litígios.[313]

A utilização da arbitragem na administração pública dependerá do limite de disposição do ente público envolvido, principalmente do ponto de vista objetivo, isto é, de matérias arbitráveis. Em seguida, deve-se procedimentalizar a arbitragem caso surja um conflito e, aí, a questão deve ser administrada de acordo com a legislação vigente e os requisitos nela estabelecidos.[314]

[310] C. A. Carmona, *Arbitragem e Processo...* Op. cit., p. 67. No mesmo sentido, Carlos Alberto de Salles, *Arbitragem em Contratos Administrativos*, Rio de Janeiro, Forense, 2011.

[311] J. L. Esquível, *Os Contratos Administrativos e a Arbitragem*, Coimbra, Almedina, 2004, p. 250.

[312] S. G. Lera, *El Ámbito de Aplicación del Arbitraje*, Pamplona, Aranzadi, 1998, p. 262-263.

[313] J. L. Esquível, *Os Contratos Administrativos...* Op. cit., p. 250.

[314] J. L. Esquível, *Os Contratos Administrativos...* Op. cit., p. 263.

Assim, entidades arbitrais como as Câmaras que irão administrar conflitos envolvidos a administração pública, bem como seus procedimentos estabelecidos, deverão estar de acordo ou deverão ser adequadas às regras previstas na legislação e aos princípios aplicáveis à administração pública. Nesse sentido, José Luis Esquível afirma que a arbitragem institucionalizada deve ser preferida em relação à arbitragem *ad hoc*, já que se torna mais simples coadunar os princípios da administração pública com as legislações aplicáveis a um sistema de arbitragem já existente, ao invés de criar regras que ainda não tenham passado pelo crivo da prática.[315]

De outro lado, de acordo com o princípio da publicidade, que rege a administração pública nacional, Dennys Zimmermann entende que a arbitragem não poderá ser sigilosa.[316] No entanto, não nos parece que o sigilo do procedimento arbitral afete alguma regra da Constituição Federal, pois os contratos administrativos que contenham cláusula compromissória serão divulgados e a sentença arbitral decorrente de processo envolvendo o Estado também deverá ser divulgada.[317] Contudo, se houve alguma irregularidade durante o procedimento, tal questão poderá ser apurada posteriormente pelo Ministério Público Federal, por exemplo, ou até mesmo pela Polícia Federal.

A análise é semelhante à do processo judicial. O Estado, por meio dos seus procuradores, não é obrigado a divulgar as peças elaboradas, por exemplo, mas o que o administrado deve saber é o resultado dos atos do administrador e se alguma irregularidade ocorreu. Do contrário, o sigilo do procedimento arbitral não causa nenhum problema. Na mesma linha, em determinadas situações, há uma situação excepcional de sigilo nas contratações administrativas que diz respeito aos chamados contratos sigilosos previstos no Decreto nº 7.845, de 2012.

315 J. L. Esquível, *Os Contratos Administrativos...* Op. cit., p. 272.

316 D. Zimmermann, Alguns Aspectos sobre a Arbitragem nos Contratos Administrativos à Luz dos Princípios de Eficiência e do Acesso à Justiça: Por uma Nova Concepção do que seja Interesse Público in *Revista de Arbitragem e Mediação*, nº 12, São Paulo, RT, 2007, p. 91.

317 Nesse sentido, José Afonso da Silva manifesta o mesmo entendimento de que tal princípio não é absoluto comentado acerca de pareceres: *"É de se ponderar, contudo, que os* pareceres *só se tornam públicos após sua aprovação final pela autoridade competente"* (*Comentário Contextual à Constituição*, São Paulo, Malheiros, 2005, p. 336).

A questão é realmente polêmica, mas parece que não se deve, por exemplo, questionar a arbitragem envolvendo a administração pública simplesmente porque ela foi sigilosa, devendo ser verificada a regularidade do procedimento e se o sigilo foi usado apenas para encobrir atos ilegais ou que ofendam a ordem pública nacional.

Finalmente, quanto às regras de julgamento, há uma clara limitação à utilização da equidade já que os julgamentos que envolvam a administração pública devem estar sujeitos à lei, isto por exigência do princípio da legalidade. E de preferência, a legalidade aplicável deve ser aquela da administração pública envolvida.[318] A equidade permite, inclusive, o julgamento *contra legem*, o que não deve ser permitido em julgamentos que envolvam a administração pública.

Já no Brasil, as regras gerais apontadas por José Luis Equível encontram ressonância nas análises da legislação aplicável aos contratos administrativos, especialmente as Leis nº 8.666, de 1993, que disciplina os contratos com a administração pública; nº 8.975, de 1995, que disciplina as concessões; e nº 11.079, de 2004, que regula as parcerias público-privadas.[319]

A doutrina também segue esta linha de raciocínio e considera, com mais ou menos polêmica em relação às leis indicadas acima, que a arbitragem é uma forma de solução de conflitos aplicável.[320] Nesse sentido, Toshio Mukai critica as disposições presentes nas Leis nºs 8.666, de 1993 (art. 55, § 2º) e 8.975 de 1995 (art. 23), pois, respectivamente, disciplinam que o foro competente para solução de litígios é o da adminis-

[318] Deste modo, Dennys Zimmermann entende que o respeito ao princípio da legalidade deve manter estes elementos expostos (Alguns Aspectos sobre a Arbitragem nos Contratos Administrativos à Luz dos Princípios de Eficiência e do Acesso à Justiça: Por uma Nova Concepção do que seja Interesse Público in *Revista de Arbitragem e Mediação*, nº 12, São Paulo, RT, 2007, p. 91). No mesmo sentido: J. L. Esquível, *Os Contratos Administrativos*... Op. cit., p. 273-280.

[319] - Deve ser destacada ainda a chamada Lei Mineira de Arbitragem (Lei n. 19.477, de 12 de janeiro de 2011) que regula a relação do estado de Minas Gerais com particulares para a instauração de arbitragens, especialmente no âmbito das parecerias público privadas. Embora tenha sofrido algumas críticas, referida lei tem o mérito de estabelecer as regras do sistema *a priori* e de modo geral e abstrato.

[320] A doutrina não é uníssona. Lúcia Valle Figueiredo, por exemplo, entende que a arbitragem não pode ser utilizada em nenhuma hipótese nos contratos administrativos (L. V. Figueiredo, *Curso de Direito Administrativo*, 5. ed., São Paulo, Malheiros, 2001, p. 101).

tração pública e que são permitidas as formas amigáveis de solução de conflitos.[321]

Embora a crítica apresentada acima seja justa, o fato é que tais legislações surgiram antes da reforma da disciplina da arbitragem que ocorreu em 1996, daí a timidez[322] na utilização do instituto.

Já a Lei nº 11.079, de 2004, também pelo motivo exposto no parágrafo anterior, é a que apresenta menores críticas, porque apresenta disposições mais claras e soluciona algum dos principais problemas atinentes à arbitragem envolvendo a administração pública, quais sejam, a imposição de que a arbitragem seja realizada no Brasil e com o idioma português.

ARNOLDO WALD afirma ainda que a lei nacional deveria ter seguido o exemplo de leis estaduais sobre o assunto, acerca das regras de arbitragem: "a lei estadual das PPPs de Minas Gerais acrescenta uma fórmula sintética que poderia ser introduzida na legislação federal ou até na sua regulamentação. [...] deverá o procedimento ser realizado de conformidade com as regras de órgão arbitral institucional".[323]

Não se discutiram duas questões relevantes para a realização da arbitragem envolvendo a administração pública. A primeira diz respeito à lei material aplicável à solução do conflito e aqui parece ser o caso de se aplicar a lei da administração pública, já que ela dispôs de partes de seus bens para a celebração do contrato administrativo. Ademais, embora seja preferível que a arbitragem seja realizada no âmbito institucional em preferência ao âmbito *ad hoc,* devem-se levar em contas os custos da instituição e o seu impacto na administração pública para que a escolha seja realizada. Devem ser verificados ainda os ditames estabelecidos

[321] T. MUKAI, *Direito Administrativo Sistematizado,* São Paulo, Saraiva, 1999, p. 460. A mesma opinião é apresentada por C. TÁCITO, O Juízo Arbitral em Direito Administrativo in P. A. B. MARTINS E J. M. R. GARCEZ, *Reflexões...* Op. cit., p. 23-28.

[322] Dizeres de J. M. R. GARCEZ, O Estado, Suas Agências, As Empresas Públicas e As Sociedades que Participam da Arbitragem Privada. Recentes Progressos in *Revista de Arbitragem e Mediação,* ano 3, nº 8, São Paulo, RT, 2006, p. 110. Tem a mesma opinião JOAQUIM SIMÕES BARBOSA E CARLOS AFFONSO PEREIRA DE SOUZA, Arbitragem nos Contratos Administrativos: Panorama de uma Discussão in R. R. DE ALMEIDA (coord.), *Arbitragem Interna e Internacional: Questões de Doutrina e Prática,* Rio de Janeiro, Renovar, 2003, p. 267-291.

[323] A. WALD, A Infra-estrutura, as PPPs e a Arbitragem in *Revista de Arbitragem e Mediação,* ano 2, nº 5, p. 14-28.

na lei da administração pública em questão para que se contrate uma determinada Câmara de Arbitragem, com a realização de licitação, por exemplo.

Ademais, também é entendimento comum na jurisprudência brasileira de que há a necessidade do respeito às limitações para a utilização da arbitragem pela administração. Assim, no célebre caso do contrato do *Museu Guggenheim*, o Tribunal de Justiça do Estado do Rio de Janeiro impediu a celebração de contrato que impunha a realização de arbitragem em Londres de acordo com as regras da Câmara de Comércio Internacional (CCI), com aplicação da Lei do Estado Americano de New York.[324] A sede da arbitragem e o local de proferimento da sentença arbitral devem ser, em regra, aqueles da administração pública.

Ademais, a Lei nº 13.129, de 26 de maio de 2015, plasmou na Lei de Arbitragem muito do que se disse aqui em seu texto, permitindo a utilização da arbitragem pela administração pública direta e indireta, com a inclusão dos parágrafos 1º e 2º no art. 1º da Lei de Arbitragem.[325]

Ou seja, a liberdade para a celebração de convenção de arbitragem para a administração pública sofre limitações legais aplicáveis à administração pública em função da natureza dos direitos e interesses por ela utilizados. A liberdade das partes é, portanto, limitada aos princípios e leis que regem a administração pública.

A lei nº 14.133, de 21 (fruto do Projeto de Lei 4.253/2020), que substituiu a Lei nº 8.666, de 1993, apresenta uma nova realizada sobre os métodos de solução de conflitos em seu artigo 151.

Além de mencionar a arbitragem, os chamados comitês de solução de conflitos também são incluídos ("dispute boards") e os métodos consensuais também são mencionados.

Trata-se, como se viu, de uma legislação que abarca e direciona todas as polêmicas históricas sobre o encaminhamento da arbitragem na administração pública como um método tradicional e seguro.

[324] Tribunal de Justiça do Estado do Rio de Janeiro, AI nº 07839/2003, 13ª Câmara Cível, Rel. Des. Ademir Pimentel, j. em 29.10.2003.

[325] L. F. Guerrero, Convenção de Arbitragem – Da Revolução de 1996 a uma Prática em Consolidação in P. A. B. Martins, S. M. Ferreira Lemes e C. A. Carmona, *20 Anos... Op. Cit.*, p. 145-147.

1.6. Convenção de arbitragem[326] e a precisão do consentimento

1.6.1. Convenção de arbitragem patológica – cláusulas brancas ou vazias

O termo *convenção patológica* foi cunhado por Fréderic Eisemann para descrever as convenções de arbitragem, com mais frequência as cláusulas compromissórias, com vícios capazes de obstar o desenvolvimento harmônico da arbitragem.[327]

As principais causas de convenções patológicas dizem respeito à identificação de instituição de arbitragem de maneira errônea ou que não permita a correta indicação da instituição escolhida, ao mecanismo inoperante da escolha dos árbitros ou à designação nominal de indivíduo que, originado o litígio, já não poderia mais tomar parte da arbitragem. Além disso, a não-indicação ou omissão de instituição de arbitragem ou da forma de indicação dos árbitros também gera convenções de arbitragem patológicas, denominadas especificamente de convenções de arbitragem vazias ou brancas.

A designação de uma instituição inexistente ou descrita de modo insuficiente provoca inoperância da convenção de arbitragem de acordo com uma interpretação literal. No entanto, se puder ser extraído da convenção de arbitragem, sem qualquer dúvida, a identificação da instituição arbitral ou qualquer outro elemento necessário para a instituição da arbitragem, como a forma de nomeação ou indicação dos árbitros, a convenção permanecerá eficaz. Nesse caso, utiliza-se a interpretação e a aplicação do princípio do efeito útil da convenção de arbitragem.

Nesse sentido, Bernard Goldman, Emmanuel Gaillard e Phillippe Fouchard apresentam o seguinte exemplo: *"Em questões internacionais, um erro comum constituída por denominação para referir-se à Câmara de Comércio 'com sede em Genebra' enquanto este organismo tem a sua sede em Paris"*.[328] Em situações assim, o entendimento tem sido o de aplicar as regras do Centro de Arbitragem da Câmara de Comércio Interna-

[326] Embora a chance de equívocos seja maior nas cláusulas compromissórias visto que, em regra, são menos detalhadas e anteriores ao conflito, o tratamento da questão ora exposta levará em conta o gênero convenção de arbitragem.

[327] F. Eisemann, *La Clause d'Arbitrage Pathologique*: Essais in Memoriam Eugenio Minoli, Torino, UTET, 1974, p. 129 e seguintes.

[328] P. Fouchard, E. Gaillard e B. Goldman, *Traité*... Op. cit., p. 285 (trad. livre).

cional sendo a sentença proferida em Genebra.[329] É um claro exemplo de interpretação das disposições contratuais de modo a operacionalizar a arbitragem.

Ainda como convenção patológica são encontradas as cláusulas brancas ou vazias, assim denominadas pois, como já dito, não precisam a forma de indicação dos árbitros, fundamental para que estes possam exercer sua jurisdição e solucionar o litígio ou formas impraticáveis de desenvolvimento do procedimento arbitral. É espécie das convenções patológicas. Não apresentam um erro material ou imprecisão, mas simplesmente omitem a forma de indicação dos árbitros e de instituição da arbitragem.

No sistema francês, cláusulas com esse tipo de deficiência são consideradas nulas (art. 1.443, alínea 2, do Código de Processo Civil francês).[330] No Brasil, tal equívoco pode ser solucionado pela aplicação dos arts. 6º e seguintes da Lei de Arbitragem, sendo suprida a ausência de forma de indicações dos árbitros até mesmo por decisão judicial (art. 7º, § 3º, da Lei de Arbitragem) caso não haja acordo entre as partes após o ajuizamento de demanda prevista no art. 7º, *caput*, da Lei de Arbitragem.

Além disso, a obtenção das informações faltantes para escolha dos árbitros e instituição da arbitragem pode ocorrer, como se viu no item 1.4.3.1 acima, através da análise de *e-mails*, *facsímiles* e outros meios de correspondência trocados entre as partes. É mais um exemplo da utilização do princípio da utilidade, já que todos os meios lícitos podem ser utilizados para reforçar e permitir a efetivação da decisão das partes de realizar a arbitragem.

[329] A jurisprudência francesa adota a mesma postura interpretativa em situações semelhantes como afirmam P. Fouchard, E. Gaillard e B. Goldman, *Traité*... Op. cit., p. 286.

[330] *"La clause compromissoire doit, à peine de nullité, être stipulée par écrit dans la convention principale ou dans un document auquel celle-ci se réfère.*
Sous la même sanction, la clause compromissoire doit, soit désigner le ou les arbitres, soit prévoir les modalités de leur désignation" (inséré par Décret nº 81-500 du 12 mai 1981 art. 5 Journal Officiel du 14 mai 1981 rectificatif JORF 21 mai 1981) – http://www.legifrance.gouv.fr, acessado em 26 de dezembro de 2007. "A cláusula compromissória deve, sob pena de nulidade, ser estipulada, por escrito, como parte do acordo principal ou em documento que a ele se refira. Sujeita à mesma pena, a cláusula compromissória deve nomear o árbitro ou árbitros, ou prever a modalidade da sua nomeação" (trad. livre).

Tais situações impedem o desenvolvimento da arbitragem caso não seja possível extrair do contrato ou da vontade das partes ali expressa elementos suficientes para sua operacionalização. É nesse sentido que, para a solução dos problemas indicados acima, deve ser utilizado o princípio do efeito útil de forma a suplantar o desconhecimento dos mecanismos da arbitragem, buscando a real intenção das partes, permitindo a validade e a eficácia da convenção celebrada.

1.6.2. Convenção de arbitragem combinada

A segunda categoria é a das cláusulas combinadas que indicam estar o litígio submetido à arbitragem, mas indicam também uma jurisdição estatal para a solução de conflitos sem especificar em que medida o Judiciário poderá se manifestar. Se apenas em relação a medidas preparatórias ou conservativas, por exemplo.

Entretanto, a despeito da interpretação geral mencionada acima, três situações devem ser analisadas: (i) se às partes ou uma delas é reservada a faculdade de optar em momento futuro pela arbitragem ou pelo Judiciário; (ii) se a jurisdição estatal foi utilizada como instância da apelação da sentença arbitral; e (iii) se há mesmo contradição na cláusula elaborada pelas partes.

A primeira situação será solucionada por meio de manifestação da parte à qual cabe a faculdade estipulada no momento oportuno. Se tal manifestação não ocorrer, devem ser buscadas informações no negócio jurídico que contenha a convenção de arbitragem para que se verifiquem sanções ou mecanismos para se compelir a parte a manifestar a sua escolha.

Já na segunda situação, a contradição é tamanha que a convenção de arbitragem deve ser nula caso não haja acordo entre as partes para refazê-la. Além de não haver lógica na criação de uma instância revisional no Judiciário para quem busca a celeridade desta forma de solução de controvérsias, também há inconstitucionalidade de se permitir que o Judiciário funcione como órgão de revisão da sentença arbitral, já que ele não tem competência legal para julgar tal recurso decorrente de sentença arbitral. Nesse sentido, Carlos Alberto Carmona afirma:

> Seria nula de pleno direito a avença no sentido de submeter a revisão pelo Poder Judiciário a decisão proferida pelos árbitros, até porque não

haveria competência funcional (hierárquica) para julgar tal recurso. A vontade das partes, é sintomático, não pode vincular a competência – de natureza constitucional – dos órgãos judiciais estatais.[331]

Contudo, tal nulidade ficaria restrita ao julgamento de eventual recurso perante o Judiciário, pois tendo em vista o princípio da utilidade, a sentença proferida pelos árbitros deve ser mantida assim como a cláusula compromissória nos limites necessários para a instituição da arbitragem e julgamento dos árbitros.

Em relação à terceira situação, o entendimento na França é o de que deve ser dada preferência à arbitragem pela aplicação da interpretação efetiva da arbitragem, sendo que a indicação de uma jurisdição estatal é apenas funcional, diz respeito à execução[332] ou até do cumprimento de medidas cautelares pré-arbitrais, não para o mérito da questão, já que a este cabe à arbitragem.

Finalmente, se a cláusula apresentar-se de modo parelho ou não diferenciado entre a arbitragem e o Judiciário, deve prevalecer o segundo, pois a manifestação de vontade de arbitrar das partes não é inequívoca. Tais cláusulas têm aptidão para instituírem a arbitragem, desde que se determine de modo claro a partir da interpretação da manifestação de vontade das partes qual foi a sua exata escolha para forma de solução de conflitos.

[331] C. A. Carmona, *Arbitragem e Processo...* Op. cit., p. 231. No mesmo sentido, P.A.B. Matins, *Apontamentos sobre a Lei de Arbitragem*, Rio de Janeiro, Forense, 2007, p. 219.

[332] P. Fouchard, E. Gaillard e B. Goldman, *Traité...* Op. cit., p. 289.

2.
EFEITOS DA CONVENÇÃO DE ARBITRAGEM

2.1. Efeitos positivo e vinculante da convenção de arbitragem

O efeito positivo da convenção de arbitragem determina que as partes estarão obrigadas a solucionar eventual litígio, no caso da cláusula compromissória, ou litígio determinando, no caso do compromisso arbitral, da relação jurídica entre elas existente pela via arbitral.

Esta obrigatoriedade decorre do princípio de direito material do *pacta sunt servanda* expresso pela força obrigatória dos contratos que, uma vez celebrados, devem ser adimplidos na sua integralidade, inclusive com a execução *in natura* ou específica das obrigações e pelo princípio da *Kompetenz-kompetenz*, como já analisado nos itens 1.1 e 1.3.1.2 do capítulo anterior.

Com a disposição de garantir a observância desses princípios, são estabelecidos mecanismos nas legislações internacionais como a mencionada execução *in natura* da convenção de arbitragem,[333] presente nos arts. 6º e 7º da Lei de Arbitragem.[334]

A Lei de Arbitragem supera a ideia, então, prevalente no Brasil de que a recusa de uma das partes em promover a arbitragem só poderia

[333] Regra já adotada pelo Protocolo de Genebra de 1923 e pela Convenção Interamericana de Arbitragem (do Panamá) de 1975.

[334] Embora existam, críticas pois o juiz estatal participa da redação do compromisso. Considera-se essa uma intervenção judicial muito profunda, ainda mais porque, no caso do direito brasileiro, há submissão ao duplo grau de jurisdição do *descisum* que celebrou o compromisso arbitral judicialmente (J. B. Lee e C. Valença Filho, MBV Commercial and Export Management Establishment C. Resil Indústria e Comércio Ltda. in *Revista Brasileira de Arbitragem* nº 3, São Paulo, IOB Thompson, 2004, p. 124-125).

resolver-se em perdas e danos. A parte que tiver interesse na arbitragem poderá tomar todas as medidas necessárias para que ela ocorra, já que o efeito positivo da convenção de arbitragem faz com que o litígio só possa ser solucionado via arbitragem.

No direito romano, assim como no direito brasileiro até 1996, a cláusula arbitral não era sancionatória e a sentença não era vinculante.[335] A cláusula compromissória era simples contrato preliminar e mesmo o compromisso arbitral era encarado com eficácia limitada pelos tribunais.

Como dito, a maioria dos sistemas arbitrais nacionais garante a execução específica da cláusula compromissória,[336] sendo esta medida responsável em grande parte pelo maior desenvolvimento do instituto no Brasil. Com isso, o procedimento arbitral se inicia e se desenvolve mesmo que uma das partes seja recalcitrante, desde que existam na convenção todos os elementos necessários para indicação dos árbitros e início do procedimento.

No entanto, havendo alguma lacuna quanto à indicação dos árbitros, o procedimento não poderá se iniciar, ensejando-se medidas como ação para lavratura de compromisso arbitral. Assim, essa ausência não impedirá a utilização da arbitragem para a solução de conflito entre as partes vinculadas na cláusula compromissória.[337]

Há clara ligação desses mecanismos com o chamado efeito vinculante da convenção de arbitragem. Ela possui gênese decorrente do direito material mas com eficácia processual nítida. Decorre da livre manifestação de vontade das partes e, pelo seu caráter convencional, permite-se a vinculação das partes.

A cláusula compromissória cheia ou o compromisso arbitral hígido permitem que os efeitos positivos da convenção de arbitragem sejam produzidos[338] nos limites dos direitos patrimoniais disponíveis, da maio-

[335] P. Fouchard, E. Gaillard e B. Goldman, *Traité*... Op. cit., p. 399.

[336] P. Fouchard, E. Gaillard e B. Goldman, *Traité*... Op. cit., p. 400.

[337] A Legislação Suíça sobre Direito Internacional Privado é exceção ao permitir, em situações como essa, que as partes solucionem o conflito via Justiça Estatal (art. 7º da Lei Federal Suíça sobre Direito Internacional Privado de 18 de dezembro de 1987).

[338] M. M. Bonilha, Do Efeito Vinvulante da Cláusula Arbitral in *Revista de Arbitragem e Mediação* nº 3, São Paulo, RT, 2004, p. 138-141.

ridade das partes e termos da convenção celebrada ou de manifestações posteriores consentâneas das partes, especificações ou aditamentos.[339]

O outro dos mecanismos relevantes para a garantia dos efeitos positivos da convenção de arbitragem é o princípio da *Kompetenz-kompetenz*. Como já exposto (item 1.3.1.2, no capítulo anterior), o fato de a cláusula compromissória ser autônoma em relação ao contrato que a contenha permite que o árbitro possa decidir acerca da sua competência mesmo que o contrato que a tenha originado seja questionado por uma das partes. O mesmo raciocínio se aplica ao compromisso arbitral, sendo que, nessa hipótese, mesmo estando ligado a um contrato, o compromisso é nitidamente autônomo em relação à sua validade. Dessa maneira, permite-se que o árbitro possa decidir acerca de sua competência mesmo que o contrato que a originou seja questionado por uma das partes.

Assim, ligado à competência-competência, há a autonomia da cláusula compromissória permitindo que o árbitro tenha os meios indispensáveis para verificar e afirmar a sua competência para solucionar determinando conflito apresentado pelas partes. Permite-se que o painel arbitral prossiga o cumprimento de sua missão mesmo com alegações de uma das partes acerca da nulidade ou da anulabilidade da cláusula compromissória, produzindo o efeito negativo quanto à competência do Judiciário e positivo quanto à competência dos árbitros para analisar a questão da nulidade ou anulabilidade da cláusula compromissória[340] e para julgar o litígio apresentado.

O enfoque do princípio é semelhante na *commom law* e em *civil law*, embora haja diferença na carga de eficácia atribuída a ele. Na *civil law*, principalmente no direito europeu continental e no direito brasileiro, são concedidos poderes amplos aos árbitros para que possam decidir acerca da possibilidade de solucionar o conflito que lhes é apresentado. A revisão judicial será restrita e limitada a questões de forma, respeito à ordem pública ou aos princípios informadores do direito processual

339 Esse é o caso do chamado "Termo de Arbitragem", no qual as partes e os árbitros definem com precisão o conteúdo do litígio a ser solucionado. Tal instrumento é previsto em regulamentos de órgão arbitrais como o Centro de Arbitragem da Câmara de Comércio Brasil Canadá (art. 5.8) e a Corte Internacional de Arbitragem da CCI (art. 23), onde recebe o nome de Ata de Missão.

340 P. Fouchard, E. Gaillard e B. Goldman, *Traité*... Op. cit., p. 413-415.

como a garantia ao contraditório e a ampla defesa.[341] No sistema de *common law*, especialmente no direito inglês, a decisão dos árbitros é tomada em conta, mas o Judiciário pode invalidar a decisão dos árbitros, que tem caráter provisório. No direito americano a competência-competência também é aplicada embora a arbitrabilidade seja decidida pelo juiz togado.[342]

Como se destina à solução de conflitos, os efeitos da convenção de arbitragem terão aplicação imediata e independente do momento da sua celebração, desde que a manifestação de vontade seja desprovida de vícios se o litígio surgiu após o advento da Lei nº 9.307, de 1996.[343]

Com a convenção de arbitragem, os árbitros passam a ser dotados de jurisdição outorgada pelas partes e com competência para solução dos conflitos por ela determinados. O árbitro será capaz de julgar aplicando o direito ao caso concreto, mas estará limitado à disposição das partes, sendo competente para situações específicas indicadas no compromisso arbitral ou no requerimento de arbitragem, ou petição inicial, decorrente de relação jurídica que contenha cláusula compromissória.

Assim, o efeito positivo da convenção de arbitragem tem o escopo de garantir que ela seja eficaz e utilizada pelas partes para a solução de con-

[341] No direito brasileiro aplicam-se os arts. 20, 21, § 2º, e 32 da Lei de Arbitragem.

[342] M. Jalili, Kompetenz-kompetenz: Recent U.S. and U.K. Developments in *Journal of International Arbitration*, v. 13, nº 4, Dezembro de 1996, Haia, Klower Law International, p. 169-178.

[343] A discussão a esse respeito é ampla no Judiciário brasileiro em relação a convenções de arbitragem celebradas antes do advento da nova lei brasileira de arbitragem. Decidiu-se, em recente julgado do STJ, de maneira unânime que a convenção de arbitragem possui aplicação imediata não sendo cabível qualquer alegação em contrário (STJ, REsp nº 712566, 3ª Turma, Rel. Min. Nancy Andrighi, j. em 18.8.2005 in *DJ* 5.9.2005 p. 407 e TJRJ, Ap nº 28808/2001 - 6ª Câmara Cível, Rel Des. Gilberto Rêgo, j. em 30.4.2002 in *DJERJ* 17.5.2002 e www.tj.rj.gov.br). No mesmo sentido: REsp nº 238.174-SP, Rel. Min. Antônio de Pádua Ribeiro, j. em 16.6.2003 in *DOU* 16.6.2003, p. 333; e TJRJ, Ap. Civ nº 25.140/2007, Rel Des. Ronald Valladares, j. em 18.9.2007. Contudo, há relevantes julgados em sentido contrário. Especialmente: Direito Civil e Direito Processual Civil. Contrato. Cláusula compromissória. Lei nº 9.307/96. Irretroatividade. I – A Lei nº 9.307/96, sejam considerados os dispositivos de direito material, sejam os de direito processual, não pode retroagir para atingir os efeitos do negócio jurídico perfeito. Não se aplica, pois, aos contratos celebrados antes do prazo de seu art. 43. II – Recurso especial conhecido, mas desprovido (REsp nº 238174, 3ª Turma, Rel. Min. Antonio de Pádua Ribeiro, j. em 6.5.2003 in *DJ* 16.6.2003 p. 333).

flitos sem a possibilidade de arrependimento posterior unilateral ou discussões acerca da pertinência da sua utilização.

2.2. Efeito negativo da convenção de arbitragem

O efeito negativo da convenção de arbitragem, ao contrário do efeito positivo, analisado anteriormente, tem incidência mais clara em tratados internacionais, bem como em legislações nacionais.[344]

Isto porque o efeito positivo, muitas vezes, é tratado sob o enfoque dos princípios que o informam, competência-competência, autonomia da cláusula compromissória e efeito vinculante da convenção de arbitragem.

Contudo, a explicação, para a maior clareza na conceituação do efeito negativo da convenção de arbitragem, certamente está ligada à ideia de proteção e incentivo ao procedimento arbitral, deixando-se claro que, em determinadas situações dotadas de determinados requisitos, o Judiciário não poderá se pronunciar.

Nesse diapasão, a lei brasileira, buscando efetivar de modo claro a aplicação da arbitragem, também estabeleceu de modo claro acerca do efeito negativo da convenção de arbitragem no art. 485, VII, do CPC: "*Art. 485. O juiz extinguirá o mérito quando: [...] VII – acolher a alegação de existência da convenção de arbitragem ou quando o juízo arbitral reconhecer a sua competência.*" A presença desta disposição no Código de Processo Civil tem também o claro objetivo de tornar este efeito da arbitragem conhecido entre todos aqueles que atuam com solução de conflitos e não necessariamente com a arbitragem. Com esse raciocínio o alcance, sem dúvida, é muito maior.[345]

A eficácia negativa da convenção de arbitragem retira do Judiciário o poder jurisdicional para conhecer as questões que estejam nos limites da convenção de arbitragem celebrada pelas partes. O poder jurisdicional é transferido do juiz para o árbitro por previsão legal amparada em mani-

[344] Nesse sentido: art. IV, I do Protocolo de genebra de 1923, arts. II, § 3º, da Convenção de Nova Iorque e 1458 do Código Civil francês.

[345] A Lei de Arbitragem não deixou de conter disposição reconhecendo a eficácia negativa da cláusula compromissória. Esse é o caso dos *485, inciso VII e 337, inciso X do Código de Processo Civil*. Embora tenha havido alteração de Código, o fato é que as alterações introduzidas pelo art. 41 da Lei de Arbitragem continuam aplicáveis.

festação de vontade expressa e escrita das partes, ficando estas impedidas de utilizarem o Judiciário de modo unilateral.

O Judiciário será dotado apenas de um juízo sumário de delibação que o impede de analisar o mérito da sentença arbitral proferida que, justa ou injusta, prevalecerá, exceto se não preencher os requisitos formais previstos em lei ou contrária à ordem pública. O juízo do Judiciário acerca da sentença arbitral será de nulidade ou de anulação já que não haverá análise do mérito, sendo as partes encaminhadas a nova arbitragem para que as irregularidades sejam sanadas. Há clara subtração da jurisdição estatal em relação à análise do mérito das questões levadas à arbitragem.[346]

Em decorrência da cláusula compromissória, a renúncia das partes ao Judiciário é limitada ao negócio jurídico entabulado entre elas, podendo ser mais restrita do que o contrato, como limitação de discussão apenas de determinadas questões via arbitragem, ou até mais ampla, se indicar aplicação a outros contratos, desde que envolva outras questões relativas a direitos patrimoniais disponíveis, mas normalmente se identifica com a relação contratual. O compromisso arbitral, de outro lado, deve conter a matéria que será objeto da arbitragem (art. 10, III, da Lei de Arbitragem).

Nessa linha, João Bosco Lee e Clávio Valença Filho tratam da intensidade ou limites dos efeitos negativos da convenção de arbitragem como forma a conciliar a proteção do instituto da arbitragem imune a procedimentos judiciários meramente protelatórios e à economia dos meios.[347]

[346] J. B Lee e C. Valença Filho, *MBV Commercial*... Op. cit., p. 116.

[347] J. B Lee e C. Valença Filho, *MBV Commercial*... Op. cit., p. 119. Nesse aspecto, julgamento proferido pela Câmara dos Lordes Britânica, cujo voto condutor pertenceu ao Lorde Hoffman, elucida bem a questão ao afirmar que a seção 7 do Arbitration Act 1996 dispõem que a convenção de arbitragem é celebrada *"obviamente com a intenção de permitir que as cortes deem efeito às razoáveis expectativas das partes sobre as questões que elas pretendem ver decididas por arbitragem"* (parágrafo 12) e que caso a Câmara dos Lordes não interpretasse a seção 7 de forma abrangente, contrariaria as expectativas das partes, especialmente em relação à questões comerciais. Este é o exato entendimento que deve ser aplicado quando à subtração de jurisdição do Judiciário, bem como quanto aos seus limites, especialmente quando o contrato que contenha a cláusula compromissória possui alguma irregularidade que o torno nulo ou anulável (*Premium Nafta Products Limited and others v. Fili Shipping Company Limited and others* [2007] UKHL 40).

Desta maneira, permite-se um triplo controle da jurisdição arbitral com profundidade variável. Há um controle sumário realizado pelo juiz togado ao analisar eventual exceção de arbitragem na qual se analisará apenas a existência de convenção de arbitragem validade. Além disso, há um controle pleno exercido pelo próprio árbitro que analisará a sua competência e a impossibilidade de o Judiciário analisar determinada questão levada pelas partes à arbitragem e, finalmente, há o controle pleno quanto a questões formais e de nulidade ou anulabilidade do Judiciário exercido em demanda anulatória de sentença arbitral e algumas questões na fase de execução da sentença.

Do raciocínio exposto acima, com base nas ideias dos mencionados autores, a retirada de competência dos Tribunais Estatais nem sempre é definitiva, uma vez que a competência do Judiciário será restituída na hipótese de necessidade da execução forçada da sentença arbitral.[348] Além disso, surgindo alguma questão que não possa ser conhecida pelos árbitros, por não tratar de direitos patrimoniais disponíveis, e que seja prejudicial ao julgamento dos árbitros, o procedimento é interrompido até a referida questão ser analisada pelo Judiciário (art. 25 da Lei de Arbitragem).

Além disso, determina-se via convenção de arbitragem a competência territorial para atuação do Judiciário em caso de necessidade, situação mais comum na arbitragem *ad hoc*, na qual surgem mais dúvidas e lacunas procedimentais que podem exigir a atuação do Judiciário. Do mesmo modo, a necessidade da execução de medidas cautelares ou tutelas antecipadas também pode ser determinada pela convenção de arbitragem, em regra, como decorrente do local em que a sentença será proferida,[349] do mesmo modo que é determinada a competência, de acordo com a jurisprudência brasileira para a demanda anulatória da sentença arbitral.[350]

Outro ponto relevante diz respeito ao modo pelo qual o Judiciário analisa eventual exceção de arbitragem, isto é, alegação de que a res-

[348] J. B. Lee, *A Convenção de Arbitragem*... p. 13.

[349] P. Fouchard, E. Gaillard e B. Goldman, *Traité*... Op. cit., p. 427-429.

[350] TJSP, Ap. Civ. nº 985.413-0/1, 25ª Câmara Civel, Rel. Des. Antonio Benedito Ribeiro Pinto, j. em 20.6.2006, *DOESP* 13.7.2006. No mesmo sentido, TJRJ, Ap. Civ nº 25.140/2007, Rel Des. Ronald Valladares, j. em 18.9.2007.

peito de determinada questão há convenção de arbitragem celebrada entre as partes.

No direito comparado, a solução dominante é a de que o Judiciário pode analisar a existência e a validade da convenção de arbitragem antes mesmo dos árbitros, sendo esta a disposição da legislação belga (art. 1.675 do Código Judiciário) e lei holandesa (art. 1.022, alínea I, do CPC), por exemplo. No entanto, tal disposição só causa atrasos ao procedimento arbitral uma vez que, estando em curso a arbitragem, uma decisão do Judiciário a respeito da existência e validade da convenção de arbitragem pode provocar um desperdício de tempo e recursos.

Com vista a estancar tal ponto crítico, a legislação francesa optou por tornar a incompetência do Judiciário absoluta em relação à análise da existência e da validade da convenção de arbitragem. O juiz estatal, com competência específica para esta questão, só atua se constatar de plano que a convenção de arbitragem é manifestamente nula (art. 1.458 do CPC). O objetivo é claro de impedir procedimentos judiciais que protelem desnecessariamente a arbitragem e centralizar as decisões sobre o assunto na Corte de Apelação.[351]

Embora o raciocínio da legislação brasileira seja semelhante (art. 8º da Lei de Arbitragem), o fato é que aqui a incompetência não é absoluta, mas sim relativa, dependendo de alegação das partes (art. 485, § 3º, do CPC), pois nada impede que as partes, mesmo com a existência de convenção de arbitragem, tenham a ela renunciado e recorrido ao Judiciário por meio de propositura de demanda judicial. Só a alegação de exceção de arbitragem pela parte demandada permitirá concluir que não houve tal renúncia (art. 337, § 6º, do CPC).

Analisando a questão, contudo, o TRIBUNAL DE JUSTIÇA DO RIO DE JANEIRO reformou sentença que esposava tal entendimento, sem levar em conta todas as variáveis do caso concreto, e considerou que a convenção de arbitragem impediria a renúncia das partes, sendo matéria de competência absoluta e prevalecendo ainda que não fosse invocada, tendo em vista a existência de procedimento arbitral na Suíça, sinal óbvio de que as partes não renunciaram à cláusula compromissória. Desta maneira, conclui-se que a decisão foi acertada e representou um importante incentivo e segurança para a prática da arbitragem, deixando

[351] P. FOUCHARD, E. GAILLARD E B. GOLDMAN, *Traité...* Op. cit., p. 424-426.

implícito o entendimento de que o distrato em relação à convenção de arbitragem deve ocorrer do mesmo modo de sua instituição.[352]

A aplicação deste efeito negativo à prática da arbitragem leva ao entendimento de que o procedimento arbitral induz litispendência e produz sentença com efeitos dotados de coisa julgada, trazendo, como bem sintetiza Ada Pellegrini Grinover, o impedimento à rediscussão, por exemplo, do que foi (ou do que poderia ter sido) discutido na fase cognitiva, impedindo que a matéria objeto da arbitragem seja, também, rediscutida.[353]

Com tudo isso, o sistema processual pretende evitar novos litígios a respeito da mesma situação da vida. Coisa julgada nada mais é do que a imutabilidade da sentença e de seus efeitos. Transitar em julgado significa adquirir a qualidade da decisão imutável. Este conceito é fundamental quanto se falar em equiparação do processo arbitral ao processo judicial.[354]

O art. 31 da Lei de Arbitragem equiparou a sentença judicial e a arbitral em todos os seus efeitos, com idêntica qualidade, isto é, autoridade de coisa julgada. Esta equivalência de efeitos é que coloca em pé de igualdade a sentença judicial e a arbitral, sendo ambas resultado da vontade do Estado, com autoridade.

A coisa julgada na arbitragem é amplamente reconhecida, vide disposição da Convenção de Montevidéu de 1979, internalizada pelo Decreto nº 2.411, de 1997. A coisa julgada é aplicada de acordo com o art. 2º, *g*, da Convenção: executibilidade e trânsito em julgado da sentença arbitral:

[352] TJRJ, Ap. Civ nº 25.140/2007, Rel Des. Ronald Valladares, j. em 18.9.2007.

[353] A. P. Grinover, Considerações sobre os Limites Objetivos e a Eficácia Preclusiva da Coisa Julgada in *Revista Síntese de Direito Civil e Processual Civil*, Ano III, nº 16, 2003, p. 29.

[354] Coisa julgada material é a imutabilidade dos efeitos substanciais da sentença de mérito, não é, portanto, instituto vinculado ao direito processual, possui significado político-institucional de assegurar firmeza às relações jurídicas, erigidas em garantia constitucional. Já a Coisa Julgada formal, por outro lado, é a imutabilidade da sentença como ato jurídico processual, de modo que num determinado processo, nenhum julgamento se fará. A coisa julgada formal é resultado da inadmissibilidade de qualquer recurso e fator impeditivo de substituição da sentença por outra – C. R. Dinamarco, *Instituições...* Op. cit., v. III, p. 297-305.

> As sentenças, os laudos arbitrais e as decisões jurisdicionais estrangeiros a que se refere o artigo 1 terão eficácia extraterritorial nos Estados Partes, se reunirem as seguintes condições:
>
> [...]
>
> g) se tiverem o caráter de executáveis ou, conforme o caso, se tiverem passado em julgado no Estado em que houverem sido proferidas;
>
> [...]

A coisa julgada é garantia constitucional posta à disposição dos cidadãos, conferindo maior certeza e segurança nas relações jurídicas (art. 5º, XXXVI, da CF/88), porém há limites no que tange à produção dos efeitos da sentença. Estes limites são objetivos e subjetivos. Objetivamente, a coisa julgada se dá em relação ao dispositivo, que é a real decisão da causa.

O tratamento especial dado ao processo arbitral nesse sentido se deve ao controle judicial que pode ser realizado posteriormente. Assim, a análise do sistema das nulidades, fundamental para confirmar o caráter público da arbitragem, será realizado pelo Judiciário na hipótese do art. 33 da Lei de Arbitragem. Após estas duas oportunidades, art. 33 da Lei de Arbitragem e art. 525 do CPC.

Se há o efeito negativo da convenção de arbitragem quanto à cognição do Judiciário de matéria objeto de convenção de arbitragem, há maior razão para não admitir demanda na sua própria jurisdição sobre o objeto de arbitragem já iniciada. Esse é o conteúdo que se extrai do art. II, 3, da Convenção de Nova Iorque:

> O tribunal de um Estado signatário, quando de posse de ação sobre matéria com relação à qual as partes tenham estabelecido acordo nos termos do presente artigo, a pedido de uma delas, encaminhará as partes à arbitragem, a menos que constate que tal acordo é nulo e sem efeitos, inoperante ou inexequível.

Vê-se, assim, que o efeito negativo da convenção de arbitragem impõe o impedimento de análise das questões submetidas aos árbitros pelo Judiciário.

2.3. Efeito suspensivo convenção de arbitragem escalonada

Conforme já sustentamos, há uma clara coexistência dos métodos de solução de conflitos, merecem destaque os arts. 23 e 30 da chamada Lei de Mediação.[355]

O art. 23 da Lei de Mediação, por exemplo, regula as hipóteses de mediações oriundas de contratos e indica que, em caso de escalonamento de métodos de solução de conflitos, o processo adjudicatório (judicial ou arbitral) posterior à mediação só poderá ocorrer se ela tiver sido intentada e for infrutífera. Do contrário, tal processo adjudicatório ficará suspenso até que se tente a mediação. Mediadas de urgência, eventualmente necessárias, não estão sujeitas a esta limitação (art. 23, parágrafo único da Lei de Mediação).

Já o art. 30 da Lei de Mediação trata da hipótese de eventuais provas obtidas durante o processo de mediação. Tais provas não podem ser utilizada em métodos adjudicatórios na sequência do escalonamento de solução de conflitos a não ser que as partes tenham concordado.

Como se vê, havendo métodos consensuais e adjudicatórios combinados, nas chamadas cláusulas escalonadas, será possível um regime de coordenação e suspensões em face da convenção de arbitragem de modo a permitir a realização ampla e completa do método consensual prévio.

355 L. F. Guerrero, *Os Métodos de Solução... Op. Cit.*, p. 91-114.

3.
TRANSMISSÃO, EXTENSÃO E EXTINÇÃO DA CONVENÇÃO DE ARBITRAGEM

3.1. Transmissão e extensão da convenção de arbitragem

Nesse sentido, THOMAS CLAY divide a participação de terceiros não signatários originariamente da convenção de arbitragem nas hipóteses de (i) transmissão; e (ii) extensão.[356]

A transmissão é um caso mais simples no qual a parte originariamente na arbitragem cede, por qualquer meio, cessão, sucessão, por exemplo, o contrato do qual faz parte e que contém cláusula compromissória a outrem. A pessoa que veio a vincular-se ao contrato vincula-se também à arbitragem.

O segundo caso, extensão, é mais complexo. Trata daquelas situações em que uma obrigação acoberta não só a parte que a contraiu, mas também terceiros que guardem alguma relação específica com esta parte. Ainda há a diferenciação entre as hipóteses de extensão possível e as hipóteses de extensão impossível. São possíveis as seguintes extensões: (a) interposição de pessoas – não se trata de uma mera substituição, mas aplicação prática daquelas hipóteses em que há uma realidade simulada. Há a necessidade do restabelecimento dos fatos, enquanto que a substituição busca analisar a situação jurídica das partes; e (b) substituição de pessoas – é a circulação de uma obrigação contratual que passe a ser um novo contrato, uma hipótese de novação subjetiva.

De outro lado, são impossíveis as seguintes extensões: (a) caucionamento e outras garantias – o garantidor não se vincula ao objeto do contrato principal; (b) a estipulação em favor de terceiro – aquele benefici-

[356] T. CLAY, *Extensão da Cláusula Compromissória às Partes...* Op. cit., p. 74.

ário de uma estipulação não pode ser vinculado a uma arbitragem por ser mero favorecido, não possuindo participação no respectivo contrato; (c) contrato de transporte marítimo de mercadorias – outro exemplo de ausência de consentimento que não pode ser imposto ao destinatário, visto que não houve participação sequer de direito material daquele. Sendo o contrato que possui cláusula compromissória fixado entre o expedidor e o transportador, o destinatário não sofrerá extensão; (d) pessoas jurídicas de direito público – embora haja jurisprudência em contrário,[357] o Estado não signatário de espécie do gênero convenção de arbitragem não pode ser compelido a solucionar conflito pela via da arbitragem.[358]

3.1.1. Grupo de sociedades

A extensão dos efeitos da cláusula compromissória a entes que não a assinaram é hipótese muito discutida na doutrina sobre arbitragem. O entendimento sedimentado na doutrina internacional é o de que a parte não signatária pode ser incluída de maneira vinculante na arbitragem se participou do negócio jurídico que continha cláusula compromissória.[359]

O entendimento da jurisprudência estrangeira é no sentido de admitir, de maneira excepcional, que a arbitragem possui efeito vinculante a terceiros, naquelas hipóteses em que a empresa não signatária se identifica com uma das partes signatárias do contrato.[360] Nesse sentido, adotou-se a *teoria dos grupos*, sintetizada por JEAN JACQUES ARNALDES como aquela que permite:

> aos árbitros se libertem do formalismo relacionado à assinatura do contrato garantindo, ao mesmo tempo, a segurança das transações e decidindo com relação àqueles que, em virtude de sua participação ou comportamento

[357] *Cf.* Czarnikov Ltd. *vs.* Centrala Handlu Zagranicznego Rolimpex England, Court of Appeal, j. em 26 de maio de 1977 in *International Law Review*, v. 64, 1983, p. 195.

[358] T. CLAY, *L'Extension de la Clause Compromissoire aux Parties Non-Signataires (Hors Groups de Contrats et Groups de Sociétés)* in V Congresso Internacional de Arbitragem, Painel III, São Paulo, 2005.

[359] A. WALD, A Arbitragem, os Grupos Societários e os Conjuntos de Contratos Conexos in *Revista de Arbitragem e Mediação*, ano I, nº II, São Paulo, RT, 2004, p. 31-59.

[360] Caso nº 4131 da CCI, Isover Saint-Gobain *vs.* Dow Chemical.

quando da conclusão do contrato ou sua execução, estão vinculados pela convenção de arbitragem sem tê-la subscrito.[361]

ARNOLDO WALD, ao analisar a jurisprudência da CCI (Câmara de Comércio Internacional), conclui indicando três elementos que devem ser aferidos para a verificação da possibilidade de inclusão de uma parte não signatária na arbitragem, a saber:

a) a sociedade tem que ter desempenhado um papel ativo nas negociações das quais decorreu parte não signatária tem que ter desempenhado um papel ativo nas negociações das quais decorreu o acordo no qual consta a cláusula compromissória;
b) a sociedade deve estar envolvida, ativa ou passivamente, na execução do contrato do qual consta a cláusula compromissória;
c) a sociedade tem que ter sido representada, efetiva ou implicitamente, no negócio jurídico.[362]

É a aplicação da teoria da extensão da cláusula compromissória.

Conclui ainda, o citado autor, que os tribunais franceses mantiveram o entendimento dos árbitros acrescentando que, no comércio internacional, os usos e costumes permitem que a arbitragem seja aplicada às partes diretamente envolvidas na execução do contrato.[363] O mesmo entendimento foi manifestado por JAN KLEINSHEISTERKAMP, no V Congresso Internacional de Arbitragem, ao analisar o caso *Nobel v. Cisco* invocando os princípios do INSTITUTO INTERNACIONAL PELA UNIFICAÇÃO DO DIREITO PRIVADO – UNIDROIT – 9.1.1.3 e 9.1.1.4 sobre produção de efeitos de contratos a partes não signatárias.[364]

[361] J. J. ARNALDES, Comentários do Caso CCI 7155 de 1993 in *Collection of ICC Arbitral Awards*, Paris, Klower, 1996-2000, p. 454.

[362] A. WALD, *A Arbitragem...* Op. cit., p. 36. No mesmo sentido, DANIEL COHEN afirma que a sociedade do mesmo grupo, que for garantidora da obrigação cuja execução ou inexecução pode ser analisada via arbitragem, é parte legítima para participar do procedimento arbitral permitindo-se a extensão da cláusula compromissória (*Arbitrage et Societé*, Paris, Librairie Générale de Droit et de Jurisprudence, 1993, p. 281.

[363] A. WALD, *A Arbitragem*...Op. cit., p. 42-43.

[364] J. KLEINSHEISTERKAMP, *Transmissão da Convenção de Arbitragem em Grupo de Contrato* in V Congresso Internacional de Arbitragem, Painel III, São Paulo, 2005.

Na mesma linha, Sandra Yuri Yonekura afirma que a teoria do grupo de sociedades ou do grupo de contratos, com a extensão da cláusula compromissória, "constitui uma estrutura sob tutela, ou uma questão de sobrevivência, e que a escolha de uma estrutura de grupo é perfeitamente livre e legítima, salvo para provar que, entre as partes, uma vontade de fraudar a lei".[365] Contudo, a referida autora cobra a existência de critérios claros para as hipóteses da aplicação da extensão da cláusula compromissória em razão da insegurança jurídica que a utilização desta teoria pode causar: "destacam-se a teoria da aparência e da desconsideração da personalidade jurídica, a fim de não permitir que a estrutura social seja de má-fé com o intuito de confundir, dissimular ou prejudicar qualquer uma das partes".[366]

Em resposta ao questionamento exposto, devem ser utilizados os critérios apresentados acima por Arnoldo Wald. Em relação a tal construção doutrinária, cabe ser analisado o voto do Min. Ilmar Galvão, admitindo serem constitucionais as disposições do art. 7º da Lei de Arbitragem no AGRSE nº 5.206-7 do Supremo Tribunal Federal. O entendimento do ministro baseou-se na questão da execução específica da cláusula compromissória no art. 639 do CPC de 1973 (art. 501 do CPC), afirmando que:

> o art. 639 do CPC, diferentemente do que ocorria com o art. 1.006, § 2º do CPC de 1939, não condiciona, para que a sentença produza o mesmo efeito do contrato a ser firmado, que o contrato preliminar preencha as condições de validade do definitivo, bastando-se a possibilidade de substituição.[367]

O entendimento capitaneado pelo Min. Ilmar Galvão sugere que o efeito da arbitragem é previsto como algo preliminar, uma espécie de contrato preliminar, no caso da cláusula compromissória, mas, claramente, representa uma previsão e vontade expressa das partes que contrataram.

[365] S. Y. Yonekura, *Grupo de Sociedades e a Arbitragem Comercial Internacional*, Curitiba, Juruá, 2005, p. 99.

[366] S. Y. Yonekura, *Grupo de Sociedades*... Op. cit., p. 120.

[367] Supremo Tribunal Federal, AgReg em SEC nº 5206-7(...) (Vide nota nº 21 do Capítulo 1).

De acordo com essa posição, caso uma sentença arbitral decidisse o conflito para a inteireza da cadeia de relações jurídicas, aquela parte não signatária de uma das espécies do gênero convenção de arbitragem poderia recorrer ao Judiciário alegando a inconstitucionalidade desta sentença proferida contra si, tendo em vista que não celebrou qualquer espécie de convenção de arbitragem.

Embora a extensão da cláusula compromissória entre em choque com o entendimento que considerou a arbitragem constitucional no Brasil, a ocorrência de tais situações é normal e se amplia internacionalmente e sua análise pelo Judiciário se torna iminente, de modo que aqueles que praticam a arbitragem tenham em consideração as especificidades da arbitragem no Brasil.

Na linha do que se expôs, o TRIBUNAL DE JUSTIÇA DO ESTADO DE SÃO PAULO aderiu a esta inovação adotando o posicionamento doutrinário da teoria da extensão.[368] O TJSP decidiu pela incorporação à arbitragem de empresa que não participou da celebração de contrato que continha convenção de arbitragem à lide arbitral envolvendo sua subsidiária brasileira, esta, sim, signatária do contrato.

O Tribunal considerou que, não obstante fosse inexistente a assinatura da empresa estrangeira, estava claro, face à farta documentação acostada nos autos, que a sua participação foi ativa e determinante para a complementação do negócio, devendo, desta maneira, estar vinculada à arbitragem e dela participar.

Ademais, entendeu-se que o objeto da arbitragem é dirimir litígios relativos a direitos patrimoniais disponíveis, contratualmente previstos ou não. Portanto, a comprovação de relação jurídica por via documental, como no caso concreto, é suficiente para vincular uma parte à arbitragem, conferindo-lhe legitimidade *ad causam* à lide arbitral.

A decisão, sem dúvida, é uma novidade e abre caminho para novas discussões sobre o alcance da constitucionalidade da arbitragem. Não

[368] TRIBUNAL DE JUSTIÇA DO ESTADO DE SÃO PAULO, Ap. Civ nº 267.450.4/6-00, 7ª Câm. Dto. Privado, Rel Des. CONSTANÇA GONZAGA, j. em 26.5.2006. Em julgamento de 2002 (*Revista de Direito Bancário, Mercado de Capitais e Arbitragem*, nº 22, São Paulo, Malheiros, 2002, p. 403-404), o extinto 1º Tribunal de Alçada Civil do Estado de São Paulo já tinha fixado o entendimento de que a inexistência de contrato escrito não impedia a vinculação à arbitragem. O julgamento do Tribunal de Justiça do Estado de São Paulo aprofundou este entendimento.

basta, contudo, que as partes pertençam ao mesmo grupo econômico, mas, sim, que haja participação ativa de empresas do mesmo grupo econômico no negócio que deu origem à convenção de arbitragem.

3.1.2. Grupo de contratos

Ao lado do grupo de sociedades, existem os grupos de contratos para representar aqueles instrumentos contratuais ligados em razão da matéria. É muito comum em relações comerciais complexas que seja celebrada uma série de negócios jurídicos destinados a regular cada um dos aspectos da relação comercial que se estabelecerá.

A origem de tal termo se deve a Bernard Teyssié, que estruturou seus conceitos e diferenciou a denominada cadeia de contratos dos chamados conjunto de contratos.[369] Assim, dois grupos de situações devem ser objeto de distinção para se averiguar a possibilidade da extensão da cláusula compromissória a outros contratos do mesmo grupo que não contenham convenção de arbitragem.

Em primeiro lugar, deve ser verificada a situação de contratos destinados à realização da mesma operação, conjunto de contratos. Aqui haverá um contrato quadro e dele surgirão diversos contratos que completarão a estrutura da operação intentada pelas partes,[370] este é o chamado conjunto de contratos. Quando o denominado contrato *"cadre"*[371] (quadro ou base) possui cláusula compromissória, a averiguação da vontade das partes não será difícil, já que a localização da convenção de arbitragem no contrato principal indica a clara intenção de que todas as relações estabelecidas a partir daí tenham a arbitragem como forma de solução de conflitos.

A outra hipótese diz respeito à existência de convenções de arbitragem em vários contratos decorrentes do contrato base. Nessa situação, se as partes repetirem a mesma cláusula[372] em diversos contratos, o entendimento é o de que elas estão dispostas a submeter toda a estrutura contratual à solução de conflito decorrente.[373] Contudo, existindo

[369] B. Teyssié, *Les Groupes de Contrats*, Paris, LGDJ, 1975, p. 40 e seguintes.

[370] P. Fouchard, E. Gaillard e B. Goldman, *Traité*... Op. cit., p. 317-318.

[371] P. Fouchard, E. Gaillard e B. Goldman, *Traité*... Op. cit., p. 317.

[372] Com os mesmos elementos, especialmente indicação da mesma forma de indicação dos árbitros e a mesma Lei aplicável.

[373] P. Fouchard, E. Gaillard e B. Goldman, *Traité*... Op. cit., p. 318.

cláusulas distintas em contratos conexos, o entendimento que prevalece, até para a boa administração da justiça, é no sentido de que as partes manifestem novamente suas vontades e esclareçam o real conteúdo dessas.[374] Há que se verificarem as manifestações de vontade realizadas e a existência de eventual autonomia ou convergência entre elas para se decidir ou não pela extensão da cláusula compromissória.[375]

De qualquer modo, tratando-se de uma relação de direito privado, a relação acessório-principal entre os contratos deverá ser analisada. Desta forma, a cláusula presente em um contrato acessório não se estenderá a um contrato principal, a menos que da sua redação tal interpretação seja obtida. De outro lado, se tal disposição estiver contida no contrato principal, a relação se inverterá e a arbitragem poderá ser estendida aos contratos acessórios a ele.[376]

Há também os contratos sucessivos envolvendo as mesmas partes;[377] esta é a mencionada cadeia de contratos. Nessa hipótese, a relação entre as partes é contínua com a reiteração de situações de mesma natureza ou de natureza similar. Em alguns contratos se previu a utilização da arbitragem e em outros não.

[374] J. F. Bourque, *Le Règlement des Litigies Multipartites dans L'Arbitrage Commercial International*, Paris, Th. Poitiers, 1989, p. 508 e P. Fouchard, E. Gaillard e B. Goldman, *Traité*... Op. cit., p. 319.

[375] *Cf.* CCI nº 6829, *Yearbook*, 1994.167, spéc nº 5 e seguintes, p. 170.

[376] Orlando Gomes afirma que os contratos em hipóteses como essa formarão uma unidade econômica, com a combinação de contratos completos e relação de subordinação entre eles, sendo necessária a disciplina conjunta (O. Gomes, *Contratos*, Op. cit., p. 104-105). Nesse sentido, acórdão paradigmático do Tribunal de Relação de Coimbra não destoa: *"No contrato misto há uma unidade contratual, um só negócio jurídico, cujos elementos essenciais respeitam a tipos contratuais distintos. II – Na coligação ou união de contratos existe uma pluralidade de contratos, ligados entre si por um nexo funcional, de tal modo que constituem uma unidade económica, embora cada um mantenha a sua individualidade própria. III – Porém, nestes casos, dada a dependência recíproca ou unilateral, ambos os contratos se completam na obtenção da finalidade económica comum e uma subordinação que implica que as vicissitudes de um se repercutam no outro. IV – Donde resulta que todas as normas e institutos dirigidos directa ou indirectamente ao conteúdo 'económico' do contrato devam ser objecto de aplicação unitária, embora não de forma mecânica, mas flexível. V – Nas obrigações positivas, a distribuição do ónus da prova deve fazer-se da seguinte forma: ao autor compete o encargo de demonstrar a existência da obrigação e o réu de provar o cumprimento ou a impossibilidade da prestação por causa que não lhe seja imputável"* (Tribunal de Relação de Coimbra, Processo nº 22/06.8TBSBG.C1, Rel. Jorge Arcanjo, j. em 18.7.2007).

[377] P. Fouchard, E. Gaillard e B. Goldman, *Traité*... Op. cit., p. 321.

Este é o caso da cláusula compromissória habitual, que será aplicada com arrimo no costume como fonte das relações comerciais, típica hipótese da ocorrência das cláusulas habituais nas quais esta é implicitamente reconhecida. Nesse sentido, o art. 113 do Código Civil dispõe: "Os negócios jurídicos devem ser interpretados conforme a boa-fé e os usos do lugar de sua celebração." Em resumo, prevalecem as práticas de uso público reiterado em direito material, acatadas como lei entre os comerciantes. Esses costumes, portanto, decorrem da prática reiterada e contínua e pela compreensão uniforme entre os comerciantes, dentro dos limites da lei.

Finalmente, há que mencionar as extensões discutíveis, situações nas quais os contratos não poderão ser estendidos a terceiros. Dentre tais hipóteses destacam-se as garantias autônomas, que neste caso serão relacionadas ao contrato, mas não acessórias e ele.[378]

Na estipulação em favor de terceiros, contrato feito entre duas partes com benefício de um terceiro como, por exemplo, no seguro de vida, a discussão é mais acirrada, sendo possível a extensão ao beneficiário nos Estados Unidos,[379] com *The Third Party Beneficiary*, e Itália.[380] Já na França, a extensão é considerada impossível[381] e a justificativa decorre justamente do benefício que o terceiro obterá com a extensão do contrato e do seu interesse daí decorrente.

Esgotadas as situações relativas ao conjunto de contratos, há que se discutir a hipótese de extensão da convenção de arbitragem nas cadeias de contratos.

Aqui não há uma série de contratos para a realização de um único negócio jurídico, mas sim um conjunto de relações e subcontratações para a realização de um negócio jurídico complexo. Nessa situação, o grande exemplo são os contratos marítimos que geram discussão sobre a extensão da convenção de arbitragem entre o expedidor, o transportador e o destinatário. Nesse caso, eventual convenção de arbitragem prevista no contrato entre expedidor e transportador só será extensível,

378 T. Clay, *Extensão da Cláusula Compromissória às Partes...* Op. cit., p. 79.

379 Como paradigma: Van Tessel, v. Sup. Ct (20th Century Ins.), 1974, *Repertório* nº 515-516.

380 Como paradigma: Cassassione Civile 18 de março de 1997, *Giur. It.*, 1998, p.29.

381 T. Clay, *Extensão da Cláusula Compromissória às Partes...* Op. cit., p. 79-80.

na França, se o destinatário demonstrar conhecimento da convenção de arbitragem e que com ela concordou.[382]

A partir de 1991, a jurisprudência francesa alterou o seu entendimento sobre a crescente contratualização. Com isso, a responsabilização ao longo da cadeia contratual ficou restrita às cadeias translativas, isto é, nas quais havia cessão de direitos ou obrigações e não mera prestação de serviços ou subcontratação na execução de atividades. Isto é, a ideia privatista do *"acessório segue o principal"* só poderia ser aplicada nesses casos.[383]

Embora seja compreensível o entendimento da jurisprudência francesa, o tipo de cadeia contratual tratado não parece ser o único parâmetro para se permitir a extensão de cláusulas em decorrência da existência de grupos de contratos. Há que se analisar, sem dúvida, o caso concreto para se verificar até que ponto as cadeias não traslativas permitiram o conhecimento das partes sobre a complexidade contratual à qual iriam ingressar.

No tocante à jurisprudência brasileira, o STJ analisou questão semelhante no REsp nº 194.137,[384] analisado por Carlos Nelson Konder.[385] Neste julgado, houve reforma do julgamento após as instâncias inferiores considerarem que não poderia ser aplicada a teoria do grupo de contratos e nem mesmo a responsabilização em cascata daqueles que participaram da relação negocial, tendo em vista sua posição de terceiros no negócio principal.

O STJ considerou que o terceiro não poderia se vincular às disposições do contrato entre as partes originais, mas seus direitos podem ser opostos a estes com base na teoria do grupo de contratos com a extensão de direitos e obrigações. Contudo, o Judiciário brasileiro ainda não se pronunciou sobre questão relativa ao grupo de contratos e a arbitragem.

Deste modo, a existência de convenção de arbitragem em grupos de contratos dependerá da análise das manifestações de vontade apresenta-

382 T. Clay, *Extensão da Cláusula Compromissória às Partes...* Op. cit., p. 80-81.

383 *Cf. Collection of ICC Arbitral Awards*, 1991-1995, Haia, Kluwer, p. 420.

384 STJ, REsp nº 194117-SP, 3ª Turma, Rel. Min. Antônio de Pádua Ribeiro, j. em 5.4.2005 in *DJ* 15.8.2005, p. 299 e *RSTJ* 196/282.

385 C. N. Konder, *Contratos Conexos: grupos de contratos, redes contratuais e contratos coligados*, Rio de Janeiro, Renovar, 2006, p. 267 e seguintes.

das e em que extensão as partes pretenderão vincular-se, especialmente em face do conjunto de instrumentos contratuais celebrados.

3.1.3. Cessão de posição contratual

A cessão de posição contratual é hipótese genérica relacionada à substituição de um dos polos da relação contratual que contenha a convenção de arbitragem. De modo diferente do grupo de sociedades ou de contratos, aqui, há a substituição expressa do ente signatário da convenção por um ente não signatário.

Na maioria das legislações não há previsão específica acerca da cessão de posição contratual,[386] embora tal situação não signifique que esta situação seja vedada pelo ordenamento jurídico nacional, por exemplo.

Com a realização da cessão de posição contratual há, nos dizeres de Orlando Gomes: "substituição de um dos contratantes por outra pessoa que passa a figurar na relação jurídica como se fora a parte de quem tomou lugar",[387] a total transferência do conteúdo orgânico de direitos e obrigações da parte cedente para a parte cedida. Há a total assunção do complexo de direitos e obrigações existentes no contrato. Contudo, embora seja um instituto autônomo, as regras a ele aplicáveis são aquelas utilizadas para institutos como a cessão de crédito e de débito.[388]

Há, assim, a presença obrigatória de um cedente, que deixará a relação contratual, um cessionário, que assumirá a posição contratual do cedente, e um cedido, que permaneceu na relação contratual.

Em relação às partes, é imperativo analisar a necessidade da anuência do cedido para que a cessão de posição contratual seja eficaz. A doutrina considera que a anuência é necessária apenas nas hipóteses contratuais

[386] As legislações italiana, portuguesa e holandesa, por exemplo, prevêem a cessão de posição contratual (J. J. F. Delaygua, *La Cesión de Contrato*, Barcelona, Bosch, 1989, p. 17). No Brasil, é clara a posição da jurisprudência nesse sentido: REsp nº 356383-SP, 3ª Turma, Rel. Min. Nancy Andrighi, j. em 5.2.2002 in *DJU* 6.5.2002, p. 289 e *RSTJ*, v. 156, p. 291 e AgRg no CC nº 26516-PR, 2ª Seção, Rel. Min. Ruy Rosado de Aguiar, j. em 24.5.2000 in *DJU* 24.5.2000, p. 133.

[387] O. Gomes, *Contratos,* Op. cit., p. 148; também H. C. Bdine Júnior, *Cessão de Posição Contratual*, São Paulo, Saraiva, 2007, p. 37.

[388] H. C. Bdine Júnior, *Cessão...*, Op. cit., p. 37.

de cessão contratual.[389] Nas hipóteses legais ou judiciais, a anuência não é necessária, já que a manifestação de vontade das partes é substituída pela legislação ou por comando judicial.[390]

Na mesma linha, as hipóteses legais ou judiciais, do ponto de vista do direito brasileiro, podem permitir a extensão da cláusula compromissória a terceiros não signatários, independentemente da manifestação expressa de vontade. Assim, se a cessão é contratual, a manifestação de vontade para arbitrar, presente no contrato cedido, será transferida juntamente com ele, a não ser que haja alguma ressalva das partes acerca da supressão da cláusula compromissória ou de qualquer alteração no seu conteúdo. Do contrário, sendo a hipótese de cessão de posição contratual prevista em lei, a cessão da convenção de arbitragem ocorrerá automaticamente.

Nesse sentido é a disposição do art. 1.144[391] do Código Civil. O terceiro, cedente, nesse caso, pode ser obrigado a se submeter à arbitragem

389 A. A. Alterini e E. J. Ripetti, *La Cession del Contrato: su esquema fundamental*, Madrid, Bibliográfica Omeba, 1962, p. 47. No mesmo sentido: I. G. Telles, *Manual dos Contratos em Geral*, Coimbra, Coimbra Editora, 2002, p. 455 e O. Gomes, *Contratos*, Op. cit., p. 163.

390 A. A. Alterini e E. J. Ripetti, *La Cession del Contrato: su esquema fundamental* , Madrid, Bibliográfica Omeba, 1962, p. 70-72. No mesmo sentido: O. Gomes, *Contratos*, Op. cit., p. 166.

391 *"Art. 1.144. O contrato que tenha por objeto a alienação, o usufruto ou arrendamento do estabelecimento, só produzirá efeitos quanto a terceiros depois de averbado à margem da inscrição do empresário, ou da sociedade empresária, no Registro Público de Empresas Mercantis, e de publicado na imprensa oficial."* Nesse sentido, J. X. Carvalho de Mendonça já afirmava no início do século passado: *"217. A falta de inscrição no Registro do Comércio. A falta de inscrição no registro do comércio, salvo casos expressos, não invalidade o instrumento, mas importa em sanção especial estabelecida pela lei nos casos em que a exige [nota do atualizador – arts. 109 e 215 do Código Civil de 2002]. Em qualquer hipótese, não prejudica terceiros"* (J.. X. Carvalho de Mendonça, *Tratado de Direito Comercial Brasileiro*, Ricardo Rodrigues Gama (atualizador), Vol. IV, tomo I, Campinas, Russel, 2003, p. 204). Arnoldo Wald segue o mesmo raciocínio: *"2.145. O contrato de trespasse, usualmente conhecido na prática empresarial como 'passa o ponto', caracteriza-se pela transferência do estabelecimento de um empresário para outro. [...] 2.151. Sabemos, de fato, que a venda do estabelecimento presta-se a encobrir manobras fraudulentas para prejudicar credores, principalmente quando o empresário aproxima-se do estado falimentar. A regra do artigo 1.144 visa, portanto, dificultar a ocorrência deste tipo de fraude. [...]. 2.152. Com esse escopo, o legislador estabeleceu como obrigação da empresa promover a devida publicidade do ato de alienação do estabelecimento. 2.153. Pela averbação no registro público mercantil. É dada publicidade passiva ao ato, isto é, qualquer interessado pode, consultando a certidão competente no registro público, ter acesso à informação.*

embora não tenha celebrado o contrato que contenha a cláusula compromissória.

A lei ainda oferece garantia ao cessionário para que após a ciência da cessão de posição contratual sejam rescindidos os contratos realizados. Isso porque, de acordo com o art. 1.148 do Código Civil, há de modo automático, com o trespasse do estabelecimento, salvo disposição em contrário, a cessão de posição contratual dos instrumentos contratuais que sejam necessários para a sua administração.[392] Assim, a presunção é a de que ocorreu a cessão da posição contratual com o trespasse do estabelecimento, pois o outro contratante terá 90 (noventa) dias para recusar a alteração do outro polo contratual.

Assim, basta ao terceiro agir com diligência para que possa conhecer da venda, a fim de evitar a formalização de um negócio ou tomar a devida atitude que a lei permita com relação a negócios anteriores. [...] 2.155. Conclui-se, portanto, que somente após a prática dos dois atos previstos no art. 1.144 é que o trespasse passa a surtir efeitos perante terceiros" (Arnoldo Wald in Sálvio de Figueiredo Teixeira (org.) *Comentários ao Novo Código Civil: Livro II – Do Direito da Empresa – arts. 966 a 1.195*, v. XIV, Rio, Forense, 2005, p. 736-739). O entendimento do judiciário não é outro: "Com efeito, muito embora tenha realmente ocorrido a transferência do ponto comercial o estabelecimento continuou funcionando com o mesmo nome fantasia e com o mesmo CNPJ. Ora, não há qualquer prova nos autos de que a autora tenha informado à empresa ré de que o estabelecimento teria sido vendido a terceiro, sendo que os documentos de fls. 78-84 comprovam a realização de negociações com a 'Lancheria Don Diego', razão pela qual não restou demonstrada a conduta ilícita por parte da requerida, o que afasta a sua responsabilização pelo evento danoso. A 'Lancheria Don Diego' estava registrada em nome da autora e, mesmo após a venda esta nada fez para transferi-la, de forma legal, ao novo proprietário, razão pela qual correu o risco de ser apontada como devedora caso esse não fosse pontual em seus pagamentos, o que efetivamente ocorreu. Assim, não tenho como demonstrada qualquer conduta ilícita da sua parte, razão pela qual afastada qualquer tipo de responsabilização. De consequência, estou direcionando meu voto no sentido do desprovimento do apelo e manutenção da sentença em sua íntegra, inclusive no que atine aos ônus sucumbenciais" (TJ-RS, Ap. nº 700.104.51276, 7ª Câmara Cível, Rel. Dr. Ney Wiedemann Neto, Negaram Provimento, v.u., J. em 21. 9.2006).

[392] "Art. 1.148. Salvo disposição em contrário, a transferência importa a sub-rogação do adquirente nos contratos estipulados para exploração do estabelecimento, se não tiverem caráter pessoal, podendo os terceiros rescindir o contrato em noventa dias a contar da publicação da transferência, se ocorrer justa causa, ressalvada, neste caso, a responsabilidade do alienante." Hipóteses ordinárias de cessão de posição contratual mostram de modo claro que o cessionário passa a figurar num dos polos do contrato anteriormente estipulado. O interessante do art. 1.148 do Código Civil é a determinação de uma cessão automática permitindo ao outro contratante manifestar sua oposição posteriormente.

Com base nesse dispositivo legal, MARCELO ANDRADE FÉRES afirma que haverá uma transmissão *ipso iure* dos contratos que seguirem os requisitos mencionados no dispositivo legal transcrito acima. Assim, há sub-rogação do trespassários nos contratos do estabelecimento comercial nas seguintes condições contratuais:

a) que se trate de contratos bilaterais com pendências obrigacionais para ambas as partes;
b) que os contratos sejam exploracionais [...];
c) que os contratos sejam impessoais [...];
d) que não exista disposição em contrário [...];
e) que inexista óbice legal; e
f) que não seja justa a causa para o terceiro rescindir o contrato.[393]

De outro lado, o STJ considerou que a incorporação de empresa faz com que a incorporadora assuma todos os direitos e obrigações da incorporada, inclusive no tocante à convenção de arbitragem:

> A Corte Especial deferiu o pedido de homologação da sentença estrangeira por entender que a empresa requerida, ao incorporar a original contratante, assumiu todos os direitos e obrigações da cedente, inclusive a cláusula arbitral em questão, inserida no acordo de consórcio que restou por ela inadimplido. Assim, há a imediata incidência da Lei de Arbitragem (Lei nº 9.307/1996) sobre os contratos que contenham cláusula arbitral, ainda que firmados anteriormente a sua edição.[394]

A realização de uma cessão de posição contratual pode levar à substituição de um dos polos da relação jurídica contratual que preveja a solução de conflitos via arbitragem. Caso um desses contratos cedidos possua convenção de arbitragem, haverá uma automática adesão do novo contratante à arbitragem como forma de solução de eventual conflito. O próprio procedimento arbitral poderá sofrer reflexo dessa alteração caso já haja algum litígio em curso com o conhecimento da cessão de posição contratual, caso a lei brasileira seja a lei material aplicável ao conflito.

393 M. A. FÉRES, *Estabelecimento Empresarial*, São Paulo, Saraiva, 2007, p. 69.

394 SUPERIOR TRIBUNAL DE JUSTIÇA, SEC 831-FR, Rel. Min. ARNALDO ESTEVES LIMA, j. em 3.10.2007 in *Informativo STJ* n. 0334.

3.1.4. Intervenções na arbitragem

Em determinadas situações, discute-se a possibilidade de participação de terceiros na arbitragem pela via da intervenção de terceiros. Já existem legislações estrangeiras com disposições no sentido de ampliar a participação de terceiros no processo arbitral, bem como a participação de autarquias e órgãos de fiscalização, como a CONSOB italiana, espécie de COMISSÃO DE VALORES MOBILIÁRIOS (CVM) daquele país.[395]

Pioneiramente, em artigo de 1989, EDOARDO F. RICCI já defendia a intervenção de terceiros na arbitragem sob o fundamento de que "A equiparação entre laudo e sentença é a única capaz de proporcionar salvaguarda entre o processo arbitral e o judicial como formas alternativas em face do mesmo objetivo de tutelas, que justifica atribuir às partes liberdade de escolha".[396]

Ou seja, a identidade teleológica entre o processo judicial e o arbitral permite a utilização da intervenção de terceiros, especialmente do tipo interveniente adesivo, previsto no direito italiano. Em resumo, há se tratar a possibilidade de vinculação à arbitragem além da convenção de arbitragem.

Como afirma ELIO FAZZALARI, a alteração na legislação italiana introduzida pelo Decreto Legislativo nº 5, de 17 de janeiro de 2003, permite que terceiros afetados ou potencialmente afetados pela sentença arbitral possam participar do procedimento arbitral e até mesmo questionar suas conclusões (art. 35, *comma* 2):

> corretamente contempla-se em um só confronto o outro sócio, isto é, sob o pressuposto que, nessa qualidade, também ele está vinculado à cláusula compromissória, e não pode opor, como o terceiro em geral, o direito, constitucionalmente garantido, à tutela jurisdicional.[397]

[395] Esses são só os exemplos mais comum de possíveis intervenções. Pode-se pensar na participação de qualquer órgão regulador ou mesmo do Ministério Público.

[396] E. F. RICCI, Il Lodo Rituale di Fronti ai Terzi in *Rivista di Diritto Processuale*, v. XLIV (II série), Padova, CEDAM, Anno 1989, p. 676-677.

[397] ELIO FAZZALARI, L'Arbitrato nella Riforma del Diritto Societário in F. L. YARSHELL e M. Z. DE MORAES, *Estudos em Homenagem à Professora Ada Pellegrini Grinover*, São Paulo, DPJ, 2003, p. 546-550 (trad. livre do it).

Para Giuseppe Tarzia, o terceiro introduz nova demanda no procedimento arbitral, mas dele poderá participar, representando uma exceção ao princípio da limitação da arbitragem àqueles que acordaram a convenção de arbitragem: "a sociedade, como os seus administradores, liquidadores e síndicos consubstanciando-se legitimados à intervenção voluntária".[398]

O sistema italiano, parte da doutrina, em questões decorrentes do direito societário, permite a presença de terceiros não signatários no procedimento arbitral, como o administrador da sociedade, outros sócios, síndicos ou o liquidante da sociedade, até mesmo entre a sociedade e terceiros, por exemplo, no chamado *"intervento coato"*.[399]

No Brasil, Humberto Theodoro Júnior analisa as formas de intervenção de terceiros e a arbitragem e conclui afirmando:

> A formação do litisconsórcio não pode ser banida do campo do juízo arbitral, visto que ali, tanto como no processo comum, poderão estar em jogo situações em que a lei exige a observância do cúmulo subjetivo [...]
>
> O problema de difícil solução se dá quando o complexo negocial abrange contratos supervenientes àquele onde se instituiu o compromisso ou convenção arbitral e, principalmente, quando a cadeia de negócios jurídicos atinge outras pessoas além daquelas que pactuaram a instituição da arbitragem.[400]

[398] G. Tarzia, L'Intervento del Terzo nell'Arbitrato in F. L. Yarshell e M. Z. de Moraes, *Estudos*... Op. cit., p. 590-600.

[399] G. Ruffini, La Riforma dell'Arbitrato Societàrio in Corrieri Giuridico, 2003, p. 1524 e seguintes. De outro lado, Giuseppe Tarzia não concorda com este tipo de extenção (G. Tarzia, L'ntervento del Terzo... in F. L. Yarshell e M. Z. de Moraes, *Estudos*... Op. cit., p. 596). Em docorrência dessa posição já surge no sistema italiano a discussão cerca da possibilidade de o terceiro recusar a indição do árbitro ou deste renunciar ao seu encargo com a intervenção realizada. No primeiro caso, poderá haver recusa se houver suspeição do árbitro, por exemplo, em relação ao terceiro ou às partes (art. 815 do Codice di Processo Civile italiano). Já em relação ao segundo aspecto mencionado, a ampliação objetiva decorrente da anmplação subjetiva do processo arbitral pode levar à renúncia do árbitro se este não estiver confortável em solucionar controvérsia diversa daquela para a qual assumiu o encargo inicialmente (G. Tarzia, L'Intervento del Terzo... in F. L. Yarshell e M. Z. de Moraes, *Estudos*... Op. cit., p. 597-598).

[400] H. Theodoro Júnior, Arbitragem e Terceiros: Litisconsórcio fora do Pacto Arbitral – Outras Intervenções de Terceiros in P. A. B. Martins e J. M. R. Garcez, *Reflexões*... Op. cit., p. 251-254.

Em relação às demais intervenções de terceiros, HUMBERTO THEODORO JÚNIOR afirma que o principal dos problemas surge quando: "não há consenso geral e se pretende impor compulsoriamente a ampliação do objeto da arbitragem, seja por iniciativa de terceiro, seja por provocação de uma das partes da convenção de arbitral".[401]

No caso da denunciação da lide, porém, "parece não haver dissidência mais profunda quanto ao descabimento da intervenção forçada do terceiro responsável pela garantia do direito de um dos litigantes".[402] Assim, entende o referido autor que, na arbitragem, não seria possível uma demanda regressiva diretamente entre o réu e o terceiro responsável por garantir o seu direito.

O mesmo ocorreria em relação aos embargos de terceiros. A parte interessada deveria aguardar a execução da medida do árbitro no Judiciário para questioná-la por meio dos embargos de terceiros.[403]

Nesse sentido, MATHIEU DE BOISSÉSON afirma que nem a intervenção forçada nem a voluntária são compatíveis com a natureza convencional da arbitragem, não podendo ocorrer senão pela concordância das partes.[404] Ademais, a intervenção de um terceiro contra vontade das partes complica o processo arbitral, levando a ele rigorismos do processo judicial, dentre os quais as intervenções coactas são uns dos mais sérios entraves.[405] O mesmo entendimento deve ser aplicado ao litisconsórcio necessário unitário.[406]

Em relação ao posicionamento da doutrina brasileira, lastreada em parte da doutrina internacional, pode-se dizer que a nossa jurisprudência avançou mais, permitindo maior dinamismo na solução de conflitos

[401] H. THEODORO JÚNIOR, Arbitragem e Terceiros... Op. cit., in P. A. B. MARTINS E J. M. R. GARCEZ, *Reflexões...* Op. cit., p. 255.

[402] H. THEODORO JÚNIOR, Arbitragem e Terceiros... Op. cit., in P. A. B. MARTINS E J. M. R. GARCEZ, *Reflexões...* Op. cit., p. 254-260.

[403] H. THEODORO JÚNIOR, Arbitragem e Terceiros... Op. cit., in P. A. B. MARTINS E J. M. R. GARCEZ, *Reflexões...* Op. cit., p. 254-260.

[404] M. BOISSÉSON, *Le Droit Français...* Op. cit., p. 245-247.

[405] J. E. CARREIRA ALVIM, Intervenção de Terceiros... Op. cit., in P. A. B. MARTINS E J. M. R. GARCEZ, *Reflexões...* Op. cit., p. 263-264.

[406] No mesmo sentido, A. P. GRINOVER, Parecer – Arbitragem e Litisconsórcio Necessário in *Revista Brasileira de Arbitragem* nº 10, São Paulo, IOB Thompson, 2006, p. 38.

via arbitragem, embora a decisão do caso *Trelleborg* contra *Anel*[407] não tenha adentrado a fundo a questão da sistematização da participação de terceiros na arbitragem, mesmo tendo conclusões consentâneas com a teoria da extensão da cláusula compromissória.

A intervenção de terceiros na arbitragem deve depender da concordância das partes, sob pena de realmente desnaturar o instituto e impedir o regular andamento do procedimento arbitral. A presença de entes reguladores, como a CVM ou a Consob italiana, pode estar prevista em regulamentos de abertura de capital, por exemplo, com participação em processos arbitrais a título de *amicus curiae*. Contudo, se as partes concordarem, não há nenhum empecilho para a presença de terceiros no procedimento arbitral.

Por fim, na mesma linha de raciocínio, parece possível, no entanto, que os árbitros possam desconsiderar a personalidade jurídica de uma empresa a fim de que seja realizada uma arbitragem envolvendo seus sócios como forma de coibir abusos e permitir o pleno exercício das funções dos árbitros como juízes de fato e de direito.

3.1.5. Convenção de arbitragem por referência

Finalmente, quando se trata de extensão da convenção de arbitragem, há que se analisar a categoria das convenções de arbitragem por referência, muito comuns no comércio internacional e que ocorrem num contexto de vários documentos negociais preexistentes. Nesse caso, há a declaração de vontade para arbitrar de forma remissiva a uma cláusula de outro documento.

O primeiro obstáculo à validade desta convenção é a exigência de que a cláusula compromissória seja escrita, de acordo com a Convenção de Nova Iorque de 1958, art. II, § 2º. No entanto, parece não haver nenhum impedimento para que ocorra essa combinação de cláusulas, já que a remissão a uma cláusula existente num outro documento ou a declarações escritas entre as partes, mesmo que não sejam formalmente contratos, parece ser suficiente para a inequívoca manifestação de vontade de arbitrar das partes (item 1.4.3 do Capítulo 1).

Como se viu, não há nenhuma forma determinada para a realização da convenção de arbitragem, exigindo-se apenas que ela seja escrita,

[407] Vide nota nº 6 acima.

podendo ser inferida a vontade de arbitrar de correspondências entre as partes, por exemplo.[408]

A interpretação do consentimento manifestado para utilização em convenções de arbitragem por referência deve ser feita de acordo com o postulado da boa-fé, já que a decisão das partes de fazer referência a determinado contrato como parte integrante de outro deve gerar a presunção relativa de que as partes assim decidiram.

Em situação semelhante, a Câmara Civil da *Cour de Cassation* francesa decidiu:

> O texto das cláusulas tinha sido anexado aos boletos de confirmação enviados pelo vendedor e aceitos pelo comprador, concluindo-se que a aceitação da convenção de arbitragem foi tomada nos mesmo termos que a convenção de arbitragem prevista no contrato principal.[409]

No Brasil, o Superior Tribunal de Justiça já teve a oportunidade de apresentar o seu entendimento sobre o assunto. No julgamento para homologação de sentença estrangeira (SEC nº 866),[410] o Ministro Relator FELIX FISCHER, acompanhado pelos demais ministros da Turma julgadora, considerou que a cláusula compromissória não precisa constar de um contrato, mas deve ser expressa e escrita. Assim, de acordo com o que se expôs a cláusula compromissória pode ser pactuada em outro documento apartado que se refira ao contrato.

No caso concreto, contudo, a sentença estrangeira não foi homologada porque não existiam elementos seguros de que a parte demandada tinha concordado com a convenção de arbitragem:

> Na hipótese dos autos, a requerente alega que embora os contratos tenham sido celebrados verbalmente, os telex trocados pelas partes a fim de convalidar as operações de compra e venda contêm cláusula compromissória com expressa referência às regras de arbitragem do GAFTA. Ocorre, que os telex acostados pela requerente (fls. 292/295; 298/301; 304 308), con-

[408] Não obstante, vários itens são considerados necessários na cláusula compromissória, especial aquela inserta em contratos de adesão e no compromisso arbitral como já se viu (arts. 9 e 10 da Lei de Arbitragem) – vf. itens 1.3.1.1, 1.4.3 e 1.3.2.1 citados.

[409] P. MAYER, Caso SONETEX, Cour de Cassation, 1er. Ch. Civ, j. em 3.3.1992 in *Reveau d'Arbitrage*, Haia, Klower, 1993, p. 273 (trad. livre).

[410] STJ, SEC nº 866, Rel. Min. FELIX FISCHER, j. em 17.5.2006.

> quanto façam referência à cláusula compromissória do GAFTA, não ostentam a assinatura da requerida ou qualquer outra forma de anuência quanto ao preposto, tendo sido enviados para a corretora CEREAGRO S/A por uma terceira empresa, a corretora MERCOPLATE S/A, de origem Argentina, representando os interesses da requerente. [...]
>
> Com efeito, não há nos autos elementos seguros de que a empresa requerida acordou com a cláusula compromissória, renunciando à jurisdição estatal, o que impõe o reconhecimento da incompetência do juízo arbitral.[411]

De todo modo, o STJ apresentou seu entendimento sobre a questão extraindo-o corretamente do art. 4º, § 1º, da Lei de Arbitragem. A convenção de arbitragem pode estar presente em documento apartado que se refira ao contrato que a utilizará. Ou seja, a referência entre convenção de arbitragem e contrato é permitida pelo ordenamento jurídico brasileiro.

Partindo desse entendimento apresentado, não há motivos, portanto, para não se interpretar a existência de uma via de mão dupla e se impedir que um determinado contrato faça referência à convenção de arbitragem existente em outro, exatamente a situação inversa da prevista em lei, desde que haja clara intenção de vinculação entre as partes.

Dessa maneira, existindo algum equívoco, o objetivo deve ser a interpretação da convenção de arbitragem com aplicação do princípio do efeito útil da arbitragem, a *favor validatis*, permitindo-se a obtenção da real vontade das partes.

3.2. Extinção da convenção de arbitragem

3.2.1. Extinção decorrente do contrato principal

A despeito do já estudado princípio da autonomia da cláusula compromissória em face do contrato que a contenha (item 1.3.1.2, Capítulo 1), há situações nas quais a extinção do contrato implica a extinção da convenção de arbitragem.

A primeira dessas situações é a execução do contrato, forma natural de extinção verificada quando todas as obrigações previstas são cumpri-

[411] STJ, SEC nº 866, Rel. Min. Felix Fischer, j. em 17.5.2006, relatório e voto do relator, p. 6 de 10 e 7 de 10 (negritos no original).

das do modo como estabelecido pelas partes. Com isso, a convenção de arbitragem ligada ao contrato não precisará ser utilizada.

Nesta categoria de extinção das obrigações, genericamente chamada aqui de execução regular, estão enquadradas hipóteses como o pagamento, executado por aquele que deveria pagar a quem deveria receber conforme o contrato nos momentos e lugares estabelecidos.[412]

Aqui podem ser incluídas formas não naturais ou especiais de cumprimento da obrigação com o pagamento em consignação, a sub-rogação, a imputação ao pagamento, a dação em pagamento, a compensação, a confusão e a remissão.[413] Qualquer dessas hipóteses pode levar à extinção do contrato que contenha a convenção de arbitragem e, em consequência, da própria convenção.

Sendo assim, a ocorrência de qualquer uma dessas hipóteses, sendo resolvida a obrigação pelo devedor, leva à extinção da obrigação, que é uma relação provisória.[414] O cumprimento de todas as obrigações previstas no contrato acarreta a extinção deste. Contudo, se houve litígio sobre a extinção ou não do contrato pela ocorrência de extinção das obrigações nele previstas, a forma de solução de conflitos será a arbitragem pelo princípio da autonomia da cláusula compromissória.

Outra forma de extinção da convenção de arbitragem é a prescrição, que nada mais é do que perda de uma ação atribuída a um direito como forma de defendê-lo em decorrência do não-uso dela durante um determinado lapso de tempo, decorrente da necessidade de certeza nas relações jurídicas,[415] ou, conforme posição de Orlando Gomes, com o escopo de se esquivar da polêmica acerca do bem atingido, direito de

[412] Como afirma Álvaro Villaça de Azevedo, citando a expressão latina *"solutio est praestatio eius quod in obligatione est"*, pagamento possui um sentido amplo que supera a ideia popular de prestação em dinheiro, tratando no sentido técnico jurídico de implemento, execução normal da obrigação (A. Villaça de Azevedo, *Teoria Geral das Obrigações*, 8. ed., São Paulo, RT, 2000, p. 107-108).

[413] Para mais detalhes sobre estes assuntos, *cf.* A. Villaça de Azevedo, *Teoria Geral...* Op. cit., p. 150-189, J. C. F. da Silva, *Adimplemento e Extinção das Obrigações*, 1. ed., São Paulo, RT 2006, O. Gomes, *Obrigações*, 15. ed., Rio de Janeiro, Forense, 2001 (que denomina tais formas de "modos especiais de extinção das obrigações"), e F. Martins, *Contratos e Obrigações Comerciais*, 15. ed., Rio de Janeiro, Forense, 2002, p. 24-38.

[414] F. Martins, *Contratos e Obrigações...* Op. cit., p. 23-24.

[415] C. Bevilacqua, *Código Civil dos Estados Unidos do Brasil Commentado*, 9. ed., v. I, São Paulo, Livraria Francisco Alves, 1951, p. 458-459.

crédito ou a ação que o assegura, perda da virtualidade da prescrição da pretensão do credor pelo decurso de tempo.[416]

Se a arbitragem permitir a aplicação da legislação brasileira à solução do litígio, a existência da prescrição poderá ser analisada pelo juiz togado e não necessariamente pelo árbitro, já que, de acordo com o art. 487, inc. II, do CPC, esta matéria é cognoscível de ofício, suplantando o efeito negativo da convenção de arbitragem que se verá a seguir. Assim, tanto o árbitro como o juiz togado poderão analisar esta situação de acordo com a opção legislativa do Código de Processo Civil brasileiro em face da matéria em discussão.

Além disso, a novação pode levar à extinção da convenção de arbitragem total ou parcialmente, quando se altera apenas um dos polos do contrato com as já estudadas hipóteses de cessão de posição contratual, grupos de contratos ou grupos de sociedades ou até mesmo o objeto do pactuado entre as partes. Com isso, se extinguem obrigações antigas e, concomitantemente, são criadas obrigações novas.

Com isso, uma novação objetiva pode levar à exclusão da convenção de arbitragem vinculada ao contrato celebrado, sem alteração das partes ou, do ponto de vista subjetivo, promover alteração no âmbito daquele que deve cumprir a obrigação ou daquele que deve recebê-la. Sem dúvida, no entanto, a obrigação como estipulada anteriormente deixa de existir.

A principal característica da novação é a introdução de um elemento novo na obrigação já estabelecida, dispensando-se a existência de duas obrigações distintas, uma para extinguir e outra para criar a obrigação nova.[417]

No que tange à permanência da arbitragem no negócio jurídico decorrente de novação, há que se analisar, do ponto de vista da novação subjetiva, se o novo participe da relação jurídica fez alguma ressalva à utilização da arbitragem. Do contrário, ela permanecerá como forma de solução do conflito. Como se viu acima, as partes podem ser alteradas sem que a convenção de arbitragem perca a sua eficácia. Do ponto de vista da novação objetiva, há que se analisar se a alteração realizada

[416] O. Gomes, *Obrigações...* Op. cit., p. 127.

[417] É nesse sentido que Silvio Rodrigues resume a questão in S. Rodrigues, *Direito Civil: Parte Geral das Obrigações*, 28. ed., São Paulo, Saraiva, 2000, p. 209 e 216.

não interferiu na forma de solução do conflito, alterando-a da arbitragem para algum outro.

De outro lado, a transação que é o método contratual extintivo de obrigações pelo qual as partes resolvem, por acordo, por meio de mútuas concessões, relação jurídica entre elas duvidosa prevenindo ou extinguindo litígio.[418] Assim, não será necessária a aplicação de outra forma de solução de litígio.

Nesse caso, a arbitragem poderá ser utilizada como forma de solução de conflitos decorrente do correto cumprimento da transação ou do distrato se não houver nenhuma especificação das partes nesse sentido.

Ainda a resilição e a resolução também, embora levem à extinção do contrato principal, permitirão que a arbitragem seja utilizada como forma de solução dos conflitos atinentes à análise da culpa ou da existência de lesão, por exemplo.[419] Havendo resilição ou resolução do contrato permitirão que a arbitragem seja utilizada como forma de solução do conflito.

Tais hipóteses talvez sejam as principais fontes de litígios, exigência de indenizações em questões contratuais por inadimplemento. Do ponto de vista de dados disponíveis, tal afirmação é comprovada nos contratos de distribuição e nas questões societárias, ramos nos quais foram realizadas pesquisas que demonstram serem questões que envolvam inadimplemento ou ao inadimplemento defeituoso de obrigações assumidas as que mais são analisadas pelo Judiciário.[420]

Finalmente, a anulação do contrato por algum vício também exclui que eventual conflito seja encaminhado à arbitragem, a não ser que a

[418] A. Villaça de Azevedo, *Teoria Geral*... Op. cit., p. 192. No mesmo sentido, S. Rodrigues, *Direito Civil: Parte Geral das Obrigações*... Op. cit., p. 237-239.

[419] O. Gomes, *Contratos*... Op. cit., p. 184-188. O mesmo entendimento é apresentado na Suíça e na França (*Cf.* B. Goldman, E. Gaillard e P. Fouchard, *Traité*... Op. cit., p. 455).

[420] P. A. Forgioni, O Posicionamento dos Tribunais perante os Contratos de Distribuição (1980-1999), São Paulo, FGV, 2000 in http://www.eaesp.fgvsp.br/Interna.aspx?PagId=DLMJMMTJ&ID=47, acessado em 8 de julho de 2007, e P. de L. Messina e P. A Forgioni, A Posição dos Tribunais Perante as Sociedades por Ações (1986-997), São Paulo, FGV, 1997 in http://www.eaesp.fgvsp.br/Interna.aspx?PagId=DLMJMMTJ&ID=22, acessado em 8 de julho de 2007.

própria convenção de arbitragem esteja eivada de vícios que levarão os árbitros a indicar a sua incompetência para analisar o litígio.[421]

3.2.2. Extinção própria da convenção de arbitragem e situações de subsistência da cláusula compromissória e extinção do compromisso (art. 12 da Lei de Arbitragem)

Além das hipóteses de extinção da convenção de arbitragem decorrentes analisadas acima, existem outras específicas da convenção de arbitragem.

A primeira das modalidades de extinção própria é a renúncia. Por ela, as partes podem desistir da utilização da arbitragem como forma de solução de conflitos, até mesmo via distrato. Como visto, na novação, por exemplo, as partes podem manter a convenção de arbitragem ou, além de realizarem outra alteração no contrato, podem renunciar à arbitragem como forma de solução de conflitos.

A recusa à instauração da arbitragem em decorrência da cláusula compromissória vazia não pode ser equiparada à renúncia dessa convenção. A recusa decorre simplesmente da falta de concordância com as regras escolhidas para indicação dos árbitros e instauração da arbitragem. Todavia, mesmo sendo vazia, a convenção de arbitragem já deslocou a jurisdição do Judiciário para a arbitragem. Não há extinção da convenção de arbitragem.

A renúncia deve ser expressa pois a manifestação de vontade para arbitrar também tem que ser, por força do art. 472 do Código Civil, não basta a renúncia tácita nesse caso.

Outra forma é a anulação. Se a convenção de arbitragem for anulada, a competência dos árbitros será suprimida e a arbitragem não será utilizada como forma de solução de conflitos. A anulação pode decorrer da arbitrabilidade do litígio, do ponto de vista objetivo ou subjetivo, bem como da existência de vícios de consentimento.

Por fim, há hipóteses ainda nas quais verifica-se a extinção do compromisso arbitral e a subsistência da cláusula compromissória.

A primeira dessa categoria de situações é o proferimento da sentença arbitral. Tendo em vista que o compromisso arbitral estabelece especificamente o litígio a ser solucionado, o proferimento de sentença

[421] B. Goldman, E. Gaillard e P. Fouchard, *Traité*... Op. cit., p. 455.

extingue o compromisso. Já a cláusula compromissória pode permitir a solução de outros conflitos decorrentes do mesmo contrato, já que seu âmbito é mais amplo.

Do mesmo modo, a anulação da sentença arbitral extingue-a e o compromisso que a instituiu.[422] Já quando a instituição da arbitragem se dá via cláusula compromissória, a questão é diferente porque, em regra, esta possui disposição no sentido de que todos os litígios decorrentes do contrato do qual faça parte sejam solucionados via arbitragem. Assim, a anulação da sentença que analisou um litígio não impedirá que o surgimento de outro decorrente do mesmo contrato seja solucionado via arbitragem. Obviamente, a subsistência da cláusula compromissória só ocorrerá se a sentença arbitral não foi anulada por vício nela presente.

De outro lado, o falecimento de um dos árbitros ou não-aceitação do encargo por um dos árbitros quando não se prevê substituição, em regra, não levam à extinção do compromisso e nem da cláusula pois, caso não existam regras convencionadas para sanar essas situações ou substitutos expressamente previstos, poderá ser utilizada a demanda prevista no art. 7º da Lei de Arbitragem como forma de indicar novo árbitro se as partes não chegarem a um acordo (art. 16, § 2º, da Lei de Arbitragem).

A única hipótese de falecimento ou impossibilidade que leva à extinção da convenção de arbitragem é aquela na qual as partes declaram expressamente que não aceitarão substituição dos árbitros ou do árbitro indicado (art. 16, § 2º, *in fine*, da Lei de Arbitragem).

Enfim, há que se analisar a hipótese de extinção do compromisso arbitral pelo decurso de prazo para o proferimento da sentença arbitral.

Assim, partindo do pressuposto de que, numa determinada situação da vida, o atraso na prolatação da sentença poderia tornar inútil a arbitragem para uma das partes, a Lei de Arbitragem permite que a parte interessada notifique os árbitros para que profiram a sentença.

A disposição está presente no arts. 11, III, e 12, III, da Lei de Arbitragem e destina-se às situações em que ocorreu, por exemplo, um simples contratempo que não deve ser levado em conta como uma hipótese capaz de gerar extinção da arbitragem; é apenas um alerta dirigido aos

[422] Exceto para os casos mencionados nos incisos III, IV e V do art. 32 da Lei de Arbitragem, combinado com o art. 33, § 2º, II.

árbitros por uma das partes, uma flexibilidade legal em relação ao prazo acordado inicialmente. Nestas situações, buscando prevalecer o princípio da economia processual e da preservação do trabalho já realizado na arbitragem, é concedida a uma das partes a faculdade de notificar os árbitros em vista do termo final do prazo para prolação da sentença arbitral.

No entanto, consumada a intempestividade do laudo, ela será nulidade que não admite convalidação,[423] por isso, é importante que se aplique o princípio da boa-fé e, principalmente, o instituto da arbitragem na sua integralidade, tornando-o útil e seguro para as partes.

Embora tal hipótese esteja prevista em lei apenas para o compromisso arbitral, tal situação poderá ser verificada também quando a convenção de arbitragem for realizada por meio de cláusula compromissória. Nesse caso, o desrespeito ao prazo lá estipulado não extinguirá a convenção, mas tornará anulável o procedimento arbitral (art. 32, inciso IV, da Lei de Arbitragem).

Assim, permite-se a aplicação do art. 12, III, como forma de segurança à parte incomodada com a delonga dos árbitros, podendo notificá-los, produzindo o descumprimento não a nulidade da convenção, mas de todos os atos do procedimento arbitral posteriores a ela.

De acordo com as hipóteses apresentadas, verifica-se que, embora não haja diferença teleológica entre as espécies da convenção de arbitragem, o fato é que a cláusula compromissória é mais ampla e flexível, em regra, do que o compromisso arbitral, que possui mais requisitos formais que precisam estar presentes.

[423] T. A. Kroetz, *Arbitragem...* Op. cit., p. 129.

4.

CONCLUSÕES – CONVENÇÃO DE ARBITRAGEM E PROCESSO ARBITRAL

As alterações introduzidas pela Lei nº 9.307, de 1996, representaram, como visto, novos fundamentos na disciplina da convenção de arbitragem no direito brasileiro adequando-a às diretrizes presentes em Convenções Internacionais como o Protocolo de Genebra e a Convenção de Nova Iorque.

A revolução fundamental decorreu da definição de que a cláusula compromissória era apta a vincular as partes à arbitragem, independentemente da celebração de compromisso arbitral, e permitiu sua execução específica (*in natura*) ao invés de somente permitir perdas e danos caso uma das partes se negasse a participar da arbitragem. O caráter vinculativo do instituto foi reforçado e a independência das decisões dos árbitros de qualquer controle judicial de mérito também foi importante passo para garantir a confiança no instituto.

A convenção de arbitragem é a forma pela qual se institui o juízo arbitral, sendo suas duas espécies modos distintos de visualização do mesmo fenômeno, ou seja, obrigatoriedade ou vinculação das partes à arbitragem, sem que haja diferença fundamental de objetivo ou de eficácia entre estas espécies.

A celebração da convenção de arbitragem é, portanto, realizada com vistas à produção de efeitos processuais, tendo natureza jurídica de negócio jurídico processual, embora tal situação não seja suficiente para produzir, *per se*, o início do procedimento arbitral. Há que se encontrar também elemento de organização na convenção de arbitragem, especialmente a forma de nomeação dos árbitros, para que eles assumam a jurisdição atribuída pelas partes e deem início ao procedimento já estipulado ou criem novo procedimento arbitral no caso de arbitragem *ad hoc*.

Como um acordo de vontades, a convenção de arbitragem deve seguir as regras basilares dos negócios jurídicos, devendo decorrer de um objeto lícito, forma prescrita ou não defesa em lei e realizada por agentes capazes de contratar.

Nesse sentido, a arbitrabilidade objetiva – que diz respeito ao objeto da arbitragem – significa limitação da sua aplicabilidade a direitos patrimoniais disponíveis, passíveis de transação civil. Tal espécie de direitos coaduna-se com um dos principais fundamentos da arbitragem que é autonomia de vontade das partes. Estas renunciarão à jurisdição estatal apenas em relação àquele conjunto de direitos aos quais o Estado permite disponibilidade.

Em face da responsabilidade que se impõe pela escolha de atribuir jurisdição a terceiro que não seja indicado pelo Estado, só poderão optar pela arbitragem aqueles sujeitos capazes de contratar, que possam livremente dispor dos seus direitos. Esta é a arbitrabilidade subjetiva representada pela capacidade do agente.

A forma da convenção de arbitragem também permite discussões acerca do que se considera uma convenção escrita e de que forma os avanços tecnológicos podem ser utilizados para simplificar e facilitar a utilização da arbitragem como forma de solução de conflitos sem prejudicar o interesse das partes. O aspecto mais relevante é aferir a manifestação de vontade inequívoca das partes em utilizar a arbitragem como forma de solução de conflitos.

A convenção de arbitragem pode apresentar ainda problemas ou equívocos que possam criar dificuldades para a instauração da arbitragem e a solução do conflito. São estes os casos das cláusulas brancas ou vazias, patológicas e por referência. Em todas estas situações, avaliaram-se os limites da manifestação de vontade de as partes realizarem a arbitragem para a solução de um conflito e estabelecer medidas para que eventuais falhas na manifestação de vontade pudessem ser supridas. Afinal, mesmo nas cláusulas brancas ou vazias as partes deixaram claro que o litígio será solucionado via arbitragem, embora não tenham realizado maiores detalhamentos acerca das regras de solução do litígio e de indicação dos árbitros.

A dificuldade para a instauração da arbitragem por meio de uma cláusula com falhas é mais comum do que a de um compromisso, pois este último possui uma série de requisitos expressos em lei que facilitam a redação. Todavia, somente o conhecimento dos mecanismos de elaboração da convenção de arbitragem e da produção de seus efeitos permite a solução de eventuais defeitos.

Nessa linha, o conhecimento da convenção de arbitragem e dos seus limites permitiu suplantar polêmicas doutrinárias quanto à possibilidade da utilização da arbitragem em diversos ramos do direito, tais como o direito do consumidor, direito societário, direitos coletivos e direitos administrativos, de modo a resguardar interesses protegidos sem privá-los da arbitragem como forma de solução de conflitos adequada, célere e eficaz. Não há nenhum impedimento para a utilização da arbitragem nessas situações, embora algumas peculiaridades existam e devam ser observadas, refutando-se a tese de que a arbitragem deve limitar-se ao âmbito das relações comerciais. A arbitragem simplesmente é muito difundida nesse campo, mas não é restrita a ele.

A extinção da convenção de arbitragem pode decorrer do contrato principal (execução contratual, prescrição, novação e transação, por exemplo) ou pode ser própria desta categoria de negócios jurídicos (renúncia, anulação e proferimento de sentença arbitral). O compromisso será extinto e a cláusula não na hipótese de falecimento de um dos árbitros sem que as partes tenham se reportado a regras aplicáveis nessa situação ou tenham indicado que não aceitam substituição, hipótese do art. 12, III, da Lei de Arbitragem. Desta maneira, há que ser apontada ainda a forma de extinção da convenção de arbitragem e a diferença mais relevante existente entre as suas espécies, compromisso arbitral e cláusula compromissória, que não guardam nenhuma diferença teleológica. Na cláusula, não é usual a indicação dos árbitros que solucionarão o litígio.

Ademais, a convenção de arbitragem não é criação estática e obedece ao dinamismo do ramo de atividade humana na qual está inserida e dos negócios jurídicos decorrentes. Por isso, a convenção de arbitragem pode ser transmitida para outros negócios jurídicos ou pessoas que não tenham participado do negócio jurídico original. Foram analisados neste contexto os grupos de contratos, nos quais apenas um deles possui convenção de arbitragem, mas esta poderá ser aplicada ao conjunto. No mesmo sentido, há os grupos de empresas e seu papel nas negociações comerciais, conforme o grau de envolvimento, estende-lhes a convenção de arbitragem.

De outro lado, a convenção de arbitragem pode ser transferida para terceiros que não participaram da relação jurídica originariamente. Esta transmissão poderá ocorrer de manifestação de vontade expressa das partes ou até mesmo de modo tácito em decorrência de ato expresso, como é a cessão de estabelecimento comercial, disciplinada no Código Civil.

Por fim, discutiu-se também a possibilidade de intervenção de terceiros, completamente estranhos à relação jurídica de direito material em foco, mas que possuam algum interesse no procedimento arbitral. A intervenção, todavia, não poderá ocorrer sem a concordância das partes, uma vez que ferirá o basilar princípio da autonomia da vontade e, no caso de órgãos reguladores, tal intervenção deverá ser prevista inicialmente.

A influência no processo arbitral pela convenção de arbitragem tem início na gênese da convenção, pois ela é o seu embrião. O perfazimento da convenção de arbitragem, por si só, produz os chamados efeitos positivos e negativos, permitindo que o árbitro julgue a controvérsia trazida pelas partes e impedindo que o Judiciário se manifeste sobre o mérito da controvérsia.

Para tanto, importantes mecanismos são previstos, como a autonomia da cláusula compromissória em face do contrato que a contém, garantindo a não-contaminação, *a priori*, da convenção de arbitragem por eventuais vícios do contrato. De outro lado, o princípio da competência-competência, mais comum na sua forma germânica *Kompetenz-kompetenz*, garante que os árbitros decidam acerca da regularidade da convenção de arbitragem. Conclui-se, portanto, que os efeitos negativos e positivos da convenção de arbitragem são garantidos pela prioridade temporal do árbitro na análise de eventuais vícios da convenção de arbitragem.

Tal situação é de relevância considerável para o processo arbitral, pois permite o seu desenrolar ainda que se questione a regularidade da convenção de arbitragem ou mesmo do contrato que a contenha, garantindo aos árbitros a primazia nesta avaliação em decorrência da aplicação imediata dos efeitos da convenção de arbitragem tendo em vista a sua natureza processual.

A convenção de arbitragem também delimita as partes, objeto e procedimento da arbitragem, embora tais questões não estejam necessariamente no momento inicial de elaboração da convenção de arbitragem. Já o compromisso arbitral tem como elemento obrigatório a matéria objeto do litígio, elemento este que, normalmente, não consta das cláusulas compromissórias que via de regra são celebradas antes da existência do conflito.

As partes, embora, sejam determinadas inicialmente por algum instrumento contratual que contenha cláusula compromissória ou pelo compromisso arbitral, podem ser alteradas em função do já mencionado caráter dinâmico que possui em decorrência do ramo de atividade humana na qual está inserida e dos negócios jurídicos daí decorrentes, entre a convenção e o início do procedimento arbitral com a assunção do encargo de julgar pelos árbitros. Desta maneira, pode haver novações subjetivas que permitam a substituição dos contratantes ou até mesmo situações como o grupo de contratos ou o grupo de empresas que permitam a participação de pessoas que não celebram a convenção de arbitragem, mas possuem relações estritas com o negócio jurídico que a originou.

Na mesma linha, destacaram-se importantes delimitações da convenção de arbitragem em relação ao processo arbitral especificamente quanto ao objeto do litígio, procedimento, eficácia territorial de medidas judiciais e dos direitos e deveres das partes e dos árbitros.

O objeto do litígio também deve ser limitado pela convenção de arbitragem no caso do compromisso arbitral na lei brasileira e decorrerá da cláusula compromissória, já que ela é celebrada, normalmente, em momentos nos quais não existe litígio. De qualquer modo, sendo a arbitragem instituída por uma espécie de convenção de arbitragem ou por outra, a limitação do objeto da arbitragem deve ocorrer para impedir futuras demandas de anulação com base na superação dos limites da convenção de arbitragem (art. 32 da Lei de Arbitragem).

O procedimento da arbitragem será indicado também de acordo com o que as partes escolherem já na convenção de arbitragem ou em declaração de vontade posterior que pode a ela se aderir. Podem ser utilizados procedimentos existentes de Câmaras de Arbitragem, sistemas processuais ou procedimentos criados pelas partes; contudo, é importante que seja possível aos árbitros e aos órgãos que eventualmente utilizem a arbitragem o provimento de meios materiais e humanos para cumprimento das obrigações procedimentais assumidas, sob pena de se evitarem questionamentos futuros sobre a regularidade do procedimento arbitral.

A competência territorial das medidas judiciais de apoio, como se analisou, também é limitada pela convenção de arbitragem e é cada vez mais comum a determinação expressa pelas partes acerca da sede da arbitragem. Com isso, se fixa também a competência para análise de medidas de urgência ou demanda de anulação da sentença arbitral. Havendo local indicado para proferimento da sentença arbitral, este será competente para todas as medidas judiciais de apoio (julgamento do caso CAOA *vs.* Renault). Contudo, quando não existindo convenção das partes, o entendimento é o de que a questão dependerá de solução dada pelos árbitros. Nada impede, finalmente, que as partes e os árbitros definam tais questões em conjunto.

Finalmente, os direitos e deveres das partes e dos árbitros também são decorrentes e limitados pela convenção de arbitragem. É ela que fixa as regras gerais de remuneração e contraprestação dos árbitros, bem como as obrigações de pagamento e direito a uma sentença hígida pelas partes. Todavia, as partes de acordo com as suas vontades poderão ampliar os seus direitos e obrigações de acordo com o princípio da autonomia da vontade.

Vê-se que a convenção de arbitragem é apta para vincular as partes à solução de conflitos via arbitragem, pois, ainda que seja dotada de vícios, tem o condão de alterar a jurisdição para determinado caso ou negócio jurídico, sendo esta dos árbitros e não mais do Judiciário.

Caso seja mais completa e sem vícios, a convenção de arbitragem, além destes efeitos, denominados pela doutrina como positivos e negativos, também impõe outros efeitos à arbitragem especialmente quanto às partes que deverão participar da solução do conflito, procedimento a ser adotado e qual será o objeto da controvérsia que deverá ser decidida. Finalmente, a partir da convenção de arbitragem são atribuídas obrigações para as partes, que deverão, em regra, custear o procedimento e aos árbitros que deverão, primordialmente, proferir julgamento acerca da matéria que lhes foi apresentada pelas partes.

REFERÊNCIAS

ABBUD, André A. C., LEVY, Daniel e ALVES, Rafael F., *Lei de Arbitragem Anotada*. São Paulo, RT, 2019.

ABREU FILHO, José., *O Negócio Jurídico e a sua Teoria Geral*, 4. ed., São Paulo, Saraiva, 1997.

ALESSI, Renato. *Principi di diritto amministrativo*. 4. ed. Milano: Giuffrè, 1978.

ALEXY, Robert. *Teoría de la Argumentación Jurídica*. Tradução de Manuel Atienza e Isabel Espejo. (trad. al.), 1. ed., Madrid, Centro de Estudios Constitucionales, 1999.

ALMEIDA, Ricardo Ramalho. *Arbitragem comercial internacional e ordem pública*. Rio de Janeiro: Renovar, 2005.

ALTERINI, Atilio Anibal; RIPETTI, Enrico Joaquin. *La cessión del contrato: su esquema fundamental*. Madrid: Omeba, 1962.

AMARAL, Francisco. *Direito civil*: introdução. Rio de Janeiro: Renovar, 2000. p. 225.

ANCEL, Bertrand. O controle de validade da convenção de arbitragem: o efeito negativo da "competência-competência. Tradução de Maria Cláudia de Assis Procopiak. *Revista Brasileira de Arbitragem*, São Paulo: IOB Thompson, n. 6, p. 52-64, abr.-jun. 2006.

ARAGÃO, Paulo Cezar. *Arbitragem na Lei das Sociedades Anônimas*. Aula do Curso de Arbitragem, Mediação e Negociação ministrado na Fundação Getulio Vargas do Rio de Janeiro em 10 dez. 2002.

ARAÚJO Cintra, Antônio Carlos; GRINOVER, Ada Pelegrini; DINAMARCO, Cândido Rangel. *Teoria geral do processo*, 17. ed. São Paulo: Malheiros, 2001.

–. *Teoria geral do processo*, 29. ed. São Paulo: Malheiros, 2013.

ARNALDES, Jean Jacques. Comentários do caso CCI 7155 de 1993. In: *Collection of ICC Arbitral Awards*. Paris: Klower, 1996-2000.

ARMELIN, Donaldo. Notas sobre ação rescisória em matéria arbitral. *Revista de Arbitragem e Mediação*, São Paulo: Revista dos Tribunais, ano I, n. I, p. 11-20, 2004.

ARRUDA ALVIM, José Manuel. *Código de Processo Civil comentado*. v. 1.

São Paulo: Revista dos Tribunais, 1979.

ATHIYAH, P. S. *The rise and fall of freedon of contract*. Oxford/New York: Oxford University Press e Clarendon Press, 1985.

BARBI FILHO, Celso. *Acordo de acionistas*. Belo Horizonte: Del Rey, 1993.

BARBOSA, Joaquim Simões; ALMEIDA. Ricardo Ramalho de. Questão prejudicial suscitada no curso da arbitragem. *Revista Brasileira de Arbitragem*, n. 4, p. 175-188, out.-dez. 2004.

BARBOSA MOREIRA, José Carlos. *Comentários ao Código de Processo*. Rio de Janeiro: Forense, 1981. v. 5.

–. Notas sobre o problema da efetividade do processo. *Ajuris*, Porto Alegre, v. 29, 1983.

–. Os limites objetivos da coisa julgada no sistema do novo Código de Processo Civil. In: *Temas de direito processual*: primeira série. São Paulo: Saraiva, 1988.

–. Tendenze evolutive del processo civile. In: *Temas fundamentais de direito processual*: sexta série. São Paulo: Saraiva, 1997. p. 31-44.

–. La nuova legge brasiliana sull'arbitrato. In: *Temas fundamentais de direito processual*: sexta série. São Paulo: Saraiva, 1997. p. 273-290.

–. Privatização do processo. In: *Temas de direito processual*: sétima série. São Paulo: Saraiva, 2001. p. 7-18.

–. Estrutura da sentença arbitral. *Revista de Direito Civil e Processual Civil*, São Paulo: Síntese, n. 16, p. 5-12, 2002.

–. *O novo processo civil brasileiro*. 22. ed. Rio de Janeiro: Forense, 2002.

–. O processo civil contemporâneo: um enfoque comparativo. *Revista Brasileira de Direito Comparado*, Rio de Janeiro: Instituto de Direito Comparado Luso-Brasileiro, n. 25, 2004.

BARIN, Babak; LITTLE, Andrew D.; PEPPER, Randy A. *The Osler guide to commercial arbitration in Canada*. Haia: Klower Law International, 2005.

BARROS MONTEIRO, Washington de. *Curso de direito civil*. 36. ed. São Paulo: Saraiva, 1999. v. 1.

–. *Curso de direito civil*: direito das obrigações. São Paulo: Saraiva, 1960. v. 1.

BDINE JÚNIOR, Hamid Charaf. *Cessão de posição contratual*. São Paulo: Saraiva, 2007.

BEDAQUE, José Roberto dos Santos. *Efetividade do processo e técnica processual*: tentativa de compatibilização (diretrizes para aplicação da técnica processual e superação dos óbices ao escopos do processo). 2005. Tese (Titularidade) – Faculdade de Direito da Universidade de São Paulo, São Paulo.

–. Competência: aspectos teóricos e práticos. *Revista do Advogado*, São Paulo: AASP, ano XXV, n. 84, 2005.

–. *Direito e processo*. 2. ed. São Paulo: Malheiros, 2001.

BEVILACQUA, Clóvis. *Código Civil dos Estados Unidos do Brasil commentado*. 9. ed. Rio de Janeiro: Francisco Alves, 1951. v. 1.

–. 9. ed. Rio de Janeiro: Francisco Alves, 1951. v. 4.

–. *Parecer sobre o Protocolo de Genebra de 1923*: cláusulas de arbitramento comercial. *Revista de Arbitragem e Mediação*, São Paulo: Revista dos Tribunais, ano 3, n. 9, p. 315-316, 2006.

Bonilha, Márcio Martins. Do Efeito Vinculante da Cláusula Arbitral. *Revista de Arbitragem e Mediação*, São Paulo: Revista dos Tribunais, n. 3, p. 138-141, 2004.

Bezerra Filho, Manoel Justino. *Nova Lei de Recuperação e Falências comentada*. 3. ed. São Paulo: Revista dos Tribunais, 2005.

Braghetta, Adriana. A escolha da sede da arbitragem. *Revista do Advogado*, São Paulo: AASP, n. 87, 2006.

Boisséson, Mathieu de. *Le droit français de l'arbitrage*. Paris: GLN, 1990.

Bourque, J. F. *Le règlement des litigies multipartites dans l'arbitrage commercial international*. Paris: Th. Poitiers, 1989.

Bulgarelli, Waldirio. *Direito mercantil*. 14. ed. São Paulo: Atlas, 1999.

–. *Contratos mercantis*. 13. ed. São Paulo: Atlas, 2002.

Bülow, Oskar von. *La teoría de las excepciones procesales y los presupuestos procesales*. Tradução de Miguel Angel Rosas Lichtschein. Buenos Aires: Europa-América, 1964.

Buzaid, Alfredo. *Agravo de petição no sistema do Código de Processo Civil*. 2. ed. São Paulo: Saraiva, 1956.

Caivano, Roque J. *Arbitraje*. 2. ed. Buenos Aires: Ad Hoc, 2000.

Câmara, Alexandre Freitas. *Arbitragem*. 4. ed. Rio de Janeiro: Lumen Juris, 2005.

Cappelletti, Mauro; Garth, Bryant. *Acesso à justiça*. Tradução de Ellen Gracie Northefleet. Porto Alegre: Fabris, 1988.

Carmona, Carlos Alberto. *Arbitragem e processo*. São Paulo: Malheiros, 1998.

–. *Arbitragem e processo*. 2. ed. São Paulo: Atlas, 2005.

Carnelutti, Francesco. Profilo dei rapporti tra diritto e processo. *Rivista di Processo*, Padova: CEDAM, 1960.

–. *Istituizione del processo civile italiano*. 5. ed. Roma: Foro Italiano, 1956, v. 1.

Carrapiço, José. *Arbitragem de conflitos de consumo*. Lisboa: Instituto do Consumidor, 1999.

Carreira Alvim, José Eduardo. *Comentários à Lei de Arbitragem*. Rio de Janeiro: Lumen Juris, 2002

–. *Tratado geral da arbitragem*: interno. Belo Horizonte: Mandamentos, 2000.

Carvalho de Mendonça, J. X. *Tratado de direito comercial brasileiro*. Atualizado por Ricardo Rodrigues Gama. Campinas: Russel, 2003. v. 1, t. 1.

Carvalho Santos, J. M. *Código civil brasileiro interpretado*. 4. ed. Rio de Janeiro: Freitas Bastos, 1951. v. 14.

Chiovenda, Giuseppe. *Istituzioni di diritto processuale civile*. Napoli: Jovene, 1928.

–. *Instituições de direito processual civil*. Tradução de J. Guimarães Menegale. 3. ed. São Paulo: Saraiva, 1969. v. 1.

–. *Principii di diritto processuale civile*. 4. ed. Napoli: Jovene, 1928.

Clay, Thomas, *L'Arbitre*. Paris: Dalloz, 2000. (Nouvelle Bibliothèque de Thèses.)

–. L'Extension de la clause compromissoire aux parties non-signataires (hors groups de contrats et groups de sociétés. In: *V Congresso Internacional de Arbitragem*, São Paulo, 2005.

–. Extensão da cláusula compromissória às partes não contratantes (fora dos grupos de contratos e dos grupos de sociedades/empresas). *Revista Brasileira de Arbitragem*, São Paulo: IOB Thompson, n. 8, 2005.

–. Quem são os árbitros internacionais: abordagem sociológica. *Revista de Arbitragem e Mediação*. São Paulo: Revista dos Tribunais, n. 6, p. 108-125, 2005.

Coelho, Fábio Ulhôa. *Curso de direito comercial*. 3. ed. São Paulo: Saraiva, 2000. v. 2.

Coelho da Rocha, João Luiz. *Acordo de acionistas e acordo de cotistas*. Rio de Janeiro: Lumen Juris, 2002.

Codovilla, Egidio. *Del compromesso e della giurisdizione arbitrale*. Torino: UTET, 1915.

Cohen, Daniel. *Arbitrage et société*. Paris: Librairie Générale de Droit et de Jurisprudence, 1993.

Comparato, Fábio Konder; Salomão Filho, Calixto. *O poder de controle na sociedade anônima*. 4. ed. Rio de Janeiro: Forense, 2005.

Costa, Nilton César Antunes da. *Poderes do árbitro*. São Paulo: Revista dos Tribunais, 2002.

Costa, José Augusto Fontoura; Pimenta, Rafaela Lacorte Vitale. Ordem pública na lei 9.307/96. In: *Arbitragem: lei brasileira e praxe internacional*. 2. ed. São Paulo: LTr, 1999.

Costa Fernandes. Marcus Vinícius Tenório da. *Anulação da sentença arbitral*. São Paulo: Atlas, 2007.

Couture, Eduardo J. *Vocabulário jurídico*. Buenos Aires: Depalma, 1988.

Couto e Silva, Clóvis do. *Comentários ao Código de Processo Civil*. São Paulo: Revista dos Tribunais, 1981. v. 2, t. 2.

Cossío, Francisco Gonzáles. El principio compétence-compétence revisitado. *Revista Brasileira de Arbitragem*, São Paulo: Revista dos Tribunais, n. 13, p. 100-122, abr.-jun. 2007.

–. *Os grandes sistemas do direito contemporâneo*. Tradução de Hermínio A. Carvalho. 3. ed. São Paulo: Martins Fontes, 1996.

Cretella Neto, José. *Comentários à lei de arbitragem brasileira*. Rio de Janeiro: Forense, 2004.

Cruz e Tucci, José Rogério. *Limites subjetivos da eficácia da sentença e da coisa julgada civil*. São Paulo: Revista dos Tribunais, 2006.

David, René. *L'arbitrage dans le commerce international*. Paris: Economica, 1982.

Delaygua, Joaquin J. Forner. *La cesión de contrato*. Barcelona: Bosch, 1989.

Dinamarco, Cândido Rangel. *Execução civil*. 8. ed. São Paulo: Malheiros, 2002.

–. *Fundamentos do Processo Civil Moderno*. 5. ed. São Paulo: Malheiros, 2001. v. 1.

–. 5. ed. São Paulo: Malheiros, 2002. v. 2.

–. *Instituições de direito processual civil*. São Paulo: Malheiros, 2001. v. 1.

–. *Intervenção de terceiros*. 4. ed. São Paulo: Malheiros, 2006.

Dinamarco, Pedro da Silva. *Ação civil pública*. São Paulo: Saraiva, 2001.

DINIZ, Maria Helena. *Tratado teórico e prático dos contratos*. 5. ed. São Paulo: Saraiva, 2003. v. 3.

DOLLINGER, Jacob. *Direito internacional privado*. 4. ed. Rio de Janeiro: Renovar, 1996.

–; TIBURCIO, Carmen. *Arbitragem comercial internacional*. Rio de Janeiro: Renovar, 2003.

–. O árbitro da parte: considerações éticas e práticas. *Revista Brasileira de Arbitragem*, São Paulo, IOB Thompson, n. 6, p. 29-45, 2005.

–. *Comentário à lei brasileira de arbitragem*. São Paulo: LTr, 1998.

DWORKIN, Ronald. *Taking rights seriously*. Cambridge: Harvard University Press, 2001.

EISEMANN, Frédric. *La clause d'arbitrage pathologique*: éssais in memoriam Eugenio Minoli. Torino: UTET, 1974.

ENEI, José Virgílio Lopes. A arbitragem nas sociedades anônimas. *Revista de Direito Mercantil, Industrial, Econômico e Financeiro*, São Paulo: Revista dos Tribunais, n. 129, p. 136-173, 2002.

FABRÍCIO, Adroaldo Furtado. Extinção do processo e mérito da causa. *Revista de Processo*, São Paulo: Revista dos Tribunais, n. 58, p. 7-32, 1990.

FARENGA, Luigi. *I contratti parassociali*. Milano: Giuffrè, 1987.

FAZZALARI, Elio. *L'arbitrato*. Torino: UTET, 1997.

FÉRES, Marcelo Andrade. *Estabelecimento empresarial*. São Paulo: Saraiva, 2007.

FERREIRA, Sérgio de Andréa. A arbitragem e a disponibilidade de direitos no *ius publicum interno*. In: MARTINS, P. A. B.; GARCEZ, J. M. R. (Org.). *Reflexões sobre arbitragem*. São Paulo: LTr, 2002. p. 29-56.

FERREIRA LEMES, Selma Maria. *Árbitro*: princípios da independência e da imparcialidade. São Paulo: LTr, 2001.

–. Árbitro: o padrão de conduta ideal. In: CASELLA, P. B. (Coord.). *A nova lei brasileira e a praxe internacional*. São Paulo: LTr, 1999. p. 234-279.

–. Arbitragem. Princípios jurídicos fundamentais. Direito brasileiro e comparado. *RT*, Rio de Janeiro: Revista dos Tribunais, n. 686, p. 77, 1992.

–. Princípios e origens da lei de arbitragem. *Revista do Advogado*, São Paulo: AASP, v. 51, 1997.

–. *Arbitragem na administração pública*. São Paulo: Quartier Latin, 2007.

–. A interpretação da cláusula compromissória à luz do princípio do efeito útil. Disponível em: <http://www.mundojuridico.adv.br>. Acesso em: 3 jul. 2008.

FIGUEIRA JÚNIOR, Joel Dias. *Jurisdição e execução*. São Paulo: Revista dos Tribunais, 1999.

FINKELSTEIN, Cláudio. A questão da arbitrabilidade. *Revista Brasileira de Arbitragem*, São Paulo: IOB Thompson, n. 13, p. 24-30, 2007.

FINKELSTEIN, Maria Eugênia Reis; PROENÇA, José Marcelo Martins. *Direito societário*: sociedades anônimas. São Paulo: Saraiva, 2007.

FONSECA, Rodrigo Garcia da. O princípio da competência-competência na arbitragem: uma perspectiva brasileira. *Revista de Arbitragem e Media-*

ção, São Paulo: Revista dos Tribunais, n. 9, p. 277-303, jun. 2006.

FORGIONI, Paula Andréa. A interpretação dos negócios empresariais no novo Código Civil brasileiro. *Revista de Direito Mercantil*, São Paulo: Revista dos Tribunais, n. 130, p. 7-38, 2002.

–. *O posicionamento dos tribunais perante os contratos de distribuição (1980-1999)*. São Paulo: FGV, 2000. Disponível em: <http://www.eaesp.fgvsp.br/Interna.aspx?PagId=DLMJMMTJ&ID=47>.

FOUCHARD, Phillippe. *L'arbitrage commercial international*. Paris: Dalloz, 1965.

–. *Relationships between the arbitrator and the parties and the arbitral institution in the status of the arbitratior*. Special Suplement, *The ICC International Court of Arbitration Bulletin*, Paris: ICC, n. 564, p. 12-23, 1995.

FRANÇA, Rubens Limongi (Org.). *Enciclopédia Saraiva de direito*. São Paulo: Saraiva, 1977. v. 3.

FREDERICO Marques, José. *Instituições de direito processual civil*. Rio de Janeiro: Forense, 1960. v. 3.

FUX, Luiz; NERY JR., Nelson; WAMBIER, Teresa Arruda Alvim. *Processo e constituição*: estudos em homenagem ao Professor José Carlos Barbosa Moreira. São Paulo: Revista dos Tribunais, 2006.

GARBAGNATI, Edoardo. Questioni preliminare di merito e questioni pregiudiciali. *Rivista de Diritto Processuale*, v. XXXI, (2ª Série), n. 257, 1976.

GARCEZ, José Maria Rossani. Escolha da lei substantiva da arbitragem. *Revista de Arbitragem e Mediação*, São Paulo: Revista dos Tribunais, ano 2, n. 4, p. 49-61, jan./mar. 2005.

–. (Org.). *A arbitragem na era da globalização*. Rio de Janeiro: Forense, 1997.

GIANNICO, Marici. A *prova no Código Civil*: natureza jurídica. São Paulo: Saraiva, 2005.

–. Arbitragem internacional e demandas que tramitam perante a justiça estatal brasileira: conexão. *Revista de Arbitragem e Mediação*, n. 11, p. 67-80, 2006.

GIRALDEZ, Ana Maria Chicrón. *Los principios procesales en el arbitraje*. Barcelona: Bosch, 2000. p. 15-17.

GOLDMAN, Berthold; GAILLARD, Emmanuel; FOUCHARD, Phillippe. *Traité de l'arbitrage commercial international*. 2. ed. Paris: Libraire de la Cour de Cassation, 1996.

–. *International commercial arbitration*. Haia: Klower Law International, 1999.

GOMES, Orlando. *Contratos*. 24. ed. Rio de Janeiro: Forense, 2001.

–. *Introdução ao direito civil*. 18. ed. Rio de Janeiro: Forense, 2001.

–. *Obrigações*. 15. ed. Rio de Janeiro: Forense, 2001.

GRAU, Eros Roberto. *A ordem econômica na Constituição de 1988*. 6. ed. São Paulo: Malheiros, 2001.

–. *Da arbitrabilidade de litígios envolvendo sociedades de economia mista e da interpretação da cláusula compromissória*. *Revista de Direito Bancário, do Mercado de Capitais e da Arbitragem*, São Paulo: Revista dos Tribunais, n. 18, 2002.

–. *Arbitragem e contrato administrativo*. *Revista da Escola Paulista da Magistra-*

tura, São Paulo: Imprensa Oficial, v. 3, n. 2, p. 49-58, 2002.

GRECO FILHO, Vicente. *Direito processual civil brasileiro*. 14. ed. São Paulo: Saraiva, 2000. v. 2.

GRINOVER, Ada Pellegrini et al. *Código Brasileiro de Defesa do Consumir*: comentado pelos autores do anteprojeto. 7. ed. Rio de Janeiro: Forense, 2001.

–; DINAMARCO, Cândido Rangel; WATANABE, Kazuo (Coord.). *Participação e processo*. São Paulo: Revista dos Tribunais, 1988.

–. Le garanzie del processo civile nella nuova costituizone brasiliana. In: *Novas tendências do direito processual*. Rio de Janeiro: Forense Universitária, 1990.

–. Considerações sobre os limites objetivos e a eficácia preclusiva da coisa julgada. *Revista de Direito Civil e Processual*, São Paulo: Síntese, ano III, n. 16, p. 22-29, 2002.

–; FILOMENO, José Geraldo Brito; FINK, Daniel Roberto; WATANABE, Kazuo et. al. *Código Brasileiro de Defesa do Consumidor*: comentado pelos autores do anteprojeto. 7. ed. Rio de Janeiro: Forense Universitária, 2001.

–. Parecer: arbitragem e litisconsório necessário. *Revista Brasileira de Arbitragem*, IOB Thompson, n. 10, p. 7-38, 2006.

GUERRERO, Luis Fernando, *Convenção de Arbitragem. Contratos de Adesão. Impossibilidade de Exercício de Jurisdição Estatal in* Revista Brasileira de Arbitragem, v. 38, São Paulo, IOB Thompson, 2013, p. 148-156.

–, *Os Métodos de Solução de Conflitos e o Processo Civil*, São Paulo: Atlas, 2015.

–, *Lei de Arbitragem Comentada* in https://www.direitocom.com/lei-de-arbitragem-comentada.

GUERREIRO, José Alexandre Tavares. *Fundamentos da arbitragem do comércio internacional*. São Paulo: Saraiva, 1993.

HAUCK, Vern E.; SOUTH, John C. Arbitrating discrimination grievances. In: MIRIAM, M.; MILLS, K. (Org.). *Alternative dispute resolution in the public sector*. Chicago: Nelson-Hall, 1991. p. 29-43.

HEISKANEN, Veijo. Dispute resolution in international electronic commerce. *Journal of International Arbitration*, Haia: Klower Law International, v. 16, n. 3, p. 29-43, Sept. 1999.

HENRY, Marc. Do contrato do árbitro: o árbitro, um prestador de serviços. *Revista Brasileira de Arbitragem*, São Paulo: IOB Thompson, n. 6, p. 65-74, abr./jun. 2006.

INTERNATIONAL CHAMBER OF COMMERCE. *International Court of Arbitration Bulletin*, v. 11, n. 1, Spring 2000.

–; v. 15, n. 1, Spring 2004.

JALILI, Mahir. Kompetenz-kompetnez: recent U.S. and U.K. developments. *Journal of International Arbitration*, Haia: Klower Law International, v. 13, n. 4, p. 169-178, Dec. 1996.

JARROSSON, Charles. La notion d'arbitrabilité. *Revista Brasileira de Arbitragem*, São Paulo: IOB Thompson, n. 0, p. 173-180, 2003.

JOBIM, Eduardo; MACHADO, Rafael Bica (Org.). *Arbitragem no Brasil*. São Paulo: Quartier Latin, 2008.

JÚDICE, José Miguel. Arbitragem e mediação: separados à nascença? *Revista Brasileira de Arbitragem*, São Paulo: IOB Thompson, n. 14, 2007.

JUNQUEIRA DE AZEVEDO, Antonio. *Negócio jurídico*: existência, validade e eficácia. 2. ed. São Paulo: Saraiva, 1986.

–. *Negócio jurídico e declaração negocial*: noções gerais e formação da declaração negocial. 1986. Tese (Titular), São Paulo.

–. Princípios do novo direito contratual e desregulamentação do mercado. *RT*, São Paulo: Revista dos Tribunais, n. 750, 1998.

KLEINSHEISTERKAMP, Jan. Transmissão da convenção de arbitragem em grupo de contrato. In: Congresso Internacional de Arbitragem, 5. São Paulo, Painel III, 2005.

KONDER, Carlos Nelson. *Contratos conexos*: grupos de contratos, redes contratuais e contratos coligados. Rio de Janeiro: Renovar, 2006.

KONDER COMPARATO, Fábio. A *proteção do consumidor*: importante capítulo do direito econômico. *Revista de Direito Mercantil*, São Paulo: Malheiros, ano 13, n. 15-16, 1974.

KROETZ, Tarcísio Araújo. *Arbitragem*: conceitos e pressupostos de validade. São Paulo: Revista dos Tribunais, 1997.

LALIVE, Pierre; POUDRET, J. F.; REYMOND, C. *Le droit de l'arbitrage interne et international en Suisse*. Lausanne: Payot Lausanne, 1989.

LA CHINA, Sergio. *L'Arbitrato*: il sistema – l'esperienza. Milano: Giuffrè, 1999.

LEÃES, Luiz Gastão Paes de Barros. As relações de consumo e o crédito ao consumidor. In: WALD, Arnoldo. *Aspectos polêmicos da ação civil pública*. São Paulo: Saraiva, 2003. p. 260-263.

–. A disciplina do direito da empresa no novo código civil brasileiro. *Revista de Direito Mercantil*, São Paulo: Revista dos Tribunais, n. 128, p. 7-14, 2002.

–. *Pareceres*. São Paulo: Singular, 2004. v. 1.

LEE, João Bosco. *A convenção de arbitragem*. Escritos distribuídos durante palestra organizada pelo Centro de Estudos das Sociedades de Advogados (CESA) e proferida em 4 de novembro de 2003.

–; VALENÇA FILHO, Clávio. MBV Commercial and Export Management Establishment C. Resil Indústria e Comércio Ltda. *Revista Brasileira de Arbitragem*, São Paulo: IOB Thompson, n. 3, p. 113-124, 2004.

LERA, Silvia Gaspar. *El ámbito de aplicación del arbitraje*. Pamplona: Aranzadi, 1998.

LEVINE, John. Developments in international organizations. *International Dispute Resolution*, New York: White & Case, v. 19, n. 1, 2006.

LIEBMAN, Enrico. *Embargos do executado*: oposições de mérito no processo de execução. Tradução de J. Guimarães Menegale. 2. ed. São Paulo: Saraiva, 1968.

–. *Manual de direito processual civil*. Tradução de Cândido Rangel Dinamarco. 3. ed. São Paulo: Malheiros, 2005. v. 1.

LIMA, Alcides Mendonça de. O juízo arbitral em face da constituição. *Revista Forense*, Rio de Janeiro: Forense, n. 227, p. 381-385, 1969.

LIMA LOPES, José Reinaldo. *Responsabilidade civil do fabricante e a defesa do consumidor*. São Paulo: Revista dos Tribunais, 1992.

LISBOA, Roberto Senise. *Contratos difusos e coletivos*. São Paulo: Revista dos Tribunais, 1997.

LOBO, Jorge (Coord.). *Reforma da lei das sociedades anônimas*. Rio de Janeiro: Forense, 2002.

LORCA NAVARRETE, Antonio Maria. *Derecho de arbitraje interno e internacional*. Madrid: Tecnos, 1989.

MAGALHÃES, José Carlos de. *Do estado na arbitragem privada*. São Paulo: Max Limonad, 1988.

–. Contratos com o Estado. *Revista Brasileira de Arbitragem*, nº III, São Paulo: IOB, p. 22-41, jul./set. 2004.

MAKANT, Barbara. *A arbitrabilidade subjetiva nas sociedades anônimas. Revista de Arbitragem e Mediação*, São Paulo: Revista dos Tribunais, n. 4, p. 82-103, 2005.

MALUF, Carlos Alberto Dabus. Personalidade do espólio e do condomínio. *Revista de Direito Civil*, São Paulo: Síntese, n. 54, p. 61-64, 2000.

MARCATO, Antonio Carlos (Org.). *Código de Processo Civil interpretado*. São Paulo: Atlas, 2004.

MARCONDES, Silvio. Direito mercantil e atividade negocial no projeto de Código Civil. In: *Questões de direito mercantil*. São Paulo: Saraiva, 1977.

MARQUES, Cláudia Lima; BENJAMIN, Antonio H.; MIRAGEM, Bruno. *Comentários ao Código de Defesa do Consumidor*. 2. ed. São Paulo: Revista dos Tribunais, 2006.

MARTÍNEZ, José María Roca. *Arbitraje e instituciones arbitrales*. Barcelona: Bosch, 1992.

MARTINS Costa, Judith. O direito privado como um "Sistema em Construção": as cláusulas gerais no projeto do código civil brasileiro. *RT*, São Paulo: Revista dos Tribunais, n. 753, 1998.

MARTINS, Fran. *Contratos e obrigações comerciais*. 15. ed. Rio de Janeiro: Forense, 2002.

MARTINS, Pedro Antonio Baptista; LEMES, Selma Maria Ferreira; CARMONA, Carlos Alberto. *Aspectos fundamentais da Lei de Arbitragem*. Rio de Janeiro: Forense, 1999.

–. *Arbitragem*: Estudos em homenagem ao Professor Guido Fernando da Silva Soares, In Memoriam. São Paulo: Atlas, 2007.

–. *20 Anos da Lei de Arbitragem*: Homenagem a Petrônio R. Muniz. São Paulo: Atlas, 2017.

MARTINS, Pedro Antonio Baptista; GARCEZ, José Maria Rossani (Org.). *Reflexões sobre arbitragem*. São Paulo: LTr, 2002.

–. *Apontamentos sobre a Lei de Arbitragem*. Rio de Janeiro: Forense, 2007.

MATHEUS LÓPEZ, Carlos Alberto. *El convenio arbitral em el derecho peruano. Revista Brasileira de Arbitragem*, São Paulo: IOB-Thompson, n. 4, p. 85-99, 2004.

MAXIMILIANO, Carlos. *Hermenêutica e aplicação do direito*. 19. ed. Rio de Janeiro: Forense, 2005.

MAYER, P. Caso Sonetex, Cour de Cassation, 1er Ch. Civ, j. em 3.3.1992. *Reveau d'Arbitrage*, Haia: Klower, p. 273, 1993.

MENEZES CORDEIRO, Antonio Manuel da Rocha e. *A boa fé no direito civil*. Coimbra: Almedina, 2001.

MESSINA, Paulo de Lorenzo; FORGIONI, Paula Andréia. A posição dos tribunais perante as sociedades por ações (1986-1997). São Paulo: FGV, 1997. Disponível em: <http://www.eaesp.fgvsp.br/Interna.aspx?PagId=DLMJMMTJ&ID=22>.

MESSINEO, Francesco. *Manuale di diritto civile e commerciale*. 7. ed. Milano: Giuffrè, 1947. v. 1.

MODESTO, Paulo. Reforma do marco legal do terceiro setor no Brasil. Disponível em: <http://www.bresserpereira.org.br/Terceiros/Autores/Modesto,Paulo/terceirosetorreforma.PDF>. Acesso em: 8 jan. 2008.

MONTESANO, Arieta. *Trattato di diritto processuale civile*: 1. principi generali. Rito Ordinario di Cognizione. Padova: CEDAM, 2001.

MORAES E BARROS, Hamilton de. *Comentários ao Código de Processo Civil*. Rio de Janeiro: Forense, 1974. v. 9.

–, 2. ed. Rio de Janeiro: Forense, 1988. v. 9.

MOREIRA ALVES, José Carlos. *A parte geral do projeto de Código Civil brasileiro*. São Paulo: Saraiva, 1986.

–. Direito subjetivo, pretensão e ação. *Revista de Processo*, São Paulo: Revista dos Tribunais, n. 47, p. 109-123, 1987.

MORTARA, Ludovico. *Commentario del Codice e della Legge di Procedura Civile*. Milano: Francesco Vallardi, 1923. v. 3.

MUNIZ, Petônio R. G. A prática da arbitragem. In: Casella, Paulo Borba (Org.). *Arbitragem*: lei brasileira e praxe internacional. 2. ed. São Paulo: LTr, 1999.

MUSTILL M. J.; BOYD, S. C. *Commercial arbitration*. 2. ed. London: Butterworths, 1999.

NERY JÚNIOR, Nelson. *Princípios do processo civil na constituição federal*. 7. ed. São Paulo: Revista dos Tribunais, 2002.

NERY, Ana Luiza de Andrade, *Arbitragem Coletiva*, São Paulo, RT, 2017.

NOVAES HIRONAKA, Giselda Maria Fernandes. *Direito civil*: estudos. Belo Horizonte: Del Rey, 2000.

NUNES PINTO, José Emílio. A arbitrabilidade de controvérsias nos contratos com o estado e empresas estatais. *Revista Brasileira de Arbitragem*, São Paulo: IOB Thompson, n. 1, p. 9-26, 2004.

–. *A arbitragem na recuperação de empresas*. Disponível em: <www.cacb.org.br/arbitragem/artigos.doc>. Acesso em: 1 jun. 2008.

O., Alfredo de Jesús. Validez y eficácia del acuerdo de arbitraje em el derecho venezoelano. *Revista Brasileira de Arbitragem*, São Paulo: IOB-Thompson, n. 9, p. 111-180, 2006.

ORICCHIO, Antonio. *L'arbitrato*. Napoli: Edizione Scientifiche Italiane, 1994.

PANTOJA, Teresa Cristina Gonçalves. Anotações sobre arbitragem em matéria ambiental. *Revista de Arbitragem e Mediação*, São Paulo: Revista dos Tribunais, n. 11, p. 81-92, 2006.

PELA, Juliana Krueger. Notas sobre a eficácia da cláusula compromissória estatutária. *Revista de Direito Mercantil, Industrial, Econômico e Financeiro*, São Paulo: Revista dos Tribunais, n. 126, 2002.

PIMENTEL, Álvaro Mendes. *Da cláusula compromissoria no direito brasileiro*. Rio de Janeiro: Typ. do Jornal do Commercio, 1934.

PONTES DE MIRANDA, Francisco Cavalcante. *Comentários ao Código de Processo Civil*. 3. ed. Rio de Janeiro: Forense, 1997. t. 15.

–, 2. ed. Rio de Janeiro: Forense, 1979. t. 15.

–. *Tratado de direito privado*. 2. ed. São Paulo: Revista dos Tribunais, 1983. t. 2.

PRADO, Luiz Régis. *Curso de direito penal brasileiro*. 3. ed. São Paulo: Revista dos Tribunais, 2002. v. 1.

PROTO. Pisani, Andrea. *Appunti sulla giustizia civile*. Bari: Cacucci, 1982.

PUCCI, Adriana Noemi. *Aspectos atuais da arbitragem*. Rio de Janeiro: Forense, 2001.

REALE, Miguel. *Lições preliminares de direito*. 25. ed. São Paulo: Saraiva, 2000.

REQUIÃO, Rubens. *Curso de direito comercial*. 24. ed. São Paulo: Saraiva, 2000. v. 1.

RICCI, Edoardo Flávio. *Lei de arbitragem brasileira*. São Paulo: Revista dos Tribunais, 2005.

–. Il lodo rituale di fronti ai terzi. *Rivista di Diritto Processuale*, Padova: CEDAM, v. XLIV (II série), 1989.

RIVAS, Adolfo Armando. El arbitraje según el derecho argentino. *Revista de Processo*, São Paulo: Revista dos Tribunais, n. 45, 1987.

ROCCO, Alfredo. *La sentenza civile*. Milano: Giufreè, 1962.

RODRIGUES, Silvio. *Direito civil*: parte geral. 29. ed. São Paulo: Saraiva, 1999. v. 1.

–. *Dos vícios de consentimento*. 3. ed. São Paulo: Saraiva, 1989.

–. *Direito civil*: parte geral – das obrigações. 28. ed. São Paulo: Saraiva, 2000.

ROSADO DE AGUIAR JÚNIOR, Ruy. Projeto do código civil: as obrigações e os contratos. *RT*, São Paulo: Revista dos Tribunais, n. 775, 2000.

ROSSI, Livia. Arbitragem na Lei de Sociedades Anônimas. *Revista de Direito Mercantil, Industrial, Econômico e Financeiro*, São Paulo: Revista dos Tribunais, n. 129, p. 186-205, 2002.

RUFFINI, Giuseppe. La riforma dell'arbitrato societário. *Corrieri Giuridico*, 2003.

RUBINO-SAMMARTANO, Mauro. *Il diritto dell'arbitrato (interno)*. 2. ed. Podova: CEDAM, 1994.

RUFINO, Marco A. *El processo arbitral*. Buenos Aires: ADHoc, 1992.

SADDI, Jairo. *Fusões e aquisições*: aspectos jurídicos e econômicos. São Paulo: IOB, 2002.

SALLES, Carlos Alberto de, *Arbitragem em Contratos Administrativos*, Rio de Janeiro, Forense, 2011.

SANTOS, Manoel J. Pereira. Ordem pública e arbitragem. In: *Arbitragem*: lei brasileira e praxe internacional. 2. ed. São Paulo: LTr, 1999.

SATTA, Salvatore. *Diritto processuale civile*. Padova: CEDAM, 1973.

SCHEMIEDEL, Raquel Campani. *Negócio jurídico*: nulidades e medidas sanatórias. São Paulo: Saraiva, 1985.

SCHIZZEROTTO, Gianni. *Dell'arbitrato*. 2. ed. Milano: Giuffrè, 1982.

SERPA LOPES, Miguel Maria de. *O silêncio como manifestação de vontade nas obrigações*. Rio de Janeiro: Livraria Suiça, 1944.

–. *Curso de direito civil*. 4. ed. Rio de Janeiro: Freitas Bastos, 1962.

–. *Comentários à Lei de Introdução ao Código Civil*. 2. ed. Rio de Janeiro: Freitas Bastos, 1959.

SILVA, Eduardo Silva da, *Arbitragem e o Direito da Empresa*. São Paulo: RT, 2003.

SILVA, Jorge Cesa Ferreira da, *Adimplemento e extinção das obrigações*. São Paulo: Revista dos Tribunais, 2006.

–. *A boa-fé e a violação positiva do contrato*. Rio de Janeiro: Renovar, 2002.

SILVA, José Afonso da. *Comentário contextual à Constituição*. São Paulo: Malheiros, 2005.

–. *Curso de direito constitucional positivo*. 19. ed. São Paulo: Malheiros, 2001.

SILVA, Ovídio Araújo Baptista da. *Curso de processo civil*. 5. ed. São Paulo: Revista dos Tribunais, 2001. v. 1.

–. Conteúdo da sentença e mérito da causa. In: *Sentença e coisa julgada*: ensaios e pareceres. 4. ed. Rio de Janeiro: Forense, 2003.

SILVA PEREIRA, Caio Mário da. *Instituições de direito civil*. 19. ed. Rio de Janeiro: Forense, 2001. v. 1.

–. *Instituições de direito civil*. 3. ed. Rio de Janeiro: Forense, 1972.

SOARES, Guido Fernando Silva Soares. *Common law*: introdução ao direito dos EUA. 2. ed. São Paulo: Revista dos Tribunais, 2000.

STESURI, Aldo. *Gli arbitri*: mandato, responsabilità e funzioni. Milano: Giuffrè, 2001.

STRENGER, Irineu. *Arbitragem comercial internacional*. São Paulo: LTr, 1996.

–. *Comentários à Lei Brasileira de Arbitragem*. São Paulo: LTr, 1998.

TARZIA, Gisuseppe. Efficacia del lodo e impugnazioni nell'arbitrato rituale e irrituale. *Rivista di Diritto Processuale*, Bologna: CEDAM, ano XLII, n. 2, p. 15-50, 1987.

–. Nullità e annullamento del lodo arbitrale irrituale. *Rivista Trimestrale di Diritto e Procedura Civile*, Milano: Giuffrè, ano XLV, n. 2, 1983.

–. LUZZATTO, Riccardo; RICCI, Edoardo F. (Org.). *Legge 5 genaio 1994, n. 25*. Padova: CEDAM, 1995.

TELLES, Inocêncio Galvão. *Manual dos contratos em geral*. Coimbra: Coimbra Editora, 2002.

TEYSSIÉ, Bernard. *Les groupes de contrats*. Paris: LGDJ, 1975.

THEODORO JÚNIOR, Humberto. *Processo cautelar*. 21. ed. São Paulo: Leud, 2004.

–. Pressupostos processuais e condições da ação no processo cautelar. *Revista de Processo*, São Paulo: Revista dos Tribunais, n. 50, p. 7-24, 1988.

TIMM, Luciano; SILVA, Rodrigo T. O acordo de acionistas e o uso da arbitragem como forma de resolução de conflitos societários. *Revista Brasileira de Arbitragem*, São Paulo: IOB Thompson, n. 15, 2007.

TOJAL, Sebastião Botto de Barros. *Teoria geral do Estado*: elementos de uma ciência social. Rio de Janeiro: Forense, 1997.

TORRES, Helena Taveira. Transação, arbitragem e conciliação judicial como medidas alternativas para resolução de conflitos entre administração e contribuintes: simplificação e eficiência administrativa. *Revista de Direito Tributário*, São Paulo: Malheiros, n. 86, p. 59-62, 2003.

UBALDINO MIRANDA, Custódio da Piedade. *Teoria geral do negócio jurídico.* São Paulo: Atlas, 1991.

VALENÇA FILHO, Clávio. *Poder Judiciário e sentença arbitral.* Curitiba: Juruá, 2002.

VALLADÃO, Haroldo. *Direito internacional privado.* 3. ed. Rio de Janeiro: Freitas Bastos, 1971.

VASCONCELOS, Carlos Eduardo de. Problemas da arbitragem por equidade. *Revista Brasileira de Arbitragem,* São Paulo: IOB Thompson, n. 9, p. 40-61, 2006.

VIANNA, Duval. *Lei de Arbitragem*: comentários à lei 9.307, de 23-9-96, DOU 24-9-96. Rio de Janeiro: Esplanada, 1998.

VILLAÇA. de Azevedo, Álvaro. *Teoria geral das obrigações.* 8. ed. São Paulo: Revista dos Tribunais, 2000.

VIGORITI, Vicenzo. *Em busca de um direito comum arbitral*: notas sobre o laudo arbitral e sua impugnação. Tradução de Carlos Alberto Carmona. *Revista de Processo,* São Paulo: Revista dos Tribunais, n. 91, 1998.

VILLAÇA DE AZEVEDO, Álvaro. *Teoria geral dos contratos típicos e atípicos.* São Paulo: Atlas, 2002.

WALD, Arnoldo. Os meios judiciais do controle da sentença arbitral arbitral. *Revista de Arbitragem e Mediação,* São Paulo: Revista dos Tribunais, ano I, n. I, p. 40-66, 2004.

–. A arbitragem, os grupos societários e os conjuntos de contratos conexos. *Revista de Arbitragem e Mediação,* São Paulo: Revista dos Tribunais, ano I, n. II, p. 31-59, 2004.

–. In: TEIXEIRA, Sálvio de Figueiredo (Org.) *Comentários ao Novo Código Civil*: livro II – do direito da empresa – arts. 966 a 1.195. Rio, Forense, 2005. v. 14.

WAMBIER, Teresa Arruda Alvim. *Nulidades da sentença.* São Paulo: Revista dos Tribunais, 1987.

YARSHELL, Flávio Luiz. *Ação rescisória*: juízos rescindente e rescindido. São Paulo: Malheiros, 2005.

–. Ação anulatória de julgamento arbitral e ação rescisória. *Revista de Arbitragem e Mediação,* São Paulo: Revista dos Tribunais, ano II, n. 5, p. 95-99, abr./jun. 2005.

–; MORAES, Maurício Zanoíde de. *Estudos em homenagem à professora Ada Pellegrini Grinover.* São Paulo: DPJ, 2003.

YONEKURA, Sandra Yuri. *Grupo de sociedades e a arbitragem comercial internacional.* Curitiba: Juruá, 2005.

YU, Hong-li; NASIR. Motassem. Can online arbitration exist whitin the tradicional arbitration framework? *Journal of International Arbitration,* Haia: Klower Law International, v. 20, n. 5, p. 455-473, Oct. 2003.

ZIMMERMANN, Dennys. Alguns aspectos sobre a arbitragem nos contratos administrativos à luz dos princípios de eficiência e do acesso à justiça: por uma nova concepção do que seja interesse público. *Revista de Arbitragem e Mediação*, São Paulo: Revista dos Tribunais, n. 12, p. 69-93, 2007.

Jurisprudência

BOVESPA/B3: <www.bovespa.com.br>.

CÂMARA DOS LORDES – Parlamento Britânico: <http://www.parliament.uk/>.

CONSELHO DA JUSTIÇA FEDERAL: <www.cjf.gov.br>.

INSTITUTO DAS TECNOLOGIAS DE INFORMAÇÕES NA JUSTIÇA DO MINISTÉRIO DA JUSTIÇA DE PORTUGAL: <http://www.dgsi.pt/>.

INTERNATIONAL COMPARATIVE LEGAL GUIDE SERIES: <http://www.iclg.co.uk/>.

LEGIFRANCE: <www.legifrance.gouv.fr>.

SUPREME COURT – Estados Unidos – <www.supremecourtus.gov>.

SUPREMO TRIBUNAL FEDERAL: <www.stf.gov.br>.

SUPERIOR TRIBUNAL DE JUSTIÇA: <www.stj.gov.br>.

TRIBUNAL DE JUSTIÇA DO ESTADO DE SÃO PAULO: <www.tj.sp.gov.br>.